金剛經

乾

金剛經諺解

학자원

국어국문학총서 42

金剛經諺解

2017년 11월 25일 초판 1쇄 발행

저　자 : 世祖 等
펴낸이 : 김병환
펴낸곳 : 학자원
주　소 : 134-814 서울시 강동구 천호대로 1121
전　화 : 02) 6403-1000
팩　스 : 02) 6338-1001
E-mail : hakjaone@daum.net
등　록 : 2011년 3월 24일 제324-2011-14호

HAKJAONE Publishing Co.
1121 Cheonho-Daero Kangdong-Gu Seoul

ISBN : 979-11-87806-85-1 93220

값 40,000원

進金剛経心経箋

刋経都監都提調推忠佐翼功臣大匡輔國

崇禄大夫議政府右議政南原府院君臣黃

守身等謹將新雕印翻譯金剛経一卷心経

一卷粧潢投

進臣守身等誠惶誠恐頓首頓首

上言竊以

道冒十方

佛乘所以冣上德洽四國王者所以宅中盖欲推
無外之仁必先藉不壞之法有聖
薄伽梵演大修多羅妙喻金剛號稱般若入城乞
食將發意於圓成著地袒肩乃翹誠於護念
杜色想之六入斷種現之二疑既執謝而情
亡斯空澄而智現文成三十二品理攝八萬
餘門實
如來誠諦之言皆

諸佛正編之旨
欽崇至道允屬
熙朝矧嗣宣之盛功待
聖明而必舉恭惟
主上承天體道烈文英武殿下夙資德本
洞達真乘
等福慧於世雄
配聖哲於大梵十善

施物則之懿多能

彰天縱之方

異覺悟於羣迷用發揮於秘義

特垂口訣

責委翻譯要因口以曉心遂轉華以爲諺臣等

撰以譾資仰承

隆命雕造旣訖模印就編敷闡難思將此緣之

殊勝

曆延無極祝
洪業之綿長臣守身等誠惶誠恐無任激切屏
營之至前件金剛經一卷心經一卷謹隨箋
上進以
聞
天順八年四月初七日都提調推忠佐翼功
臣大匡輔國崇祿大夫議政府右議政南原
府院君臣黃守身等謹上箋

奉
敎雕造
都提調推忠佐翼功臣大匡輔國崇祿大夫議政府右議政南原府院君臣黃守身
提調推忠佐翼功臣崇政大夫禮曹判書弘文館大提學延城君臣朴元亨
提調推忠佐翼功臣資憲大夫兵曹判書茂松君臣尹子雲
提調資憲大夫工曹判書世子左副賓客臣金守溫
提調資憲大夫戶曹判書臣金國光
提調推忠佐翼功臣資憲大夫原城君臣元孝然

提調嘉靖大夫全羅道都觀察黜陟使臣成任

提調嘉靖大夫仁順府尹臣韓繼禧

提調嘉善大夫工曹參判臣姜希孟

副提調通政大夫行弘文館副提學知製敎兼經筵[illegible]

副提調通政大夫承政院左承旨兼判司僕寺事知會事臣賚

使通政大夫行知承文院事臣安寬厚

使通政大夫行禮賓寺尹臣金達全

使通政大夫判宗簿寺事臣南倫

副使威勇將軍行義興衛攝司直臣權瑊

副使威勇將軍龍驤衛攝護軍訓鍊觀副使臣李亨孝

副使朝散大夫行仁順府判官兼春秋館記注官臣趙祉

副使宣略將軍行忠佐衛攝護軍訓鍊觀副使臣金永堅

判官奉列大夫行工曹正郎知製教臣崔灝

判官宣務郎守成均注簿臣金孝昌

金剛般若波羅蜜經六祖解序

夫金剛經者ᄂᆞᆫ 無相ᄋᆞ로 爲宗ᄒᆞ시고 無住로 爲體ᄒᆞ시고 妙有로 爲用ᄒᆞ시니 自從達磨西來ᄒᆞ야 爲傳此經之意ᄒᆞ샤 令人悟理見性이어시ᄂᆞᆯ 秖爲世人이 不見自性ᄒᆞ샤 是以로 立見性之法ᄒᆞ시니 世人이 若了見眞如本體ᄒᆞ면 即不假立法이시니라 此經을 讀誦者ㅣ 無

數ᄒᆞ며稱讚者ㅣ無邊ᄒᆞ며造疏及注解者ㅣ凡八百餘家ㅣ로되所說道理ㅣ各隨所見ᄒᆞ니見雖不同ᄒᆞ나法即無二ᄒᆞ니라宿植上根者ᄂᆞᆫ一聞코便了ㅣ어니와若無宿慧ᄒᆞ면讀誦이雖多ᄒᆞ나不悟佛意ᄒᆞᅀᆞ오릴ᄉᆡ是故로解釋聖義ᄒᆞ야斷除學者의疑心ᄒᆞ노니若於此經에得旨無疑ᄒᆞ면不假解說이니라從上ᄒᆞ야如來ㅅ所說善法은爲除凡夫의不善之心이시니經은是聖人之語ㅣ시니敎人聞之ᄒᆞ샤從凡悟聖ᄒᆞ야求息迷

心이시니 此一卷經은 衆生性中에 本有ㅣ언마ᄅᆞᆫ 不自
見者ᄂᆞᆫ 但讀誦文字ᄒᆞᄂᆞ니 若悟本心ᄒᆞ면 始知此經
이 不在文字ᄒᆞ니라 若能明了自性ᄒᆞ면 方信一切諸
佛이 從此經出이니라 今恐世人이 身外예 覓佛ᄒᆞ며
向外ᄒᆞ야 求經ᄒᆞ고 不發內心ᄒᆞ며 不持內經ᄒᆞ야 故로 造
此訣ᄒᆞ야 令諸學者ㅣ 持內心經ᄒᆞ야 了然自見ᄒᆞ야 淸
淨佛心이 過於數量ᄒᆞ야 不可思議케ᄒᆞ노니 後之學者
ㅣ 讀經有疑ᄒᆞ니 見此解義ᄒᆞ면 疑心이 釋然ᄒᆞ야 更不

用訣이니라 所與는 學者ㅣ 同見鑛中金性ᄒᆞ야 以智
慧火로 鎔鍊ᄒᆞ야 鑛去ᄒᆞ고 金存이니라 我釋迦本師ㅣ
說金剛經제ᄒᆞ실 在舍衛國ᄒᆞ샤 因須菩提의 起問ᄒᆞ샤
佛이 大悲로 爲說ᄒᆞ야시ᄂᆞᆯ 須菩提ㅣ 聞法ᄒᆞᅀᆞᆸ고 得悟
ᄒᆞ야 請佛與法安名ᄒᆞᅀᆞ와 令後人으로 依而受持케ᄒᆞ니
故로 經에 云ᄒᆞ샤ᄃᆡ 佛告須菩提ᄒᆞ샤ᄃᆡ 是經이 名爲
金剛般若波羅蜜이니 以是名字로 汝當奉持ᄒᆞ라ᄒᆞ시니
如來所說金剛般若波羅蜜이 與法爲名ᄒᆞ샨 其意

謂何오 以金剛은 世界之寶ㅣ라 其性이 猛利ᄒᆞ야 能壞諸
物ᄒᆞᄂᆞ니 金雖至堅ᄒᆞ나 羚羊角이 能壞ᄒᆞᄂᆞ니 金剛은
喩佛性ᄒᆞ시고 羚羊角은 喩煩惱ᄒᆞ시니 金雖堅剛ᄒᆞ나
羚羊角이 能碎ᄒᆞ며 佛性이 雖堅ᄒᆞ나 煩惱ㅣ 能亂ᄒᆞ며
煩惱ㅣ 雖堅ᄒᆞ나 般若智ㅣ 能破ᄒᆞ며 羚羊角이 雖堅
ᄒᆞ나 賓鐵이 能壞ᄒᆞᄂᆞ니 悟此理者ㅣ사 了然見性ᄒᆞ리니
涅槃經에 云ᄒᆞᄃᆡ 見佛性者ᄂᆞᆫ 不名衆生이오 不見佛
性ᄋᆞᆫ사 是名衆生이라ᄒᆞ니라 如來所說金剛喩者ᄂᆞᆫ 秪

為世人이 性無堅固ᄒᆞ야 口雖誦經ᄒᆞ나 光明이 不生ᄒᆞ고 外誦內行ᄒᆞ야 光明이 齊等ᄒᆞ며 內無堅固ᄒᆞ면 定慧ㅣ 卽亡ᄒᆞ고 口誦心行ᄒᆞ야 定慧ㅣ 均等ᄒᆞᄂᆞ니 是名究竟이라 金在山中에 山不知是寶ᄒᆞ며 寶亦不知是山ᄒᆞᄂᆞ니 何以故오 為無性故ㅣ라 人則有性ᄒᆞ야 取其寶用ᄒᆞ되 得遇金師ᄒᆞ야 鏨鑿山破ᄒᆞ야 取鑛烹鍊ᄒᆞ야 遂成精金ᄒᆞ야 隨意使用ᄒᆞ야 得免貧苦ᄒᆞᄂᆞ니 四大身中에 佛性도 亦爾ᄒᆞ니 身은 喩世界ᄒᆞ시고 人我ᄂᆞᆫ 喩

山ᄒᆞ시고 煩惱ᄂᆞᆫ 喩鑛ᄒᆞ시고 佛性은 喩金ᄒᆞ시고 智慧
ᄂᆞᆫ 喩工匠ᄒᆞ시고 精進勇猛은 喩鏨鑿ᄒᆞ시니 身世界
中에 有人我山ᄒᆞ고 人我山中에 有煩惱鑛ᄒᆞ고 煩惱
鑛中에 有佛性寶ᄒᆞ고 佛性寶中에 有智慧工匠ᄒᆞ니
用智慧工匠ᄒᆞ야 鏨破人我山ᄒᆞ야 見煩惱鑛ᄒᆞ야 以覺
悟火로 烹鍊ᄒᆞ야 見自金剛佛性이 了然明淨ᄒᆞᆯ시 是
故로 以金剛으로 爲喩ᄒᆞ시고 因爲之名也ᄒᆞ시니 空解
不行ᄒᆞ면 有名無體ᄒᆞ고 解義脩行ᄒᆞ면 名體俱備ᄒᆞ리니

不脩ᄒᆞ면 卽凡夫ㅣ오 脩ᄒᆞ면 卽同聖智ᄒᆞ릴ᄉᆡ 故로 名金
剛也ㅣ시니라 何名般若오 是ᄂᆞᆫ 梵語ㅣ니 唐言智慧라
智者ᄂᆞᆫ 不起愚心이오 慧者ᄂᆞᆫ 有其方便이니 慧ᄂᆞᆫ 是
智의 體오 智ᄂᆞᆫ 是慧의 用이니 體若有慧ᄒᆞ면 用智ᄒᆞ고
不愚ᄒᆞ며 體若無慧ᄒᆞ면 用愚ᄒᆞ고 無智ᄒᆞᄂᆞ니 祇爲愚癡
未悟ᄒᆞ샤 故로 脩智慧ᄒᆞ샤 以除之也ㅣ시니라 何名波羅
蜜오 唐言到彼岸이니 到彼岸者ᄂᆞᆫ 離生滅ᄒᆞᄂᆞᆫ 義니
祇緣世人이 性無堅固ᄒᆞ야 於一切法上애 有生滅

相ᄒᆞ야 流浪諸趣ᄒᆞ야 未到眞如之地ᄒᆞᄂᆞ니 並是此岸이니 要眞大智慧ᄒᆞ야 於一切法에 圓滿ᄒᆞ야 離生滅相이니 即是到彼岸이라 亦云호ᄃᆡ 心迷則此岸이오 心悟則彼岸이며 心邪則此岸이오 心正則彼岸이라 口說心行ᄒᆞ면 即自法身이 有波羅蜜이오 口說心不行ᄒᆞ면 即無波羅蜜也ㅣ니라 何名爲經고 經者ᄂᆞᆫ 徑也ㅣ니 是成佛之道路ㅣ니 凡人이 欲臻斯路ㅣᆫ댄 當內脩般若行ᄒᆞ야 以至究竟이니 如或但能誦說ᄒᆞ고 心不依行ᄒᆞ면 自

心이 則無經이오 實見實行ᄒᆞ면 自心이 則有經일ᄉᆡ 故
로 此經을 如來ㅣ 号爲金剛般若波羅蜜經이라ᄒᆞ시
니라 ○金금剛강經경은 相샹 업수므로 宗종 샤
ᄆᆞ시고 住뜽 업수므로 體뎽 사ᄆᆞ시고 微밍妙묭
ᄒᆞᆫ 有읗로 用용 사ᄆᆞ시니 達딿磨망ㅣ 西솅로 오
샴브터 이 經경ㅅ ᄠᅳ들 爲윙ᄒᆞ야 傳뎐ᄒᆞ샤 ᄶᅡᄅᆞ
ᄆᆞ로 理링ᄅᆞᆯ 알며 性셩을 보게 ᄒᆞ야시늘 오직 世
솅人신이 제 性셩 보디 몯ᄒᆞᄃᆞᆯ 爲윙ᄒᆞ샤 이런ᄃᆞ
로 見견性셩ㅅ 法법을 셰시니 世솅人신이 ᄒᆞ다
가 眞진如ᅀᅧᆼ本본體뎽ᄅᆞᆯ ᄉᆞᄆᆞᆺ 보면 곧 法법 셰요
ᄆᆞᆯ브디 아니ᄒᆞ시리라 이 經경을 讀똑誦쑹ᄒᆞ리
數숭업스며 稱칭讚잔ᄒᆞ리 ᄀᆞᆺ업스며 頌송지스
며 法즁ᄒᆞ야 사기리ᄅᆞᆯ 읫 八ᄇᆞᇙ百ᄇᆡᆨ餘영家강ㅣ
로ᄃᆡ 닐온 道뜽理링 各각各각 보몸 조ᄎᆞ니 보미

비록ᄀᆞᆮ디아니ᄒᆞ나法법은ᄀᆞᆮ둘업스니라아리
시든上쌍根근은ᄒᆞᆫ번듣고곧알어니와ᄒᆞ다가
아ᄅᆡ慧휑업스면讀독誦쏭ᄒᆞ미비록하나부텻
ᄠᅳᆮ마디몯ᄒᆞᅀᆞ오릴ᄊᆡ이럴ᄊᆡ聖셩人신ㅅᄠᅳ들
사겨學ᅘᅡᆨ者쟝ᄋᆡ疑읭心심을그처ᄇᆞ리노니ᄒᆞ
다가이經경에ᄠᅳ들得득ᄒᆞ야疑읭心심업스면
사겨닐오ᄆᆞᆯ브디아니ᄒᆞ리라우브터如ᅀᅧᆼ來링
ㅅ니ᄅᆞ샨善쎤法법은凡뻠夫붕의不붏善쎤ᄒᆞᆫ
ᄆᆞᅀᆞᆷ더루믈爲윙ᄒᆞ시니經경은이聖셩人신ㅅ
마리시니사ᄅᆞ믈듣게ᄒᆞ샤凡뻠을브터聖셩을
아라迷몡ᄒᆞᆫᄆᆞᅀᆞᄆᆞᆯ永웡히긋게ᄒᆞ시니一힗
卷권經경은衆즁生ᄉᆡᆼ性셩中듕에本본來링앗
건마ᄅᆞᆫ제보디몯ᄒᆞᄂᆞ니오직文문字ᄍᆞᆼᄲᅮᆫ讀독誦
쏭ᄒᆞᄂᆞ니ᄒᆞ다가本본心심을알면비로서이經
경이文문字ᄍᆞᆼ애잇디아니ᄒᆞᆫᄃᆞᆯ알리니ᄒᆞ다가
能능히自ᄍᆞᆼ性셩을ᄆᆞᆯ기알면비로서一힗切쳉

諸졍佛뿛이 經경브터 나샨ᄃᆞᆯ 알리니 이제 世
솅人신이 몸 밧긔 부텨 어드며 밧고로 向향ᄒᆞ야 經
경을 求끃ᄒᆞ고 안ᄆᆞᅀᆞᄆᆞᆯ 發벓티 아니ᄒᆞ며 앉 經
경을 디니디 아니ᄒᆞᆯ까 저허 이럴ᄊᆡ 이 訣궗을 지
서 모ᄃᆞᆫ 學ᅘᅡᆨ者쟝ㅣ 안ᄆᆞᅀᆞᇝ 經경을 디녀 블기 刑
보아 淸쳥淨쪙佛뿛心심이 數숭量량애 너머 不
붏可캉思ᄉᆞᆼ議읭ᄒᆞ노니 後ᅘᅮᇢ엣 學ᅘᅡᆨ者쟝ㅣ
經경을 닐거 疑읭心심이 잇ᄂᆞ니 이 사긴 ᄠᅳ들 보면
疑읭心심이 노가 ᄂᆞ외 訣궗올 ᄡᅳ디 아니ᄒᆞ리니
ᄇᆞ라믄 學ᅘᅡᆨ者쟝ㅣ 다 鑛광中듕엣 金금性셩을
보아 [illegible] 鑛광ᄋᆞᆫ 쇠 블이ᄂᆞᆫ 돌히라 [illegible] 智딩慧ᅘᅰᆼ火
황로 노겨 鑛광이 업고 金금이 갓게 ᄒᆞ미니라 우
리 釋셕迦강本본師ᄉᆞᆼㅣ 金금剛강經경 니ᄅᆞ실
쩨 舍샹衛윙國귁에 겨샤 須슝菩뽕提뗑의 묻ᄌᆞ
음 니ᄅᆞ와도ᄆᆞᆯ 因힌ᄒᆞ샤 부톄 大땡悲빙로 為윙
ᄒᆞ야 닐어시ᄂᆞᆯ 須슝菩뽕提뗑ㅣ 法법 듣ᄌᆞᆸ고 아

로ᄆᆞᆯ得득ᄒᆞ야부톄法법을주샤일훔지ᄒᆞ샤ᄆᆞᆯ
請청ᄒᆞᅀᆞ와後ᅘᅮᇢ人신ᄋᆞ로브터受쓯持띵케ᄒᆞ
니이럴씨經경에니ᄅᆞ샤ᄃᆡ부톄須슝菩뽕提똉
ᄃᆞ려니ᄅᆞ샤ᄃᆡ이經경이일후미金금剛강般밣
若ᅀᅣᇰ波방羅랑蜜밇이니이일후므로네반ᄃᆞ기
奉뽕持띵ᄒᆞ라ᄒᆞ시니如ᅀᅧᆼ來ᄅᆡᆼ니ᄅᆞ샨金금剛
강般밣若ᅀᅣᇰ波방羅랑蜜밇이法법을주샤일훔
ᄒᆞ샨그ᄠᅳ든엇뎨오金금剛강은世솅界갱ㅅ보
ᄇᆡ라그性셩이勇용猛ᄆᆡᆼ코놀나能능히한物뭃
을허ᄂᆞ니金금이비록至징極끅구드나羚령羊
양角각이能능히허ᄂᆞ니金금剛강은佛뿛性셩
을가ᄌᆞᆯ바시고羚령羊양角각ᄋᆞᆫ煩뻔惱놓ᄅᆞᆯ가
ᄌᆞᆯ비시니金금이비록구드나羚령羊양角각이
能능히ᄇᆞᅀᆞ며佛뿛性셩이비록구드나煩뻔惱
놓ᅵ能능히어즈리며煩뻔惱놓ᅵ비록구드나
般밣若ᅀᅣᇰ智딩能능히헐며羚령羊양角각이바

록구ᄃᆞ나 實씷鐵텷이 能능히 허ᄂᆞ니 이 理링 알
리사불가 性셩을 보리니 涅녏槃빤經경에 닐오
ᄃᆡ 佛뿛性셩 보니 衆즁生싱이라 일훔 아니ᄒᆞ고
佛뿛性셩 보ᄃᆡ 몯ᄒᆞ닐 ᄉᆞ이 일후미 衆즁生싱이
ᄅᆞᆫ ᄒᆞ니라 如셩來ᄅᆡᆼ 니르샤 金금剛강가 즐브믄
오직 世생人신이 性셩이 堅견固공ㅣ 업셔 이빼
비록 經경을 외오나 光광明명이 나ᄃᆡ 몯고 밧ᄀᆞ
로 외오고 안ᄒᆞ로 行ᄒᆡᇰᄒᆞ야ᄉᆞ 光광明명이 ᄀᆞᄌᆞ
기 等등ᄒᆞ며 안해 堅견固공ㅣ 업스면 定뗭慧ᄒᆡᇰ
곤 업고 이빼 외오고 므ᄉᆞ매 行ᄒᆡᇰᄒᆞ야ᄉᆞ 定뗭慧
ᄒᆡᇰ 골오 等등ᄒᆞᄂᆞ니 이 일후미 究궁竟경이라 金
금이 山산中듕에 아쇼매 山산이 이 보빈 돌아ᄃᆡ
몯ᄒᆞ며 보비도 쏘이 山산인 돌 아ᄃᆡ 몯ᄒᆞᄂᆞ니 엇
떼어뇨 性셩 업수믈 爲욍ᄒᆞᆫ젼치라 ᄉᆞ르믄 性셩
이셔 보ᄇᆡ돌 取츙ᄒᆞ야 ᄇᆞᄃᆡ 金금師ᄉᆞᆼ 돌맛나 山
산ᄋᆞᆯ 파 허러 鏡광ᄋᆞᆯ 取츙ᄒᆞ야 노개 精졍金금ᄋᆞᆯ

일워 ᄠᅳ들 조차 艱간難난ᄒᆞᆫ 受ᄊᆖᇢ苦콩 여희요 몸 得득ᄒᆞᄂᆞ니 四ᄉᆞᆼ大땡身신中듕에 佛뿛性셩도 ᄯᅩ 그러ᄒᆞ니 身신은 世솅界갱ᄅᆞᆯ 가ᄌᆞᆯ비시고 人ᅀᅵᆫ我앙ᄂᆞᆫ 山산ᄋᆞᆯ 가ᄌᆞᆯ비시고 煩뻔惱ᄂᆞᇢᄂᆞᆫ 鑛광ᄋᆞᆯ 가ᄌᆞᆯ비시고 佛뿛性셩은 金금ᄋᆞᆯ 가ᄌᆞᆯ비시고 智딩慧휑ᄂᆞᆫ 工공匠쨩ᄋᆞᆯ 가ᄌᆞᆯ비시고 精쟝進진勇용猛ᄆᆡᆼᄋᆞᆫ ᄑᆞ몰 가ᄌᆞᆯ비시니 身신世솅界갱中듕에 人ᅀᅵᆫ我앙山산이 ᄋᆞᆺ고 人ᅀᅵᆫ我앙山산中듕에 煩뻔惱ᄂᆞᇢ鑛광이 잇ᄉᆞ고 煩뻔惱ᄂᆞᇢ鑛광中듕에 佛뿛性셩寶ᄇᆞᇢㅣ 잇ᄉᆞ고 佛뿛性셩寶ᄇᆞᇢ中듕에 智딩慧휑工공匠쨩이 잇ᄂᆞ니 智딩慧휑工공匠쨩ᄋᆞᆯ ᄡᅥ 人ᅀᅵᆫ我앙山산ᄋᆞᆯ 파허러 煩뻔惱ᄂᆞᇢ鑛광ᄋᆞᆯ 보아 覺각悟옹火황로 노겨 내 金금剛강佛뿛性셩아 了룡然션히 ᄇᆞᆯᄀᆞ며 조ᄒᆞᆫ ᄃᆞᆯ 볼ᄊᆡ 이런ᄃᆞ로 金금剛강ᄋᆞ로 가ᄌᆞᆯ비시고 因힌ᄒᆞ야 일훔ᄒᆞ시니 ᄒᆞᆫ갓 알ᄋᆞᆫ 行ᅘᆡᆼ타 아니ᄒᆞ면 일훔아 쇼ᄃᆡ 體텡

업고義읭를왈오行ᅘᆡᇰ올ᄃᆞᄀᆞ면일홈과體톙왜
조ᄀᆞᄌᆞ라니ᄃᆞᄃᆞ。니ᄒᆞ면곧凡뻠夫붕ㅣ오ᄃᆞ
ᄀᆞ면곤聖셩智딩곤ᄒᆞ릴씨일ᄒᆞᄅᆞᆯ金금剛강이
라ᄒᆞ사니라엇뎌알ᄒᆞ마般밠若샹오이ᄂᆞᆫ梵뻠
語셩ㅣ니唐땅바래智딩慧뼹라智딩ᄂᆞᆫ어린ᄆᆞ
숨니ᄅᆞ완디아ᄂᆞᄒᆞ미오慧뼹ᄂᆞ方방便뻔아쇼
미니慧뼹ᄂᆞᆫ이智딩의體톙오智딩이慧뼹의
用용이니體톙ᄒᆞ다가慧뼹이시면智당ᄅᆞᆯᄡᅳ고
어리디아니ᄒᆞ며體톙ᄒᆞ다가慧여뼹업ᄉᆞ면어료
몰ᄡᅳ고智당업ᄂᆞ니오직어라아디몯ᄒᆞ닐爲
욍ᄒᆞ샤이혈씨智딩慧뼹ᄅᆞᆯᄃᆞᆺᄀᆞ샤뎌ᄅᆞ시니라
엇뎌일ᄒᆞ미波방羅라蜜밇오唐땅마랜뎌ᄀᆞᄊᆡ
가미ㅣ뎌ᄀᆞᄊᆡ가ᄆᆞᆫ生싱滅멿여ᄒᆡᆫᄇᆞᄅᆞ디니오직
世셩ᄉᆞᆫ아性셩이堅견固공업수믈브터一황
切쳥法법上썅애生싱滅멿相샹이이셔諸졍趣
亽어ᄒᆞᆯ라眞진如셩地띵에가ᄃᆞ遷ᄒᆞᄂᆞ니라이

이ᄀᆞᅀᅵ니모ᄅᆞ매큰智딩慧휑ᄀᆞ재一힗切촁法법에圓원滿만ᄒᆞ야生ᄉᆡᇰ滅멿相샹ᄋᆞᆯ여희욜띠

니곧이뎌ᄀᆞ새가미라ᄯᅩ닐오ᄃᆡᄆᆞᅀᆞ미迷몡ᄒᆞ면이ᄀᆞᅀᅵ오ᄆᆞᅀᆞ미알면뎌ᄀᆞᅀᅵ며ᄆᆞᅀᆞ미邪썅

ᄒᆞ면이ᄀᆞᅀᅵ오ᄆᆞᅀᆞ미正졍ᄒᆞ면뎌ᄀᆞᅀᅵ라이배니ᄅᆞ고ᄆᆞᅀᆞ매行ᅘᆡᇰᄒᆞ면곧내法법身신이波방

羅랑蜜믫이쇼미오이베니ᄅᆞ고ᄆᆞᅀᆞ매行ᅘᆡᇰ티아니ᄒᆞ면곧波방羅랑蜜믫업수미니라엇뎌알

후미經경고經경은길히니이부텨ᄃᆞ외욜길히니믈읫짜ᄅᆞ미의길헤다ᄃᆞ로려ᄒᆞᆯ편잰반ᄃᆞ기

안해般밣若샹行ᅘᆡᇰᄋᆞᆯ닷가究귷竟경에니ᄅᆞᆯ띠니ᄒᆞ다가오직能능히외와니를ᄡᅳᆫᄒᆞ고ᄆᆞᅀᆞ

매브터行ᅘᆡᇰ티아니ᄒᆞ면제ᄆᆞᅀᆞ미經경이업고寶봏히보아寶봏하行ᅘᆡᇰᄒᆞ면제ᄆᆞᅀᆞ미經경이

이시릴씨이經경을如셩來링ㅣ일후믈金금剛강般밣若샹波방羅랑蜜믫經경이라ᄒᆞ시니라

金剛經啓請

若有人受持金剛經者先須至心念淨口業真言
然後啓請八金剛四菩薩名號所在之處常當擁
護

淨口業真言

修唎修唎摩訶修唎修修唎薩婆訶

安土地真言

唵嚩日囉怛訶賀斛

普供養眞言

唵誐誐曩三婆嚩韈日囉斛

請八金剛四菩薩

奉請青除災金剛　奉請辟毒金剛

奉請黃隨求金剛　奉請白淨水金剛

奉請赤聲金剛　奉請定持災金剛

奉請紫賢金剛　奉請大神金剛

奉請金剛眷菩薩　奉請金剛索菩薩

奉請金剛愛菩薩　奉請金剛語菩薩

發願文

稽首三界尊　皈命十方佛　我今發弘願
持此金剛経　上報四重恩　下濟三塗苦
若有見聞者　悉發菩提心　盡此一報身
同生極樂國

云何梵

云何得長壽　金剛不壞身　復以何因緣

得大堅固力　云何於此經　究竟到彼岸

願佛開微密　廣爲衆生說

開經偈

無上甚深微妙法　百千萬劫難遭遇

我今見聞得受持　願解如來眞實義

金剛般若波羅蜜經

法會因由分第一

如是ᄅᆞᆯ 我聞ᄒᆞᅀᆞ오니 ○ 이ᄀᆞᆮ호ᄆᆞᆯ 내 듣ᄌᆞ오나

如者ᄂᆞᆫ 指義오 是者ᄂᆞᆫ 定詞ㅣ니 阿難이 自稱ᄒᆞ되 如是之法을 我從佛聞이라ᄒᆞ니 明不自說也ㅣ니 故로 言如是我聞이라 又我者ᄂᆞᆫ 性也ㅣ니 性이 即我

也ㅣ니 內外動作이 皆由於性ᄒᆞ야 一切를 盡聞ᄒᆞ실

故로 稱我聞也ㅣ니라 ○ 如셩ᄂᆞᆫ ᄀᆞᄅᆞ치ᄂᆞᆫ ᄡᅳ디오 是씽ᄂᆞᆫ 一힗定뗭ᄒᆞᆫ 마리

니 阿핳難난이 ᄌᆞ걔 닐오ᄃᆡ 이 ᄀᆞᆮᄒᆞᆫ 法법을 내 부텨를 졷ᄌᆞ와 드로라 ᄒᆞ니 내 말 아닌ᄃᆞᆯ 볼가

니 이럴ᄊᆡ 닐오ᄃᆡ 如셩是씽我앙聞문이라 ᄯᅩ 나ᄂᆞᆫ 性셩이니 性셩이 곧 내니 안팟 動똥作작

이 다 性셩을 브터 一힗切쳉를 다 드를ᄊᆡ 我앙聞문이라 니르니라

一時예 佛이 在舍衛國祇樹給孤獨園ᄒᆞ샤 ○ 一힗時

씽예 부톄 舍샹衛윙國귁祇낑樹쓩給급孤공獨똑園원에 겨샤

言一時者ᄂᆞᆫ 師資ㅣ 會遇ᄒᆞ야 齊集之時라 佛者

ᄂᆞᆫ 是說法之主ㅣ시고 在者ᄂᆞᆫ 欲明處所ㅣ라 舍衛
國者ᄂᆞᆫ 波斯匿王所居之國이라 祇者ᄂᆞᆫ 太子ㅅ
名也ㅣ오 樹ᄂᆞᆫ 是祇陀太子ㅅ 所施故로 言祇樹
也ㅣ니라 給孤獨者ᄂᆞᆫ 須達長者之異名이오 園者
ᄂᆞᆫ 本屬須達ᄒᆞᆯᄉᆡ 故로 言給孤獨園이니라 佛者ᄂᆞᆫ
梵音이니 唐言覺也ㅣ니 覺義ㅣ 有二ᄒᆞ니 一者ᄂᆞᆫ 外
覺이니 觀諸法空이오 二者ᄂᆞᆫ 內覺이니 知心空寂ᄒᆞ야
不被六塵의 所染ᄒᆞ야 外不見人之過惡ᄒᆞ며 內不

被邪迷所惑ᄒᆞᆯᄉᆡ 故名曰覺이니 覺이 即是佛也ㅣ시니

니라 ○ 一ᅙᅵᇙ時씽라ᄂᆞᆯ오믄 ᄉᆞ승과 弟뗑子ᄌᆞᆼ왜 모다 맛나 ᄀᆞᄌᆞ기 모ᄃᆞᆫ ᄢᅢ라 佛뿛은 이 說쉃

法법ᄒᆞ시ᄂᆞᆫ 主즁ㅣ시고 겨시다 ᄒᆞᄃᆞᆫ 處청所송ᄅᆞᆯ ᄇᆞᆰ기고져 ᄒᆞ니라 舍샹衛윙國귁은 波방

斯ᄉᆞᆼ匿닉王왕의 사ᄂᆞᆫ 나라히라 祇낑ᄂᆞᆫ 太탱子ᄌᆞᆼㅅ 일후미오 樹쓩ᄂᆞᆫ 이 祇낑陀땅太탱子

ᄌᆞᆼㅅ 施싱ᄒᆞᆫ 거실ᄊᆡ 祇낑樹쓩ㅣ라 니ᄅᆞ니라 給급孤공獨똑ᄋᆞᆫ 須숭達팛長댱者쟝ᄋᆡ 다ᄅᆞᆫ

일후미오 園원ᄋᆞᆫ 本본來링 須숭達팛ᄋᆡ게 屬쑉ᄒᆞᆯᄊᆡ 給급孤공獨똑園원이라 니ᄅᆞ니라 佛

뿛ᄋᆞᆫ 梵뻠音흠이니 唐땅마랜 覺각이니 覺각ᄠᅳ디 ᄃᆞᆯ하 잇ᄂᆞ니 ᄒᆞ나ᄒᆞᆫ 밧覺각이나 諸졍法

법의 空콩ᄋᆞᆯ 觀관ᄒᆞᆯᄊᆡ 오ᄋᆞᆯ ᄒᆞᆫ 안ㅅ覺각이니 ᄆᆞᅀᆞᄆᆡ 空콩寂쩍ᄋᆞᆯ 아라 六륙塵띤의 더러요ᄆᆞᆯ

님디 아니ᄒᆞ야 밧그로 사ᄅᆞ미 허므를 보디 아니ᄒᆞ며 안ᄒᆞ로 邪쌰ᇰ迷몡의 惑ᅘᅬᆨᄒᆞ요ᄆᆞᆯ 님디 아니ᄒᆞᆯᄊᆡ 일후믈 ᄉᆞᆷ오ᄃᆡ 覺각이니 覺각이 곧 이 佛뿛이시니라

與大比丘衆千二百五十人과 俱ᅵ러시니 ○큰 比삥丘쿻衆즁 千쳔二ᅀᅵᆼ百ᄇᆡᆨ五옹十씹人ᅀᅵᆫ과 ᄒᆞᆫᄃᆡ 겨시더니

言與者ᄂᆞᆫ 佛이 與比丘와 同住金剛般若無相道場ᄒᆞ실ᄊᆡ 故言與也ㅣ라 大比丘者ᄂᆞᆫ 是大阿羅漢故ㅣ라 比丘者ᄂᆞᆫ 是梵語ㅣ니 唐言能破六賊니이 故名比丘ㅣ라 衆은 多也ㅣ라 千二百五十人者ᄂᆞᆫ

其數也ㅣ라 俱者ᄂᆞᆫ 同處平等法會라 ○與영ㅣ
라 ᄉᆞᆯ오ᄆᆞᆫ 부
톄 比뼁丘쿻와 金금剛강般반若샹無뭉相샹
道ᄯᅩᇢ場땽애 ᄒᆞᆫᄃᆡ 겨시ᅀᅵ ᄉᆞᆯ오ᄃᆡ 與영ㅣ라 大
땡比삐丘쿻ᄂᆞᆫ 이 大땡阿항羅랑漢한인 젼ᄎᆞ
라 比삐丘쿻ᄂᆞᆫ 梵뻠語엉ㅣ니 唐땅 마랜 能
능히 六륙賊쯕 破팡ᄒᆞ미니 그럴ᄊᆡ 일후미 比
삥丘쿻ㅣ라 衆즁은 할씨라 千쳔二싕百ᄇᆡᆨ五
옹十씹人신은 그 數숭ㅣ라 俱궁ᄂᆞᆫ 平
뼝等등法법會횅예 ᄒᆞᆫᄃᆡ 겨실씨라

爾時世尊이 食時예 著衣持鉢ᄒᆞ샤 入舍衛大城ᄒᆞ샤
乞食於其城中ᄒᆞ샤 ○그ᄢᅴ 世솅尊존이 食씩時
씽예 옷 니브시고 바리 가지샤 舍
샹衛윙大땡城쎵에 드르샤
그 城쎵中듕에 밥 비르샤

爾時者ᄂᆞᆫ 當此之時니 是今辰時니 齋時ㅣ 欲
至也ㅣ라 著衣持鉢者ᄂᆞᆫ 為顯教示跡故也ㅣ라 入
者ᄂᆞᆫ 爲自城外而入也ㅣ라 舍衛大城者ᄂᆞᆫ 名舍
衛國豐德城也ㅣ니 即波斯匿王所居之城일시 故
言舍衛大城也ㅣ라 言乞食者ᄂᆞᆫ 表如來ㅣ 能下
心於一切衆生也ㅣ라 ○ 爾ᅀᅵᆼ時씽ᄂᆞᆫ 예 當당ᄒᆞᆫ 時씽節졇이니 아ᄎᆞᆷ 졧 辰
씬時씽ㅣ 齋쟁時씽ㅣ ᄒᆞ마 니를 ᄢᅵ라 옷 니브시고 바리 가지샤ᄆᆞᆫ 敎굥 나토샤ᄆᆞᆯ 爲윙ᄒᆞ
샤 자최ᄅᆞᆯ 뵈샤ᄂᆞᆫ 젼ᄎᆞ라 드르샤ᄆᆞᆫ 城셩 밧긔브터 드르실ᄊᆡ라 舍샹衛윙大땡城셩은 일후

미舍샹衛윙國귁豊풍德득城쎵이니 곧波방
斯숭匿닉王왕의 사ᄂᆞᆫ 城쎵일ᄊᆡ 닐오ᄃᆡ 舍샹
衛윙大땡城쎵이라 밥 비르시니 ᄉᆞᆯ오ᄆᆞᆫ 如셩
來링ㅣ 能능히 一힗切쳉衆쥬ᇰ生ᄉᆡᇰ의게 ᄆᆞ含
ᄂᆞᆫ 조ᄀᆞᆯᄒᆞ샤ᄆᆞᆯ 表
뵬ᄒᆞ ᄉᆞ오시니라

次第乞已ᄒᆞ시고 還至本處ᄒᆞ샤 飯食訖ᄒᆞ시고 收衣鉢ᄒᆞ시고 洗足已ᄒᆞ시고 敷座而坐ㅣ어시ᄂᆞᆯ ○次ᄎᆞᆼ第
펑로 비르샤ᄆᆞᆯ ᄆᆞ太
시고 本본處청에 도로 가샤 반좌샤ᄆᆞᆯ ᄆᆞ太시고
옷과 바리ᄅᆞᆯ 간초시고 발 시스시고 座쫭ᄅᆞᆯ 펴샤
앉개 시ᄂᆞᆯ

次第者ᄂᆞᆫ 不擇貧富ᄒᆞ샤 平等以化也라 乞已者

ᄂᆞᆫ 如過乞을 不過七家ㅣ니 七家數滿커든 更不至

餘家也ㅣ라 還至本處者ᄂᆞᆫ 佛意예 制諸比丘ᄒᆞ샤

除請召外예 不得輒向白衣舍케ᄒᆞ실ᄉᆡ 故로 云爾

래니 洗足者ᄂᆞᆫ 如來ㅣ 示現順同凡夫ᄒᆞ실ᄉᆡ 故言

洗足이라 又大乘法은 不獨以洗手足ᄋᆞ로 爲淨이라

蓋言ᄒᆞ되 洗手足이 不若洗心ᄒᆞ니 一念에 心淨ᄒᆞ면

則罪垢ㅣ 悉除矣리라 如來ㅣ 欲說法時예 常儀

ㅣ 敷施檀座ᄒᆞ실ᄉᆡ 故로 言敷座而坐ㅣ라 ○次ᄎᆞᆼ第뗑ᄂᆞᆫ

艱간難난ᄒᆞ니가ᄉᆞ며니골ᄒᆞ디아니ᄒᆞ샤平뼝等등으로化황ᄒᆞ샤마라비롬ᄆᆞ太샤ᄆᆞᆫ쎄

비로ᄆᆞᆯ닐굽지비너무아니ᄒᆞ샴곤ᄒᆞ니七칧家강ㅅ數숭ㅣ太거든ᄂᆞ외나ᄆᆞᆫ지브가디아

니ᄒᆞ실씨라本본慶켱에도로가샤ᄆᆞᆫ부텻ᄠᅳᄃᆡ모ᄃᆞᆫ比삥丘쿻를禁금止징ᄒᆞ샤請쳥ᄒᆞ야

브르리뎔오그外욍예ᄆᆞᆫ득白빅衣힁ㅅ지비가디몯게ᄒᆞ실씨그리ᄉᆞᆯ오니라발시ᄉᆞ샤ᄆᆞᆫ

如셩來링ㅣ凡뻠夫부를順쓘ᄒᆞ야그티ᄒᆞ샤ᄆᆞᆯ뵈실씨ᄉᆞᆯ오ᄃᆡ洗솅足죡이라ᄯᅩ大땡乘씽

法법은ᄂᆞᆼᄀᆞᆺ손발시수므로조ᄒᆞ오ᄆᆞᆯ삼논디아니라닐오ᄃᆡ손발시ᄉᆞ미ᄆᆞᆷ시ᄉᆞᆸ곤디몯ᄒᆞ

니一힗念념에ᄆᆞᄉᆞ미ᄌᆞᄒᆞ면罪쬥와벅애다뎔리라如셩來링ㅣ說쉃法법ᄒᆞ오려ᄒᆞ실제샹

녯法법이檀딴座쫭ᄅᆞᆯ펴실씨ᄉᆞᆯ오ᄃᆡ座쫭ᄅᆞᆯ펴샤안ᄌᆞ샤미라◆檀판은尼닝師ᄉᆞᆼ檀판이

니예셔닐오매앉ᄂᆞᆫ거시라

善現啓請分第二

時예 長老須菩提ㅣ○時씽예長댱老롱須슝菩뽕提뗑ㅣ何名長老오 德尊年高ᄒᆞ실ᄊᆡ 故名長老ㅣ라 須菩提는 是梵語ㅣ니 唐言解空이라○엇뎨일후미長댱老롱오德득이尊존코나히노ᄑᆞᆯᄊᆡ일후미長댱老롱ㅣ라須슝菩뽕提뗑ᄂᆞᆫ이梵뻠語엉ㅣ니唐땅마랜空콩아로미라

在大衆中ᄒᆞ야 卽從座起ᄒᆞ야 偏袒右肩ᄒᆞ고 右膝著地

ᄒᆞ야 合掌恭敬ᄒᆞᅀᆞ와 而白佛言ᄒᆞᅀᆞ오ᄃᆡ ○大땡衆즁中듕에 이셔 즉재 座쫭로셔 니러 올ᄒᆞᆫ 엇게 메왓고 올ᄒᆞᆫ 무룹 ᄭᅮ러 ᄯᅡ해 다ᄒᆞ 合합掌장 恭공敬경ᄒᆞᅀᆞ와 부텻긔 ᄉᆞᆯᄫᆞ오ᄃᆡ

隨衆所坐ᄒᆞ실ᄊᆡ 故云即從座起라 弟子ㅣ 請益졩ᄒᆞᆯ

先行五體儀ᄒᆞᄂᆞ니 一者ᄂᆞᆫ 從坐而起오 二者ᄂᆞᆫ

端整衣服이오 三者ᄂᆞᆫ 偏袒右肩ᄒᆞ고 右膝著地오

四者ᄂᆞᆫ 合掌ᄒᆞ야 瞻仰尊顔ᄒᆞᅀᆞ와 目不暫捨ㅣ오 五

者ᄂᆞᆫ 一心恭敬ᄒᆞᅀᆞ와 以伸問辭ㅣ라 ○衆즁의 안존 ᄃᆡᄅᆞᆯ 조ᄎᆞ실ᄊᆡ

닐오ᄃᆡ 즉재 座쫭로셔 니르샤미라 弟뗑子ᄌᆼㅣ
더우믈 請쳥ᄒᆞᅀᆞᄫᆞᆯ 쩨 모ᄅᆞᆫ 져 다ᄉᆞᆺ 가짓 威ᅙᅱᆼ儀ᅌᅴᆼ를
行ᅘᆡᆼᄒᆞᄂᆞ니 ᄒᆞ나ᄒᆞᆫ 坐쫭로셔 니르미오 둘ᄒᆞᆫ
衣ᅙᅴᆼ服뽁ᄋᆞᆯ 端돤正졍히 ᄀᆞ초미오 세ᄒᆞᆫ 올ᄒᆞᆫ
엇게 메와ᄉᆞ고 올ᄒᆞᆫ 무룹 ᄭᅮ러 다ᄒᆞ요미오 네ᄒᆞᆫ 合
掌쟝ᄒᆞ야 尊존顔안ᄋᆞᆯ 울워러 보ᅀᆞ와 누늘
ᄌᆞᆷ간도 ᄇᆞ리디 아니호미오 다ᄉᆞᄉᆞᆫ ᄒᆞᆫ
心심 恭공敬경ᄒᆞᅀᆞ와 묻ᄌᆞᄫᆞᆫ 마ᄅᆞᆯ 펼 씨라

希有世尊존하 ○希힁有ᅌᅮᇢᄒᆞ신 世솅尊존하 希힁는 드믈 씨라

希有는 略說컨댄 三義니 第一希有는 能捨金輪
王位고시 第二希有는 身長이 丈六이며 紫磨金
容애 三十二相과 八十種好ㅣ 三界無比고시 第

三希有ᄂᆞᆫ 性能含吐八萬四千法ᄒᆞ시며 三身이

圓備시니 以具上三義ᄒᆞ실식 故云希有也ㅣ니라 世

尊者ᄂᆞᆫ 智慧ㅣ 超過三界ᄒᆞ샤 無有能及者ᄒᆞ시며

德高ᄒᆞ샤 更無有上ᄒᆞ샤 一切ㅣ 咸恭敬ᄒᆞᅀᆞ올식 故曰

世尊이시니라 ○希힁有ᅌᅮᇢᄂᆞᆫ 略략히 니ᄅᆞ건댄 세 ᄡᅳ디니 第뗑一ᅙᅵᇙ 希힁有ᅌᅮᇢᄂᆞᆫ 能ᄂᆞᇰ

히 金금輪륜王왕位윙ᄅᆞᆯ ᄇᆞ리샤미시고 第뗑二싱 希힁有ᅌᅮᇢᄂᆞᆫ 身신長땽이 丈땽六륙이시며

紫ᄌᆞᆼ磨망金금ㅅ 양ᄌᆞ애 三삼十씹二싱相샹과 八밣十씹種죵好홓ㅣ 三삼界갱예 가ᄌᆞᆯ비

리 업스샤미시고 第뗑三삼 希힁有ᅌᅮᇢᄂᆞᆫ 性셩이 能ᄂᆞᇰ히 八밣萬먼四ᄉᆞᆼ千쳔法법을 머구므

·며 ·비와 ᄃᆞᆺ·시·며 三삼身신·이 두려·이 ᄀᆞᄌᆞ·샤·미
시·니 ·웃 ·세 ·ᄡᅳ·디 ·ᄀᆞᄌᆞ·실·ᄊᆡ 希힁有웋ㅣ·라 ᄉᆞᆯ·오
니·라 世솅尊존·은 智딩慧휑 三삼界갱·를 ᄢᅦ·여
디·나·샤 能능·히 ·믿ᄌᆞ·오·리 :업스·시·며 德득·이 노
ᄑᆞ·샤 ᄂᆞ·외·야 ·우 :업스·샤 一힗切쳉 ·ᄠᅡ 恭공敬
경ᄒᆞ·ᅀᆞ·ᄫᆞᆯ ·ᄊᆞᆯ·오·ᄃᆡ 世솅尊존·이·시·니·라

如來ㅣ 善護念諸菩薩ᄒᆞ·시·며 **善付囑諸菩薩**ᄒᆞ·시ᄂᆞ·니

○如셩來링ㅣ 諸졍菩뽕薩삻ᄋᆞᆯ 이대 護홍持띵ᄒᆞ·야 念념ᄒᆞ·시·며 諸졍菩뽕薩삻ᄋᆞᆯ 이대 付붕囑쭉ᄒᆞ·시ᄂᆞ·니

護念者ᄂᆞᆫ 如來ㅣ 以般若波羅蜜法으로 護念諸菩薩이라 付囑者ᄂᆞᆫ 如來ㅣ 以般若波羅蜜法으로

付囑須菩提와 諸大菩薩이라 言善護念者는 令諸學人으로 以般若智로 護念自身心ᄒᆞ야 不令妄起憎愛ᄒᆞ야 染外六塵ᄒᆞ야 墮生死苦海ᄒᆞ야 於自心中에 念念常正ᄒᆞ야 不令邪起케ᄒᆞ샤 自性如來ㅣ 自善護念이라 言善付囑者는 前念이 清淨ᄒᆞ야 付囑後念ᄒᆞ고 後念이 清淨ᄒᆞ야 無有間斷ᄒᆞ야 究竟解脫이니 如來ㅣ 委曲히 誨示衆生과 及在會之衆ᄒᆞ샤 當常行此ᄒᆞ실식 故로 云善付囑也ㅣ니 菩薩

者ᄂᆞᆫ 梵語ㅣ니 唐言 道心衆生이며 亦云覺有情이니
道心者ᄂᆞᆫ 常行恭敬ᄒᆞ야 乃至蠢動含靈히 普敬
愛之ᄒᆞ야 無輕慢心ᄒᆞᆯᄉᆡ 故名菩薩이라 ○ 護ᅘᅩᆼ念념
ᄒᆞ샤ᄆᆞᆫ 如ᅀᅧᆼ來ᄅᆡᆼㅣ 般반若ᅀᅣᆼ波방羅랑蜜밇
法법으로 諸졍菩뽕薩삻ᄋᆞᆯ 護ᅘᅩᆼ持띵ᄒᆞ야 念
념ᄒᆞ실씨라 付부囑죡ᄋᆞᆫ 如ᅀᅧᆼ來ᄅᆡᆼㅣ 般반若
ᅀᅣᆼ波방羅랑蜜밇 法법으로 須ᅌᅲᆼ菩뽕提뗑와
諸졍大땡菩뽕薩삻ᄋᆞᆯ 付부囑죡ᄒᆞ실씨라 이
대 護ᅘᅩᆼ念념ᄒᆞ시다 ᄒᆞ샤ᄆᆞᆫ 모ᄃᆞᆫ 비홀 ᄊᆞᄅᆞ미
로 般반若ᅀᅣᆼ智딩로 제 身신心심을 護ᅘᅩᆼ念념
ᄒᆞ야 미며 ᄃᆞ온 몰간대로 니르와다 밧긔 六륙
塵띤에 더러여 生ᄉᆡᆼ死ᄉᆞᆼ 苦콩海ᄒᆡᆼ예 ᄲᅡ디
디 아니케 ᄒᆞ야 내 心심中듕에 念념念념이 샹

녜正졍ᄒᆞ야 邪쌍ㅣ ᄢᅵ디 아니케 ᄒᆞ샤 自ᄍᆞᆼ性
셩 如ᅀᅧᆼ來ᄅᆡᆼㅣ ᄌᆞ개 아대 護ᅘᅩᆼ念념ᄒᆞᆯ씨라 이
대 付ᄫᅮᇢ囑쵹ᄒᆞ시다 ᄉᆞᆯ오ᄆᆞᆫ 前쪈念념이 清쳥
淨쪙ᄒᆞ야 後ᅘᅮᇢ念념을 付ᄫᅮᇢ囑쵹ᄒᆞ고 後ᅘᅮᇢ念
념이 清쳥淨쪙ᄒᆞ야 그ᄎᆞᆷ 업서 究궇竟경ᄒᆡ 解
ᅘᅢᆼ脫탏ᄒᆞ미니 如ᅀᅧᆼ來ᄅᆡᆼㅣ 委ᅙᅱᆼ曲콕ᄒᆡ 衆즁生
셩내과 會ᅘᅬᆼ예 잇ᄂᆞᆫ 衆즁을 ᄀᆞᄅᆞ쳐 뵈샤 반ᄃᆞ기
샹녜 이ᄅᆞᆯ 行ᅘᆡᇰ케 ᄒᆞ실씨 이대 付ᄫᅮᇢ囑쵹ᄒᆞ시
다 ᄉᆞᆯ오니라 菩뽕薩삻ᄋᆞᆫ 梵뻠語ᅌᅥᆼㅣ니 唐땅
마랜 道또ᇢ心심衆즁生ᄉᆡᆼ이며 ᄯᅩ 닐오맨 覺각
有ᅌᅮᇢ情쪙이니 [illegible]智딩로 우희 菩뽕提똉 求꿍
ᄒᆞᆯ씨 ᄉᆞᆯ오ᄃᆡ 覺각이오 悲빙로 아래 衆즁生ᄉᆡᆼ
化ᅘᅪᆼᄒᆞᆯ씨 ᄉᆞᆯ오ᄃᆡ 有ᅌᅮᇢ情쪙이라 [illegible]道또ᇢ心심
은 샹녜 恭공敬경을 行ᅘᆡᇰᄒᆞ야 구믈어리ᄂᆞᆫ 含
ᅘᅡᆷ靈령에 니르리 너비 恭공敬경ᄒᆞ며 어엿비
너겨 므던히 너길ᄆᆡ ᄉᆞᆷ업슬씨 일후믈 菩뽕薩

삼이라
世尊하 善男子善女人남이 ○ 世솅尊존하 善쎤男남
善男子者ᄂᆞᆫ 平坦心也ㅣ며 亦是正定心也ㅣ니 能
成就一切功德ᄒᆞ야 所往애 無礙也ᄒᆞᄂᆞ니라 善女人
者ᄂᆞᆫ 是正慧心也ㅣ니 由正慧心ᄒᆞ야 能出生一切
有爲無爲功德也ᄒᆞᄂᆞ니라 ○ 善쎤男남子ᄌᆞᆼᄂᆞᆫ 平뼝ᄒᆞᆫ ᄆᆞᅀᆞ미며 ᄯᅩ 이 正
졍定뗭 ᄆᆞᅀᆞ미니 能능히 一ᅙᅵᇙ切쳉功공德득을 일워 간 고대 거료미 업ᄂᆞ니라 善쎤女녕人
ᅀᅵᆫᄋᆞᆫ 이 正졍慧쀙ㅅ ᄆᆞᅀᆞ미니 正졍慧쀙ㅅ ᄆᆞᅀᆞᄆᆞᆯ 브터 能능히 一ᅙᅵᇙ切쳉ㅅ 有윻爲윙無뭉

爲윙功공德득을 내ᄂᆞ니라

發阿耨多羅三藐三菩提心ᄒᆞ니 云何應住ᄒᆞ며 云何降伏其心ᄒᆞ리잇고○阿항耨녹多당羅랑三삼藐막三삼菩뽕提똉ᄉᆞ모ᄆᆞᆯ發벓ᄒᆞ니 엇뎨 반ᄃᆞ기 住뜡ᄒᆞ며 엇뎨 그 ᄆᆞᅀᆞᄆᆞᆯ 降향伏뽁ᄒᆞ리잇고

須菩提ㅣ 問ᄒᆞᅀᆞ오ᄃᆡ 一切發菩提心人이 應云何住ᄒᆞ며 云何降伏其心ᄒᆞ리잇고ᄒᆞ니 須菩提ㅣ 見一切衆生이 躁擾不停ᄒᆞ미 猶如隙塵ᄒᆞ며 搖動之心이 起如飄風ᄒᆞ야 念念相續ᄒᆞ야 無有間歇ᄒᆞᆯᄉᆡ 問ᄒᆞᅀᆞ오ᄃᆡ

欲修行홀뗸 如何降伏ᄒᆞ리잇고 ᄒᆞ니라 ○須슝菩뽕提똉ㅣ 묻ᄌᆞ오ᄃᆡ 一힗切쳉ㅅ菩뽕提똉ㅅ ᄆᆞᅀᆞᆷ敎ᇢᄒᆞᆫ 사ᄅᆞ미 반ᄃᆞ기 엇뎨 住뜡ᄒᆞ며 엇뎨 그 ᄆᆞᅀᆞᄆᆞᆯ 降ᅘᅡᆼ伏뽁ᄒᆞ리잇고 ᄒᆞ니 須슝菩뽕提똉ㅣ 一힗切쳉衆즁生싱이 어ᄌᆞ러워 머므디 아니호미 ᄢᅳ멧 ᄃᆞ틀 ᄀᆞᆮᄒᆞ며 搖욯動똥ᄒᆞᄂᆞᆫ ᄆᆞᅀᆞ마니루미 飄푷風봉 ᄀᆞᆮᄒᆞ야 ◼飄푷風봉은 회로리ᄇᆞᄅᆞ미라 ◼念념念념이 서르 니서 그처 歇헗ᄒᆞᆯ 쩌긔 업수믈 볼씨 묻ᄌᆞ오ᄃᆡ 修슣行ᅘᆡᆼᄒᆞ오려 ᄒᆞᆯ뗸 엇뎨 降ᅘᅡᆼ伏뽁ᄒᆞ리잇고 ᄒᆞ니라

佛言ᄒᆞ샤ᄃᆡ 善哉善哉라 須菩提야 如汝所說ᄒᆞ야 如來ㅣ 善護念諸菩薩ᄒᆞ며 善付囑諸菩薩ᄒᆞᄂᆞ니 ○부톄 니ᄅᆞ

金剛經 上 十二

샤ᄃᆡ 됴타 됴타 須슝菩뽕提똉여 네 닐옴 ᄀᆞᆮᄒᆞ야 如셩來링ㅣ 諸졍菩뽕薩삻ᄋᆞᆯ 이대 護ᅘᅩᆼ念념ᄒᆞ며 諸졍菩뽕薩삻ᄋᆞᆯ 이대 付붕囑쭉ᄒᆞᄂᆞ니

是ᄂᆞᆫ 佛이 讚嘆須菩提ᄒᆞ샤ᄃᆡ 善得我心ᄒᆞ며 善得我意也ㅣ라 ᄒᆞ시니라 ○ 이ᄂᆞᆫ 부톄 須슝菩뽕提똉ᄅᆞᆯ 讚잔歎탄ᄒᆞ샤ᄃᆡ 내 ᄆᆞᅀᆞᄆᆞᆯ 이대 得득ᄒᆞ며 내 ᄠᅳ들 이대 得득ᄒᆞ니라 ᄒᆞ시니라

汝ㅣ 今諦聽ᄒᆞ라 當為汝說호리라 ○ 네 이제 仔ᄌᆞᆼ細솅히 드르라 반ᄃᆞ기 너 爲윙ᄒᆞ야 닐오리라

佛이 欲說法ᄒᆞ실 제 常先戒勅ᄒᆞ샤 令諸聽者로 一

心靜默ᄒᆞ라 吾當爲說호리라ᄒᆞ시니라○부톄 說쉃法법호려ᄒᆞ실쩨 상녜 몬져 警경戒갱ᄒᆞ샤 모ᄃᆞᆫ 드른 ᄌᆞ오리로 一힗心심으로 괴외ᄒᆞ라 내 반ᄃᆞ기 爲윙ᄒᆞ야 닐오리라ᄒᆞ시니라

善男子善女人이 發阿耨多羅三藐三菩提心ᄒᆞ니 應如是住ᄒᆞ며 如是降伏其心이니라○善쎤男남子ᄌᆞᆼ善쎤女녕人신이 阿항耨녹多당羅랑三삼藐막三삼菩뽕提뗑ㅅ心심을 發벓ᄒᆞ니 반ᄃᆞ기 이 ᄀᆞ티 住뜡ᄒᆞ며 이 ᄀᆞ티 그 ᄆᆞᅀᆞᄆᆞᆯ 降향伏뽁ᄒᆡ 올ᄯᅵ니라

阿之言은 無ㅣ오 耨多羅之言은 上이오 三之言은

正이오 藐之言은 徧이오 菩提之言은 知니 無者는
無諸垢染이오 上者는 三界예 無能比오 正者는
正見也ㅣ오 徧者는 一切智也ㅣ오 知者는 知一切
有情이 皆有佛性ᄒᆞ샤 但能修行ᄒᆞ면 盡得成佛이니
佛者는 即是無上清淨般若波羅蜜也ㅣ니 是以
로 一切善男子善女人이 若欲修行인댄 應知無
上菩提道ㅣ며 應知無上清淨般若波羅蜜多法
이니 以此로 降伏其心也ㅣ니라○阿향ㅣ라ᄒᆞᆫ 마ᄅᆞᆫ 無뭉ㅣ오 耨녹多

당羅랑ㅣ라 ᄒᆞᆫ 마ᄅᆞᆫ 上썅ㅣ오 三삼이라 ᄒᆞᆫ 마ᄅᆞᆫ 正졍이오 藐막이라 ᄒᆞᆫ 마ᄅᆞᆫ 徧변이오 菩뽕

提뗑라 ᄒᆞᆫ 마ᄅᆞᆫ 知딩ㅣ니 無뭉ᄂᆞᆫ ᄒᆞᆫ ᄣᅵ 더러옴 업수미오 上썅ᄋᆞᆫ 三삼界갱예 能능히 가ᄌᆞᆯ비

리 업수미오 正졍ᄋᆞᆫ 正졍ᄒᆞᆫ 보미오 徧변ᄋᆞᆫ 一ᅙᅵᇙ切촁智딩오 知딩ᄂᆞᆫ 一ᅙᅵᇙ切촁有ᅌᅮᇢ情쪙이

다 佛뿛性셩을 두실ᄊᆡ 오직 能능히 修슣行ᅘᆡᆼᄒᆞ면 다 成쎵佛뿛ᄒᆞᆯ ᄯᆞᄅᆞᆷ 아로미니 佛뿛ᄋᆞᆫ 곧 이

우업슨 清청淨쪙般반若ᅀᅣᇂ波방羅랑蜜밇이니 이런ᄃᆞ로 一ᅙᅵᇙ切촁善쎤男남子ᄌᆞᆼ善쎤女

녕人ᅀᅵᆫ이 ᄒᆞ다가 修슣行ᅘᆡᆼᄒᆞ려 ᄒᆞᇙ딘댄 반ᄃᆞ기 ᄀᆞ우업슨 菩뽕提뗑道ᄄᅗᇢᄅᆞᆯ 아ᄅᆞᆯ띠며 반ᄃᆞ기

우업슨 清청淨쪙般반若ᅀᅣᇂ波방羅랑蜜밇多당法법을 아ᄅᆞᆯ띠니 일로 ᄆᆞᅀᆞᄆᆞᆯ 降ᅘᅡᆼ伏뽁

ᄒᆞᆯ띠니라

唯然世尊하 願樂欲聞ᄒᆞᅀᆞᆸ노이다 ○ 唯윙然션 世솅尊존하 듣ᄌᆞᆸ고져 願원樂욕ᄒᆞᅀᆞᆸ노이다

唯然者ᄂᆞᆫ 應諾之辭ㅣ오 願樂者ᄂᆞᆫ 願佛이 廣說ᄒᆞ샤 令中下根機로 盡得開悟ㅣ오 樂者ᄂᆞᆫ 樂聞深法이라 欲聞者ᄂᆞᆫ 渴仰慈誨也ㅣ라 ○ 唯윙然션은 對됭答답ᄒᆞᅀᆞᆸᄂᆞᆫ 마리오 願원樂욕ᄋᆞᆫ 부텨 너비 니르샤 中듕下ᅘᆞᆼ根근機긩로 다 여러 알에 ᄒᆞ시과뎌 願원ᄒᆞ미오 樂욕ᄋᆞᆫ 기픈 法법 듣ᄌᆞᄫᆞᄆᆞᆯ 즐길ᄊᆡ라 듣ᄌᆞᆸ고져 ᄒᆞ논 慈ᄍᆞᆼ悲빙ㅅ ᄀᆞᄅᆞ치샤ᄆᆞᆯ 渴캃望망ᄒᆞ야 ᄇᆞ라ᅀᆞ올ᄊᆡ라

大乘正宗分第三

佛告須菩提ᄒᆞ샤ᄃᆡ 諸菩薩摩訶薩이 應如是降伏其心이니 ○부톄 須슝菩뽕提똉ᄃᆞ려 니ᄅᆞ샤ᄃᆡ 諸졍菩뽕薩삻摩망訶항薩삻이 반ᄃᆞ기 이 ᄀᆞ티 그 ᄆᆞᅀᆞᄆᆞᆯ 降ᅘᅡᇰ伏뽁ᄒᆞ욜 띠니라

前念이 清淨ᄒᆞ며 後念이 清淨ᄒᆞᆯ시 名為菩薩이오 念念不退ᄒᆞ야 雖在塵勞ᄒᆞ나 心常清淨ᄒᆞᆯ시 名摩訶薩이라 又慈悲喜捨와 種種方便으로 化導衆生ᄒᆞᆯ시 名為菩薩이오 能化所化애 心無取著ᄒᆞᆯ시 是名摩訶

薩이라 恭敬一切衆生이 卽是降伏自心處ㅣ라 眞
者ᄂᆞᆫ 不變ᄒᆞ고 如者ᄂᆞᆫ 不異ᄒᆞ니 遇諸境界ᄒᆞ야 心無
變異ᄒᆞ미 名曰眞如ㅣ라 亦云ᄒᆞ되 外不假曰眞이오 內
不亂曰如ㅣ니 念念無差ᄒᆞ미 卽是降伏其心也ㅣ라

○前젼念념이 淸청淨쪙ᄒᆞ며 後ᅘᅮᇢ念념이 淸
쳥淨쪙ᄒᆞᆯ씨 일후미 菩뽕薩삻이오 念념念념
에 므르디 아니ᄒᆞ야 비록 塵띤勞롱애 이시나
ᄆᆞᅀᆞ미 샹녜 淸쳥淨쪙ᄒᆞᆯ씨 일후미 摩망訶항
薩삻이라 ᄯᅩ 慈ᄍᆞᆼ悲빙喜힁捨샹와 種죵種죵
方방便뼌으로 衆즁生ᄉᆡᆼ올 化황ᄒᆞ야 引ᅌᅵᆫ導ᄯᅩᇢ
뜯ᄒᆞᆯ씨 일후미 菩뽕薩삻이오 能ᄂᆞᆼ化황와 所
숑化황애 ᄆᆞᅀᆞ미 取츙著땩 업슬씨 일후미

摩망訶항薩삻이라 一힗切쳉衆즁生싱올 恭
공敬경ᄒᆞ오미 곧 이 제 ᄆᆞᅀᆞᆷ 降ᅘᅡᇰ伏뽁ᄒᆞ논 고디
라 眞진ᄋᆞᆫ 變번티 아니ᄒᆞ고 如ᅀᅧᆼ는 다ᄅᆞ디 아
니ᄒᆞ니 한 境경界갱ᄅᆞᆯ 맛나 ᄆᆞᅀᆞ미 變변ᄒᆞ야
달옴 업수미 일ᄒᆞ믈 닐오ᄃᆡ 眞진如ᅀᅧᆼㅣ라 ᄊᆞᆫ
닐오ᄃᆡ 밧거커ᄎᆞ디 아니ᄒᆞᄆᆞᆯ 닐오ᄃᆡ 眞진이
오 안ᄒᆡ 亂롼티 아니ᄒᆞᄆᆞᆯ 닐오ᄃᆡ 如ᅀᅧᆼㅣ니 念
념念념에 어긔욤 업수미 곧 이 그 ᄆᆞᅀᆞᆷ 降ᅘᅡᇰ伏
뽁ᄒᆡ요
마라

所有一切衆生之類 若卵生若胎生若濕生若
化生若有色若無色若有想若無想若非有想若
非無想을 我皆令入無餘涅槃ᄒᆞ야 ○ 잇는 一힗切쳉衆즁生싱類

륭ㅣ卵란生싱과胎틩生싱과濕씹生싱과化황
生싱과有읗色식과無뭉色식과有읗想샹과無
뭉想샹과非빙有읗想샹과非빙無뭉想샹
올내다無뭉餘영涅녏槃빤애들에ᄒᆞ야

卵生者ᄂᆞᆫ迷性也ㅣ오胎生者ᄂᆞᆫ習性也ㅣ오濕生
者ᄂᆞᆫ隨邪性也ㅣ오化生者ᄂᆞᆫ見趣性也ㅣ니迷故
로造諸業ᄒᆞ고習故로常流轉ᄒᆞ고隨邪ᄒᆞ야心不定
ᄒᆞ고見趣ᄒᆞ야多淪墜ᄒᆞᄂᆞ니起心修心ᄒᆞ야妄見是非
ᄒᆞ야內不契無相之理ᄒᆞᆯ시名爲有色이오內心守直
ᄒᆞ야不行恭敬供養ᄒᆞ야但言直心이是佛이라코不

修福慧ᄒᆞᆯ시 名爲無色이오 不了中道ᄒᆞ고 眼見耳聞ᄒᆞ야 心想思惟ᄒᆞ야 愛著法相ᄒᆞ야 口說佛行ᄒᆞ되 心不依行ᄒᆞᆯ시 名爲有想이오 迷人이 坐禪ᄒᆞ되 一向除妄ᄒᆞ고 不學慈悲喜捨와 智慧方便ᄒᆞ야 猶如木石의 無有作用ᄒᆞᆯ시 名爲無想이오 不著二法想ᄒᆞᆯ시 故로 名若非有想이오 求理心이 在ᄒᆞᆯ시 故로 名若非無想이라 煩惱ㅣ 萬差ㅣ나 皆是垢心이며 身形이 無數ᄒᆞ나 總名衆生이니 如來ㅣ 大悲로 普化ᄒᆞ샤 皆令

得入無餘涅槃ᄒᆞ실 시 云多淪墜ㅣ라 ○ 卵롼生 싱ᄋᆞᆫ 迷몡ᄒᆞᆫ 性

셩이오 胎틩生싱ᄋᆞᆫ 習씹ᄒᆞᆫ 性셩이오 濕십生 싱ᄋᆞᆫ 邪쌍ᄅᆞᆯ 좃ᄂᆞᆫ 性셩이오 化황生싱ᄋᆞᆫ 보아

가ᄂᆞᆫ 性셩이니 迷몡ᄒᆞᆫ 젼ᄎᆞ로 한 業업을 짓고 習씹ᄒᆞᆫ 젼ᄎᆞ로 샹녜 흘려 그ᄋᆞᆯ오 邪쌍ᄅᆞᆯ 조차

ᄆᆞᅀᆞ미 一힗定뗭티 몯ᄒᆞ고 보아 가ᄲᅢ 듀미 하 ᄂᆞ니 ᄆᆞᅀᆞᄆᆞᆯ 니ᄅᆞ와다 ᄆᆞᅀᆞᄆᆞᆯ 닷가 ᄋᆞᆯᄒᆞ며 와

요ᄆᆞᆯ 간ᄃᆡ로 보아 안해 無뭉相샹理링예 맛디 아니ᄒᆞᆯ ᄡᅡ일ᄒᆞ미 有웋色ᄉᆡᆨ이오 안 ᄆᆞᅀᆞ매 直

띡ᄋᆞᆯ 가져 恭공敬경供공養양ᄋᆞᆯ 行ᄒᆡᇰ티 아니 ᄒᆞ야 오직 直띡心심이 佛뿛이라 니ᄅᆞ고 福

복慧휑ᄅᆞᆯ 닷디 아니ᄒᆞᆯᄊᆡ 일ᄒᆞ미 無뭉色ᄉᆡᆨ이 오 中듕道똥ᄅᆞᆯ 마다 몯ᄒᆞ고 누네 보며 귀예 드

러 ᄆᆞᅀᆞ매 너기며 ᄉᆞ랑ᄒᆞ야 法법相샹ᄋᆞᆯ 드사 着땩ᄒᆞ야 부텻 行ᄒᆡᇰᄋᆞᆯ 이 ᄇᆡᄂᆞᆯ오ᄃᆡ ᄆᆞᅀᆞ매 브

터行행티아니ᄒᆞᆯ씨일후미有웅想샹이오迷멩ᄒᆞᆫ사ᄅᆞ미坐쫭禪쎤ᄒᆞᄃᆡᄒᆞᆫ갓妄망ᄋᆞᆯ덜오慈ᄍᆞᆼ悲빙喜힁捨샹와智딩慧휑方방便뼌을비호ᄃᆡ아니ᄒᆞ야木목石쎡의作작用용업듯ᄒᆞᆯ씨일후미無뭉想샹이오두法법想샹애着딱디아니ᄒᆞᆯ씨일후미若샥非빙有웅想샹이오理링ㅣ求꿍ᄒᆞᄂᆞᆫᄆᆞᅀᆞ미실씨일후미若샥非빙無뭉想샹이라煩뻔惱놓ㅣ萬먼으로다ᄅᆞ나다이더러운ᄆᆞᅀᆞ미며몸얼구리數숭업ᄉᆞ나다일후미衆즁生ᄉᆡᆼ이니如셩來링ㅣ大땡悲빙로너비化황ᄒᆞ샤다無뭉餘영涅녏槃빤애들에ᄒᆞ실씨닐오ᄃᆡᄣᅢ듀미하미라

而滅度之ᄒᆞ노니○滅멿度똥ᄒᆞᄂᆞ니

如來ㅣ指示三界九地衆生이各有涅槃妙心

ᄒᆞ샤令自悟入無餘케ᄒᆞ시니無餘者ᄂᆞᆫ無習氣煩惱
也ㅣ라涅槃者ᄂᆞᆫ圓滿淸淨義니滅盡一切習氣
ᄒᆞ야令永不生케ᄒᆞ야ᅀᅡ方契此也ㅣ니라度者ᄂᆞᆫ渡生
死大海也ㅣ니佛心이平等ᄒᆞ샤普願與一切衆生
과同入圓滿淸淨ᄒᆞᆫ無餘涅槃ᄒᆞ며同渡生死大
海ᄒᆞ며同諸佛所證也ᄒᆞ시ᄂᆞ니라有人이雖悟雖修
ᄒᆞ나作有所得心者ᄂᆞᆫ却生我相ᄒᆞᆯᄉᆡ名爲法我ㅣ니
除盡法我ᄒᆞ야ᅀᅡ方名滅度也ㅣ니라○如셩來링ㅣ三삼界갱九

쿵地띵衆즁生싱이 各각各각 涅녏槃빤妙묳
心심이 ᄉᆞᄆᆞᆯ ᄀᆞ、ᄅᆞ、 체보샤 濟졩無뭉餘영에 아라
들에 ᄒᆞ、시니 無뭉餘영ᄂᆞᆫ 習씹氣킝煩뻔惱놓
업슬 ᄡᅵ라 涅녏槃빤은 圓원滿만淸청淨쪙ᄒᆞᆫ
ᄠᅳ디니 一힗切쳉習씹氣킝ᄅᆞᆯ 滅멿ᄒᆞ、야 다ᄋᆞ
永웡히 나디 아니케 ᄒᆞ、야ᅀᅡ 비르서 이에 마ᄌᆞ
리라 度똥ᄂᆞᆫ 生싱死ᄉᆞᆼ大땡海ᄒᆡᆼ예 건낼 ᄊᆡ니
부텻 ᄆᆞᅀᆞ、ᄆᆞᆫ 平뼝等둥ᄒᆞ、샤 너비 願원ᄒᆞ、샤ᄃᆡ
一힗切쳉衆즁生싱과 圓원滿만淸청淨쪙ᄒᆞᆫ
無뭉餘영涅녏槃빤애 ᄀᆞ、티 들며 生싱死ᄉᆞᆼ大
땡海ᄒᆡᆼ예 ᄀᆞ、티 건너며 諸졍佛뿛證징ᄒᆞ、샨고
대ᄅᆞᆫ 과ᄃᆞᆨᄒᆞ、시ᄂᆞ、니라 사ᄅᆞ미 비록 아라 비록
ᄃᆞᆺ ᄀᆞ、나 得득ᄒᆞ온 곤 이ᄉᆞᆫ ᄆᆞ、ᅀᆞᆷ 짓ᄂᆞ、니 도로 我앙
相샹ᄋᆞ 날ᄡᅡ 일ᄒᆞ미 法법我앙ㅣ니 法법我앙
ᄅᆞᆯ 다 더러ᅀᅡ 비르서 일
ᄒᆞ마 滅멿度똥ㅣ니라

如是滅度無量無數無邊衆生호ᄃᆡ實無衆生이得滅度者ᄒᆞ니○이ᄀᆞᄐᆞᆫ無무量량無무數수無무邊변衆즁生ᄉᆡᆼ을滅멸度똥호ᄃᆡ實씷로衆즁生ᄉᆡᆼ이滅멸度똥得득ᄒᆞ니업스니

如是者ᄂᆞᆫ指前法也ㅣ오滅度者ᄂᆞᆫ大解脫也ㅣ니大解脫者ᄂᆞᆫ煩惱及習氣一切諸業障이滅盡ᄒᆞ야更無有餘ᄒᆞᆯ시是名大解脫이라無量無數無邊衆生이元各自有一切煩惱貪嗔惡業ᄒᆞ니若不斷除ᄒᆞ면終不得解脫ᄒᆞᆯ시故로言如是滅度無

量無數無邊衆生이라ᄒᆞ시니라 一切迷人이 悟得自
性ᄒᆞ야ᅀᅡ 始知佛이 不見自相ᄒᆞ시며 不有自智어시
니 何曾度衆生이시리오 祇為凡夫ㅣ 不見自本心
ᄒᆞ며 不識佛意ᄒᆞᅀᆞ와 執著諸相ᄒᆞ야 不達無為之理
ᄒᆞ야 我人ᄋᆞᆯ 不除ᄒᆞᆯᄉᆡ 是名衆生이니 若離此病ᄒᆞ면 實
無衆生이 得滅度者ㅛ돌ᄒᆞ리니 故로 言호ᄃᆡ 妄心無
處ㅣ 即菩提오 生死涅槃이 本平等이라ᄒᆞ니 何滅
度之有ㅣ리오 ○ 이 곧호ᄆᆞᆫ 알핏 法법을 ᄀᆞᄅᆞ치시고 滅멿度똥ᄂᆞᆫ 큰 解ᅘᆡᆼ脫ᄐᆞᇙ이니

큰解갱脫탏ᄋᆞᆫ煩뻔惱놓와習씹氣킝ᅀ一힗
切쳉한業업障쟝이滅멿ᄒᆞ야다아ᄂᆞ외야나
몯ᄀᆞᆺ업슨씨이일후미큰解갱脫탏이라無뭉
量량無뭉數숭無뭉邊변衆중生싱이本본來
링各각各각제一힗切쳉煩뻔惱놓貪탐嗔친
惡학業업을듣ᄂᆞ니ᄒᆞ다가그처더디아니ᄒᆞ
면ᄆᆞᄎᆞᆷ내解향脫탏ᄋᆞᆯ得득디몯ᄒᆞ릴씨니ᄃᆞ
샤ᄃᆡ이ᄀᆞ티無뭉量량無뭉數숭無뭉邊변衆
즁生싱을滅멿度똥ㅣ라ᄒᆞ시니라一힗切쳉
迷몡人ᅀᅵᆫ이自쫑性셩을아라ᅀᅡ바ᄅᆞ서부톄
ᄌᆞ걋相샹ᄋᆞᆯ보디아니ᄒᆞ시며ᄌᆞ걋智딩ᄅᆞᆯ두
디아니커시니엇뎨일쪽衆즁生싱ᄋᆞᆯ濟졩度
똥ᄒᆞ시리오오직凡뻠夫붕ㅣ제本본心심을
보디몯ᄒᆞ며부텻ᄠᅳ들아디몯ᄒᆞᅀᆞ와諸졍相
샹애執집着땩ᄒᆞ야無뭉爲윙ㅅ理링ᄅᆞᆯ아디
몯ᄒᆞ야我앙人ᅀᅵᆫ을더디몯ᄒᆞᆯ씨이일후[illegible]衆

즁生싱이니 ᄒᆞ다가 이 病뼝을 여희면 實씷로 衆즁生싱ᄋᆡ 滅몷度똥 得득ᄒᆞ니 업슨 ᄃᆞᆯ 알리니 이럴씨 닐오ᄃᆡ 妄망心심 업슨 고디 곧 菩뽕提똉오 生싱死ᄉᆞᆼ와 涅녏槃빤이 本본來ᄅᆡᆼ 平뼝等등타ᄒᆞ니 엇뎨 滅몷度똥ㅣ 이시리오

何以故오 須菩提야 若菩薩이 有我相人相衆生相壽者相ᄒᆞ면 即非菩薩이라 ○엇뎨어뇨 須슝菩뽕提똉여 ᄒᆞ다가 菩뽕薩삻이 사ᄅᆞᆷ이 我앙相샹과 人신相샹과 衆즁生싱相샹과 壽쓩者쟝相샹애 이시면 곧 菩뽕薩삻 아니라

衆生佛性이 本無有異언마ᄅᆞᆫ 緣有四相ᄒᆞ야 不入無餘涅槃ᄒᆞᄂᆞ니 有四相ᄒᆞ면 即是衆生이오 無四相

ᄒᆞ면 即是佛이니 迷ᄒᆞ면 則佛이 是衆生이오 悟ᄒᆞ면 則衆
生이 是佛이라 迷人은 恃有財寶學問族姓ᄒᆞ야 輕
慢一切人ᄒᆞᄂᆞ니 名我相이오 雖行仁義禮智信ᄒᆞ나
而意高自負ᄒᆞ야 不行普敬ᄒᆞ야 言我ㅣ 解行仁義
禮智信ᄒᆞ니 不合敬爾라ᄒᆞᄂᆞ니 名人相이오 好事란
歸己ᄒᆞ고 惡事란 施於人ᄒᆞᄂᆞ니 名衆生相이오 對境
ᄒᆞ야 取捨分別ᄒᆞᄂᆞ니 名壽者相이니 是謂凡夫四相
이라 修行人도 亦有四相ᄒᆞ니 心有能所ᄒᆞ야 輕慢衆

生ᄒᆞ시ᄂᆞᆯ 名我相이오 自恃持戒ᄒᆞ야 輕破戒者ᄒᆞ시ᄂᆞᆯ 名人
相이오 猒三塗苦ᄒᆞ야 願生諸天ᄒᆞ시ᄂᆞᆯ 是衆生相이오 心
愛長年ᄒᆞ야 而勤修福業ᄒᆞ야 諸執을 不忘ᄒᆞ시ᄂᆞᆯ 是壽
者相이니 有四相ᄒᆞ면 即是衆生이오 無四相ᄒᆞ면 即是
佛뿛이라 ○衆즁生ᄉᆡᇰ과 부텨왓 性셩이 本본來ᄅᆡ 달오미 업건마ᄅᆞᆫ 四ᄉᆞᆼ相샹 이슈믈 브터
無뭉餘영涅녏槃빤애 드디 몯ᄒᆞᄂᆞ니 四ᄉᆞᆼ相샹이시면 곧 이 衆즁生ᄉᆡᇰ이오 四ᄉᆞᆼ相샹 업스
면 곧 이 부톄니 迷몡ᄒᆞ면 부톄 이 衆즁生ᄉᆡᇰ이오 알면 衆즁生ᄉᆡᇰ이 이 부톄라 迷몡ᄒᆞᆫ 사ᄅᆞᄆᆞᆫ
財찡寶봏와 學ᅘᅡᆨ問문과 族쪽姓셩 두믈 미더 一ᅙᅵᇙ切촁人신을 므던히 너기ᄂᆞ닌 일후미 我

양相샹이오비록仁ᅀᅵᆫ義읭禮롕智딩信신을行ᅘᆡᇰᄒᆞ나ᄡᅳ디노피제미더너비恭공敬경을
行ᅘᆡᇰ티아니ᄒᆞ야닐오ᄃᆡ내仁ᅀᅵᆫ義읭禮롕智딩信신을아라行ᅘᆡᇰᄒᆞ가ᄂᆞᆫ너를恭공敬경호
미맛당티아니ᄒᆞ니라ᄒᆞᄂᆞ니일후미人ᅀᅵᆫ相샹이오됴ᄒᆞᆫ일란내게보내오구즌일란ᄂᆞᄆᆡ
게주ᄂᆞ니일후미衆즁生싱相샹이오境경을對됭ᄒᆞ야取츙ᄒᆞ며捨샹ᄒᆞ야分분別볋ᄒᆞᄂᆞ
니일후미壽쓔ᇢ者쟝相샹이니이ᄅᆞᆯ닐온凡뻠夫붕四ᄉᆞᆼ相샹이라修슈ᇢ行ᅘᆡᇰ人ᅀᅵᆫ도또四ᄉᆞᆼ
相샹이잇ᄂᆞ니ᄆᆞᅀᆞ미能능所송ㅣ이셔衆즁生싱을므던히너길씨일후미我앙相샹이오
제持띵戒갱를미더破팡戒갱ᄒᆞᄂᆞᆯ므던히너길씨일후미人ᅀᅵᆫ相샹이오三삼塗똥ㅅ受쓔ᇢ
苦콩를슬ᄒᆞ야諸졍天텬에나고져願원ᄒᆞᆯ씨이衆즁生싱相샹이오ᄆᆞᅀᆞ매長땽壽쓔ᇢ를ᄃᆞ

사福복業업을브즈러니닷가ᄒᆞᆫ執집을이ᄌᆞ샤디
몯ᄒᆞᆯᄊᆡ壽쓩者쟝相샹이니四ᅌᅳᆼ相샹이시
면곧이衆즁生ᄉᆡᆼ이오四ᅌᅳᆼ
相샹업스면곧이부톄라

妙行無住分第四

復次須菩提야菩薩이於法에應無所住ᄒᆞ야行於
布施니所謂不住色布施와不住聲香味觸法布
施니 ᄯᅩ버거須슝菩뽕提똉여菩뽕薩삻이法법에반ᄃᆞ기住뜡홈곧업시ᄒᆞ야布봉施싱ᄅᆞᆯ
行ᅘᆡᆼ홀띠니닐온色ᄉᆡᆨ애住뜡티아니ᄒᆞᆫ布봉施상와聲셩香향味밍觸쵹法법에住뜡티아니ᄒᆞᆫ
布봉施싱니

凡夫布施는 以求身相端嚴과 五欲快樂故로
報盡ᄒᆞ면 却墮三塗ᄒᆞᆯᄉᆡ 世尊이 大慈로 敎行無相
布施者는 不求身相端嚴과 五欲快樂ᄒᆞ고 但令
內破慳心ᄒᆞ고 外利益一切衆生이니 如是相應
이 名不住色布施라 ○凡뻠夫붕의 布봉施싱ᄂᆞᆫ 身신相샹이 端돤正졍ᄒᆞ
며 ᄉᆡᆨᄉᆡᆨᄒᆞ욤과 五옹欲욕快쾡樂락ᄋᆞᆯ 求꿓ᄒᆞᄂᆞᆫ 젼ᄎᆞ로 報봉ㅣ 다ᄋᆞ면 도로 三삼塗똥애 벼러
딜ᄊᆡ 世솅尊존이 大땡慈쫑로 無뭉相샹布봉 施싱行ᅘᆡᆼ호ᄆᆞᆯ ᄀᆞᄅᆞ치샤ᄆᆞᆫ 身신相샹端돤正
졍ᄒᆞ며 ᄉᆡᆨᄉᆡᆨᄒᆞ욤과 五옹欲욕快쾡樂락ᄋᆞᆯ 求꿓 티 아니ᄒᆞ고 오직 안ᄒᆞ로 慳칸貪탐ᄒᆞᄂᆞᆫ ᄆᆞᅀᆞᄆᆞᆯ

혈오ᄫᆞᆺᄀᆞ로 一ᅙᅵᇙ切쳉衆즁生ᄉᆡᇰᄋᆞᆯ 利링益ᅙᅧᆨ계ᄒᆞ시니 이ᄀᆞ티 相샹應ᅙᅳᇰ호미 일후미 色ᄉᆡᆨ애 住뜡티 아니ᄒᆞᆫ 布봉施싱라

須菩提야 菩薩이 應如是布施ᄒᆞ고 不住於相이니 ○須菩뽕提뗑여 菩뽕薩삻이 반ᄃᆞ기 이ᄀᆞ티 布봉施싱ᄒᆞ고 相샹애 住뜡티 아니홀띠니

應如無相心布施者ᄂᆞᆫ 爲無能施之心ᄒᆞ며 不見有施之物ᄒᆞ며 不分別受施之人이 是名不住相布施也ㅣ라 ○반ᄃᆞ기 相샹업슨 ᄆᆞᅀᆞᄆᆞ로 布봉施싱홈 곧호ᄆᆞᆫ 能ᄂᆞᆼ히 施싱ᄒᆞ논 ᄆᆞᅀᆞᆷ업스며 施싱ᄒᆞ논 物뭂이 쇼ᄆᆞᆯ 보디 몯ᄒᆞ며 施싱ᄅᆞᆯ 受쓯ᄒᆞᄂᆞᆫ 사ᄅᆞᆷ 分분別볋 아니호미 이

일후미 相샹애 住뜡티 아니ᄒᆞᆫ 布봉施싱라

何以故오 若菩薩이 不住相布施ᄒᆞ면 其福德이 不可思量이니라○엇뎨어뇨 ᄒᆞ다가 菩뽕薩삻이 相샹애 住뜡티 아니ᄒᆞ야 布봉施싱ᄒᆞ면 그 福복德득이 思승量량 몯ᄒᆞ리라

菩薩行施ᄂᆞᆫ 心無所希求ᄒᆞᆯᄉᆡ 其所獲福德이 如十方虛空ᄒᆞ야 不可較量이라 言復次者ᄂᆞᆫ 連前起後之辭ㅣ라 一說에 布者ᄂᆞᆫ 普也ㅣ오 施者ᄂᆞᆫ 散也ㅣ니 能普散盡心中妄念ᄒᆞ야 習氣煩惱와 四相이

泯絶ᄒᆞ야 無所蘊積이 是眞布施니라 又說ᄒᆞ되 布施者ᄂᆞᆫ 由不住六塵境界ᄒᆞ며 又不有漏分別고 惟當返本淸淨ᄒᆞ야 了萬法空寂이니 若不了此意ᄒᆞ면 惟增諸業ᄒᆞ릴ᄊᆡ 故로 須內除貪愛ᄒᆞ고 外行布施ᄒᆞ야 內外相應ᄒᆞ야사 獲福無量ᄒᆞ리라 見人作惡ᄒᆞ고 不見其過ᄒᆞ며 自性에 不生分別이 是名離相이며 依敎修行ᄒᆞ야 心無能所ㅣ 卽是善法이오 修行人이 心有能所ᄒᆞ면 不名善法이니 能所心이 不滅ᄒᆞ면

終不得解脫ᄒᆞ리 念念에 常行般若智ᄒᆞ면 其福
이 無量無邊ᄒᆞ리 依如是修行ᄒᆞ면 感得一切人
天의 恭敬供養ᄒᆞ리 是名爲福德이니 常行不
住相布施ᄒᆞ야 普敬一切含生ᄒᆞ면 其功德이 無有
邊際ᄒᆞ야 不可稱計리라 ○ 菩뽕薩삻ᄉ 布봉施
싱行ᅘᆡᆼ호ᄆᆞᆫ ᄆᆞᅀᆞ매 ᄇᆞ라옴 업
슬씨 그ᅌᅦ 어둔 福복德득이 十씹方방虛헝空콩
곤ᄒᆞ야 ᄆᆡ太아 ᄒᆡ아리디 몯ᄒᆞ리라 ᄯᅩ 비계라
니ᄅᆞ샤ᄆᆞᆫ 알ᄑᆞᆯ 니ᅀᅥ 뒤흘 니ᄅᆞ와 ᄃᆞ시ᄂᆞᆫ 마리라
라ᄒᆞᆫ 까ᄅᆡ 布봉ᄂᆞᆫ 너블씨오 施싱ᄂᆞᆫ 흐틀씨니
能ᄂᆞᆼ히 너비 心심中듕엣 妄망念념을 흐터 업
계ᄒᆞ야 習씹氣킝와 煩뻔惱놓와 四ᄉᆞᆼ相샹야 업

그처 업서 싸홈 업수미 이 眞진實씷ㅅ 布봉施싱라 ᄯᅩ 닐온 ᄃᆡ 布봉施싱ᄂᆞᆫ 六륙塵띤境경界갱예 住뜡티 아니ᄒᆞ며 ᄯᅩ 漏릏 잇ᄂᆞᆫ 分분別볋 아니코 반ᄃᆞ기 本본來ᄅᆡᆼ 淸쳥淨쪙에 도라가 萬먼法법이 空콩寂쩍ᄒᆞᆫ ᄃᆞᆯ 아ᄅᆞᆯ띠니 ᄒᆞ다가 이 ᄠᅳ들 아디 몯ᄒᆞ면 한 業업을 더으릴씨 모로매 안ᄒᆞ로 貪탐愛ᅙᆡᆼᄅᆞᆯ 덜오 밧ᄀᆞ로 布봉施싱ᄅᆞᆯ 行ᅘᆡᆼᄒᆞ야 안팟기 相샹應ᅙᅳᆼᄒᆞ야ᅀᅡ 福복 어두미 無뭉量량ᄒᆞ리라 사ᄅᆞ미 모딘 일 ᄒᆞ욤 보고 그 허므를 보디 아니ᄒᆞ며 제 性셩에 分분別볋 내디 아니호미 이 일후미 相샹 여희요미며 教ᄀᆞᇢᄅᆞᆯ 브터 修슣行ᅘᆡᆼᄒᆞ야 ᄆᆞᅀᆞ미 能능所송 업수미 곧 이 善쎤法법이오 修슣行ᅘᆡᆼ人신이 ᄆᆞᅀᆞ미 能능所송이시면 善쎤法법이라 일훔 몯ᄒᆞ리니 能능所송心심이 업디 아니ᄒᆞ면 ᄆᆞᄎᆞᆷ내 解갱脫퇋ᄋᆞᆯ 得득디 몯ᄒᆞ리니 念념念념

에 상녜 般반若ᅀᅣᆼ智딩로 行ᅘᆡᆼᄒᆞ면 그 福복이
無뭉量량無뭉邊변ᄒᆞ리니 이 곧 호ᄆᆞᆯ며 修
ᅌᅣᇰ行ᅘᆡᆼᄒᆞ면 一ᅙᅵᇙ切쳉人신天텬의 恭공敬경
供공養양호ᄆᆞᆯ 感감ᄒᆞ야 得득ᄒᆞ리니 이ᄅᆞᆯ 후
미 福복德득이라 샹녜 相샹애 住뜡티 아니ᄒᆞᆫ
布봉施싱ᄅᆞᆯ 行ᅘᆡᆼᄒᆞ야 一ᅙᅵᇙ切쳉含ᅘᅠᆷ生ᄉᆡᇰ올
너비 恭공敬경ᄒᆞ면 그 功공德득
이 ᄀᆞ시 업서 도ᄅᆞ며 혜디 몯ᄒᆞ리라

須菩提야 於意예 云何오 東方虛空ᄋᆞᆯ 可思量가

不아 不也ㅣ니이다 世尊하 ○須슝菩뽕提뗑여 ᄠᅳ데 엇더뇨 東동方방虛헝空콩
ᄋᆞᆯ 어루 思ᄉᆞᆼ量량ᄒᆞ려 몯ᄒᆞ려 아니ᅌᅵ다 世솅尊존하

緣不住相布施의 所得功德이 不可稱量ᄒᆞ샤 佛

이 以東方虛空으로 爲譬喩ᄒᆞ실ᄉᆡ 故로 問須菩提ᄒᆞ샤ᄃᆡ 東方虛空을 可思量가 不아ᄒᆞ시니라 不也世尊者ᄂᆞᆫ 須菩提ㅣ 言ᄒᆞᅀᆞ오ᄃᆡ 東方虛空을 不可思量也ㅣ니이다 ᄒᆞ니라 ○住뜡相샹 아니ᄒᆞᆫ 布봉施싱의 得득ᄒᆞᆫ 功공德득이 稱칭量량 몯ᄒᆞᄆᆞᆯ 브트샤 부톄 東동方방虛헝空콩ᄋᆞ로 譬핑喩융ᄒᆞ실ᄊᆡ 須슝菩뽕提똉ᄃᆞ려 무르샤ᄃᆡ 東동方방虛헝空콩ᄋᆞᆯ 어루 思ᄉᆞᆼ量량ᄒᆞ려 몯ᄒᆞ려 ᄒᆞ시니라 不붏也양世솅尊존ᄋᆞᆫ 須슝菩뽕提똉ㅣ ᄉᆞᆯ오ᄃᆡ 東동方방虛헝空콩ᄋᆞᆯ 思ᄉᆞᆼ量량 몯ᄒᆞ리이다 ᄒᆞ니라

須菩提야 南西北方四維上下虛空을 可思量가

不아 不也世尊하 須菩提야 菩薩無住相布施福德도 亦復如是ᄒᆞ야 不可思量이니 ○ 須슝菩뽕提뗑여 南남西솅北븍方방과 四ᄉᆞᆼ維윙上썅下ᅘᅣᆼㅅ 虛헝空콩ᄋᆞᆯ 어루 思ᄉᆞᆼ量량ᄒᆞ리 몯ᄒᆞ려 아니ᅌᅵ다 世솅尊존하 須슝菩뽕提뗑여 菩뽕薩삻의 住뜡相샹업슨 布봉施싱ㅅ 福복德득도 ᄯᅩ 이 ᄀᆞᆮᄒᆞ야 思ᄉᆞᆼ量량 몯ᄒᆞ리니

佛言ᄒᆞ샤ᄃᆡ 虛空이 無有邊際ᄒᆞ야 不可度量이니 菩薩無住相布施의 所得功德도 亦如虛空의 不可度量ᄒᆞ야 無邊際也ᄒᆞ니라 世界中에 大者ㅣ 莫

過虛空ᄒᆞ며 一切性中에 大者ㅣ 莫過佛性ᄒᆞ니 何
以故오 凡有形相者ᄂᆞᆫ 不得名爲大어니와 虛空
은 無形相故로 得名爲大며 一切諸性은 皆有
限量ᄒᆞᆯ시 不得名爲大어니와 佛性은 無有限量ᄒᆞᆯ시
故名爲大니라 此虛空中에 本無東西南北ᄒᆞ니 若
見東西南北ᄒᆞ면 亦是住相이라 不得解脫이며 佛性
도 本無我人衆生壽者ᄒᆞ니 若有此四相可見이면
即是衆生性이라 不名佛性이니 亦所謂住相布施

也ㅣ라니 雖於安心中에 說有東西南北나ᄒᆞ 在理
ᄒᆞ얀 則何有ㅣ리오 所謂東西ㅣ 不眞이오 南北이 曷
異오리 自性이 本來空寂ᄒᆞ야 混融ᄒᆞ야 無所分別이니
故로 如來ㅣ 深讚不生分別也ᄒᆞ시니라 ○ 부텨 니ᄅᆞ샤ᄃᆡ 虛
헝空콩이 ᄀᆞᇫ업서 혜아리디 몯ᄒᆞ리니 菩뽕薩삻ㅅ 住뜡相샹 업슨 布봉施싱의 得득ᄒᆞᆫ 功공
德득도 ᄯᅩ 虛헝空콩이 혜아리디 몯ᄒᆞ야 ᄀᆞᇫ업숨 곧ᄒᆞ니라 世솅界갱中듕에 큰 거시 虛헝空
콩애 너므니 업스며 一힗切쳉性셩中듕에 큰 거시 佛뿛性셩에 너므니 업스니 엇뎨어뇨 믈
읫 形혱相샹 잇ᄂᆞᆫ 거슨 크다 일훔 몯ᄒᆞ려니와 虛헝空콩ᄋᆞᆫ 形혱相샹 업슬씨 크다 일훔ᄒᆞ

一ᅙᅵᇙ切쳉ㅅ 한 性셩은 다 限핸量량이 실씨 크
다 일훔 몯ᄒᆞ려니와 佛뿛性셩은 限핸量량 업
슬씨 크다 일훔ᄒᆞᄂᆞ니라 이 虛헝空콩中듕에
本본來ᄅᆡᇰ 東동西솅南남北븍 업스니 ᄒᆞ다가
東동西솅南남北븍을 보면 ᄯᅩ 이 住뜡相샹이
란 解갱脫퇋ᄋᆞᆯ 得득디 몯ᄒᆞ리며 佛뿛性셩도
本본來ᄅᆡᇰ 我앙와 人신과 衆즁生싱과 壽쓩者
쟝왜 업스니 ᄒᆞ다가 이 四ᄉᆞᆼ相샹 어루 보미 이
시면 곧 이 衆즁生싱 性셩이라 佛뿛性셩이라
일훔 몯ᄒᆞ리니 ᄯᅩ 닐온 住뜡相샹布봉施상라
비록 妄망心심中듕에 東동西솅南남北븍이
잇다 니ᄅᆞ나 理링예 아션 엇뎨 이시리오 닐온
東동西솅ㅣ 眞진實씷 아니오 南남北븍이 엇
뎨 다ᄅᆞ리오 自쭝性셩이 本본來ᄅᆡᇰ 空콩寂쪅
ᄒᆞ야 모다 노가 分분別볋홀 곧 업스니 이럴씨
如셩來ᄅᆡᇰㅣ 分분別볋 내다 아니ᄒᆞ 몰기피 기

리시니라

須菩提야 菩薩은 但應如所教住ㅣ니라 ○須슝菩뽕提똉여 菩뽕薩삻은 오직 ᄀᆞᄅᆞ춈 ᄀᆞ티 住뜡홀 ᄯᆞᆷ니라

應者ᄂᆞᆫ 唯也ㅣ니 但唯如上所說之敎ᄒᆞ야 住無相布施ᄒᆞ면 即是菩薩也ㅣ니라 ○應ᅙᅳᇰ은 오직 ᄒᆞᆯ ᄊᆡ니 오직 우희 니ᄅᆞ샨 ᄀᆞᄅᆞ치샴 ᄀᆞ티 ᄒᆞ야 無뭉相샹布봉施싱예 住뜡ᄒᆞ면 곧 이 菩뽕薩삻이라

如理實見分第五

須菩提야 於意云何오 可以身相으로 見如來아 不

하 不也世尊하 不可以身相ᄋᆞ로 得見如來니 ○ 須숭菩뽕提뗑여 ᄠᅳ데 엇더뇨 어루 身신相샹ᄋᆞ로 如셩來링ᄅᆞᆯ 보려 몯ᄒᆞ려 아니ᅌᅵ다 世솅尊존하 身신相샹ᄋᆞ로 如셩來링ᄅᆞᆯ 시러 보ᅀᆞᆸ디 몯ᄒᆞ리니

色身은 即有相이오 法身은 即無相이니 色身者ᄂᆞᆫ 四大和合ᄒᆞ야 父母所生이라 肉眼所見이오 法身者ᄂᆞᆫ 無有形段ᄒᆞ며 非有青黃赤白ᄒᆞ며 無一切相貌ᄒᆞ야 非肉眼의 能見이라 慧眼이ᅀᅡ 乃能見之ᄒᆞᄂᆞ니 凡夫ᄂᆞᆫ 但見色身如來ᄒᆞᅀᆞᆸ고 不見法身如來ᄒᆞᅀᆞᆸᄂᆞ니

法身은 量等虛空ᄒᆞ실ᄊᆡ 是故로 佛이 問須菩提

ᄒᆞ샤ᄃᆡ 可以身相으로 見如來아 不아ᄒᆞ야시ᄂᆞᆯ 須菩提

ㅣ 知凡夫의 但見色身如來ᄒᆞ숩고 不見法身如

來故로 言ᄒᆞᄃᆡ 不也世尊하 不可以身相으로 得見

如來이다ᄒᆞ니라○色식身신은 곧 相샹이 잇고 法법身신은 곧 相샹이 업스니 色식身

신은 四ᄉᆞᆼ大땡和황合햅ᄒᆞ야 父뿌母뭉ㅅ 나ᄒᆞᆫ 거시라 肉슉眼안ᄋᆡ 보ᄂᆞᆫ 고디오 法법身신

은 얼굴 업스며 青청黃황赤쳑白ᄈᆡᆨ 잇디 아니ᄒᆞ며 一ᅙᅵᇙ切쳉相샹貌몽ㅣ 업서 肉슉眼안ᄋᆡ

能능히 볼 ᄭᅥᆺ 아니라 慧휑眼안이사 能능히 보ᄂᆞ니 凡뻠夫붕ᄂᆞᆫ 오직 色식身신如셩來랭ᄅᆞᆯ

보ᅀᆞᆸ고 法법身신 如셩來ᄅᆡᆼᄅᆞᆯ 보ᅀᆞᆸ디 몯ᄒᆞᄂᆞ
니 法법身신은 量량이 虛헝空콩과 곧ᄒᆞ실ᄊᆡ
이럴ᄊᆡ 부텨 須슝菩뽕提뗑ᄅᆞᆫ 려두르샤ᄃᆡ 어
루 身신相샹ᄋᆞ로 如셩來ᄅᆡᆼᄅᆞᆯ 보려 몯ᄒᆞ려ᄒᆞ
야시ᄂᆞᆯ 須슝菩뽕提뗑ㅣ 凡뻠夫붕의 오직 色
ᄉᆡᆨ身신 如셩來ᄅᆡᆼᄅᆞᆯ 보ᅀᆞᆸ고 法법身신 如셩來
ᄅᆡᆼᄅᆞᆯ 보ᅀᆞᆸ디 몯ᄒᆞᄂᆞᆫ ᄃᆞᆯ 알씨 ᄉᆞᆯᄫᆞᄃᆡ 아니이다
世솅尊존하 身신相샹ᄋᆞ로 如셩來ᄅᆡᆼᄅᆞᆯ 시러
보ᅀᆞᆸ디 몯ᄒᆞᅀᆞ오
리이다 ᄒᆞ니라

何以故 ㅣ어뇨 如來所說身相이 即非身相이니이다 엇
뎨어뇨 如셩來ᄅᆡᆼ 니ᄅᆞ샨 身신相
샹이 곧 身신相샹이 아니니이다

色身은 是相이오 法身은 是性이니 一切善惡이 盡

由法身ᄒᆞ고不由色身ᄒᆞᄂᆞ니 法身이若作惡ᄒᆞ면色身이不生善處ᄒᆞ고法身이作善ᄒᆞ면色身이不墮惡處ᄒᆞᄂᆞ니 凡夫ᄂᆞᆫ唯見色身ᄒᆞ고不見法身ᄒᆞᆯᄉᆡ不能行無住相布施ᄒᆞ며不能於一切處에行平等行ᄒᆞ며不能普敬一切衆生거니와 見法身者ᄂᆞᆫ即能行無住相布施ᄒᆞ며即能普敬一切衆生ᄒᆞ며即能修般若波羅蜜行ᄒᆞ야方信一切衆生이同一眞性이라本來清淨ᄒᆞ야無有垢穢ᄒᆞ야具足恒河妙

用ᄒᆞᄂᆞ니라

○色ᄉᆡᆨ身신ᄋᆞᆫ이相샹이오法법身신은이性셩이니一ᅙᅵᇙ切쳉善쎤惡학이다法법身신ᄋᆞᆯ븓고色ᄉᆡᆨ身신븓디아니ᄒᆞᄂᆞ니法법身신이ᄒᆞ다가惡학ᄋᆞᆯ지ᅀᆞ면色ᄉᆡᆨ身신이善쎤處쳥에나디몯고法법身신이善쎤ᄋᆞᆯ지ᅀᆞ면色ᄉᆡᆨ身신아惡학處쳥에ᄠᅥ러디디아니ᄒᆞᄂᆞ니凡뻠夫붕ᄂᆞᆫ오직色ᄉᆡᆨ身신ᄋᆞᆯ보고法법身신ᄋᆞᆯ몯볼씨能능히住뜡相샹업슨布봉施싱ᄅᆞᆯ行ᅘᆡᇰ티몯ᄒᆞ며能능히一ᅙᅵᇙ切쳉處쳥에平뼝等등行ᅘᆡᇰᄋᆞᆯ行ᅘᆡᇰ티몯ᄒᆞ며能능히一ᅙᅵᇙ切쳉衆중生ᄉᆡᆼᄋᆞᆯ너비恭공敬경몯거니와法법身신보ᄂᆞᆫ곧能능히無뭉住뜡相샹布봉施싱ᄅᆞᆯ行ᅘᆡᇰᄒᆞ며곧能능히一ᅙᅵᇙ切쳉衆중生ᄉᆡᆼᄋᆞᆯ너비恭공敬경ᄒᆞ며곧能능히般밣若ᅀᅣᇰ波방羅랑蜜밇行ᅘᆡᇰᄋᆞᆯ닷가비르서一ᅙᅵᇙ切쳉衆중生ᄉᆡᆼ이ᄒᆞᆫ가지로ᄒᆞᆫ真진性셩이라

本본來ᄅᆡᆼ淸쳥淨쪙ᄒᆞ야 더러움 업서 恒ᅘᅳᆼ河ᅘᅡᆼ微밍妙묳ᄒᆞᆫ 用용이 ᄀᆞᄌᆞᆫ ᄃᆞᆯ 信신ᄒᆞᄂᆞ니라

佛告須菩提ᄒᆞ샤ᄃᆡ 凡所有相이 皆是虛妄이니 若見諸相의 非相ᄒᆞ면 卽見如來ᄒᆞ리라○부텨 須슝菩뽕提똉ᄃᆞ려 니ᄅᆞ샤ᄃᆡ 믈읫 잇ᄂᆞᆫ 相샹이 다 이 虛헝妄망이니 ᄒᆞ다가 諸졍相샹의 相샹 아닌 ᄃᆞᆯ 보면 곧 如셩來ᄅᆡᆼ를 보리라

如來ㅣ 欲顯法身故로 說一切諸相이 皆是虛妄ᄒᆞ시니 若見一切諸相의 虛妄不實ᄒᆞ면 卽見如來ㅅ 無相之理也ᄒᆞ리라○如셩來ᄅᆡᆼㅣ 法법身신올 나토고져 ᄒᆞ신 젼ᄎᆞ로 一ᅙᅵᇙ切쳉諸졍相샹이 다 이 虛헝妄망이라 니ᄅᆞ시니 ᄒᆞ다가 一ᅙᅵᇙ切쳉諸졍相샹의 虛헝

妄망ᄒᆞ야 實씷티 아니ᄒᆞᆫ ᄃᆞᆯ 보면 곧 如셩來ᄅᆡᆼㅅ 相샹 업슨 理링ᄅᆞᆯ 보리라

正信希有分第六

須菩提ㅣ 白佛言ᄒᆞᅀᆞ오ᄃᆡ 世尊하 頗有衆生이 得聞如是言說章句ᄒᆞᅀᆞᆸ고 生實信不ㅣ잇가 ○須슝菩뽕提뗑ㅣ 부텻긔 ᄉᆞᆲ오ᄃᆡ 世솅尊존하 ᄌᆞ모 衆즁生싱이 이 ᄀᆞᆮᄒᆞᆫ 말ᄊᆞᆷ 章쟝句궁 듣ᄌᆞᆸ고 實씷ᄒᆞᆫ 信신을 내리 이시리 잇ᄉᆞ가 몯ᄒᆞ리잇가

須菩提ㅣ 問ᄒᆞᅀᆞ오ᄃᆡ 此法이 甚深ᄒᆞ야 難信難解니 末世凡夫ㅣ 智慧微劣케시니 云何信入ᄒᆞ리잇고 佛

荅이 在次下ᄒᆞ시니라 ○ 須슝菩뽕提똉ㅣ 묻ᄌᆞ오ᄃᆡ 이 法법이 甚씸히 깁고 信신홈 어려우며 아롬 어려우니 末맗世솅 凡뻠夫붕ㅣ 智딩慧ᅘᅰᆼ 微밍劣뤓ᄒᆞ거시니 엇뎨 信신ᄒᆞ야 들리잇고 부텨 對됭答답ᄒᆞ야 버근 아래 겨시니라

佛告須菩提ᄒᆞ샤ᄃᆡ 莫作是說ᄒᆞ라 如來滅後後五百歲예 有持戒修福者ㅣ면 於此章句에 能生信心ᄒᆞ리니 以此爲實ᄒᆞ리라 當知是人은 不於一佛二佛三四五佛에 而種善根이라 已於無量千萬佛所에 種諸善根ᄒᆞ야 聞是章句ᄒᆞ고 乃至一念이나 生淨信者ㅣ라 ○니

부톄須슝菩뽕提똉ᄃᆞ려니ᄅᆞ샤ᄃᆡ이말ᄉᆞᆷᄃᆞ말
라如셩來링滅몛ᄒᆞᆫ後ᅘᇢᆼ人後ᅘᇢᆼ五옹百빅歲쉥
예持띵戒갱ᄒᆞ며福복닷ᄀᆞ리이시면이章쟝句
궁에能능히信신心심내라니일로實씷ᄉᆞ무라
이사ᄅᆞᆷᄋᆞᆫ一힗佛뿛二싱佛뿛三삼四ᄉᆞᆼ五옹佛
뿛ᄭᅴ善쎤根근을심군다아니라ᄒᆞ마無뭉量랑
千쳔萬먼佛뿛ㅅ게善쎤根근을심거이章쟝句
궁를듣고ᄒᆞᆫ念념에니ᄅᆞ리나조ᄒᆞᆫ信신을내ᄂᆞᆫ
줄반ᄃᆞ기아
ᄃᆞᆯ피니라

於我滅後後五百歲예若復有人이能持大乘
無相戒ᄒᆞ야不妄取諸相ᄒᆞ야不造生死業ᄒᆞ고一切
時中에心常空寂ᄒᆞ야不被諸相의所縛ᄒᆞ미即是

無所住心이니 於如來深法에 心能信入ᄒᆞ리 此
人所有言說이 眞實可信이라 何以故오 此人이
不於一劫二劫三四五劫에 而種善根이라 已於
無量千萬億劫에 種諸善根이니 是故로 如來ㅣ
說ᄒᆞ샤ᄃᆡ 我滅後後五百歲예 有能離相修行者
ㅣ면 當知是人은 不於一二三四五佛에 種諸善
根이라ᄒᆞ시니라 何名種諸善根고 略述次下ᄒᆞ노니 所
謂於諸佛所애 一心供養ᄒᆞᅀᆞ와 隨順教法ᄒᆞᅀᆞ오며

於諸菩薩善知識師僧父母耆年宿德尊長之處에常行恭敬供養ᄒᆞ야承順教命ᄒᆞ야不違其意ᄒᆞᆯ시是名種諸善根이며於一切貧苦衆生애起慈愍心ᄒᆞ고不生輕厭ᄒᆞ며有所須求ㅣ어든隨力惠施ᄒᆞᆯ시是名種諸善根이며於一切惡類에自行和柔忍辱ᄒᆞ야歡喜逢迎ᄒᆞ야不逆其意ᄒᆞ야令彼로發歡喜心ᄒᆞ고息剛戾心케ᄒᆞᆯ시 是名種諸善根이며於六道衆生애不加殺害ᄒᆞ며不欺不賊不毁不辱不

騎不箠不食其肉ᄒᆞ고常行饒益ᄒᆞ시ᄂᆞᆯ是名種諸善
根이라信心者ᄂᆞᆫ信般若波羅蜜이能除一切煩
惱ᄒᆞ며信般若波羅蜜이能成就一切出世功德
ᄒᆞ며信般若波羅蜜이能出生一切諸佛ᄒᆞ며信自
身中佛性이本來淸淨ᄒᆞ야無有染汚ᄒᆞ야與諸佛
性과平等無二ᄒᆞ며信六道衆生이本來無相ᄒᆞ며
信一切衆生이盡能成佛ᄒᆞ시ᄂᆞᆯ是名淨信心也ㅣ라
○나滅멿ᄒᆞᆫ後ᅘᅮᇢㅅ後ᅘᅮᇢ五ᅌᅩᆼ百ᄇᆡᆨ歲셰ᇰ예ᄒᆞᆫ
다가ᄯᅩ사ᄅᆞ미能ᄂᆞᇰ히大ᄯᅢᇰ乘씽無뭉相샹戒

괭줄디녀간대로諸졍相샹올取츙티아니ᄒᆞ
야生싱死숭ㅅ業업을짓디아니코一힗切쳥
時씽中퉁에무슨미샹녜空쿵寂쪅ᄒᆞ야諸졍
相상의믜욤닙디아니호미곤니住뜡호듸엽
合모슨미니如셩來링ㅅ기쁜이법에무슨미
能능히信신호야들리니이샤法믜됫논파리
真진寶씷호야믿브리라엇텨르뇨이사르미
一힗劫겁二싱劫겁三삼四숭어옹劫겁에善
쎤根곤을심군디아니라ᄒᆞ마五뭉量량千쳔
萬먼億흑劫겁에한善쎤根곤無시ㅁ니이런
두로如셩來링ㅣ니르사디나올몷度똥ᄒᆞᆫ後
薰ㅅ後薰五옹百빅歲쒱예能滅히相샹올여
여修숑行헹ᄒᆞ리이시면이사두믄一힗二
상三삼四숭五옹佛뿛씌한善씬根곤을심군
디아니돌반두기알리라ᄒᆞ시니ㄹ엇뎨일후
마한善쎤根곤심금고버거아래畧략히니르

노니 닐온 諸졍佛뿛씌 一힗心심으로 供공養
양ᄒᆞᅀᆞ와 敎꾤法법을 조차 順쓘ᄒᆞᅀᆞ오며 諸
졍菩뽕薩삻와 善쎤知딩識식과 師ᄉᆞᆼ僧승과
父뿡母뭏와 나 늘근 德득 오ᄅᆞᆫ 尊존長댱ㅅ 處
쳥에 샹녜 恭공敬경 供공養양ᄋᆞᆯ 行ᅘᆡᆼᄒᆞ야 ᄀᆞ
ᄅᆞ치ᄂᆞᆫ 命명을 바다 順쓘ᄒᆞ야 그 ᄠᅳ들 거스디
아니ᄒᆞᆯᄊᆡ 이 일후미 한 善쎤根ᄀᆞᆫ 심구미며 一
힗切쳉 艱간難난ᄒᆞᆫ 受쓯苦콩ㅅ 衆즁生ᄉᆡᆼ의
게 慈쫑悲빙ㅅ ᄆᆞᅀᆞᄆᆞᆯ 니ᄅᆞ왼고 므던히 너기
며 아쳐로 몸 내디 아나ᄒᆞ며 求꿍ᄒᆞ미 잇거든
히 믈 조차 주어 施싱ᄒᆞᆯᄊᆡ 이 일후미 한 善쎤根
ᄀᆞᆫ 심구마며 一힗切쳉 모딘 類륭예 내 부드러
이 忍신辱욕ᄋᆞᆯ 行ᅘᆡᆼᄒᆞ야 歡환喜힁ᄒᆞ야 마자
그 ᄠᅳ들 거스디 아니ᄒᆞ야 환歡환喜흥心심을
發벓ᄒᆞ고 구든 거슬 ᄡᅳ므ᅀᆞᄆᆞᆯ 그치게 ᄒᆞᆯᄊᆡ 이
일후미 한 善쎤根ᄀᆞᆫ 삼구미며 六륙道똫 衆즁

生싱애 殺삻害ᅘᆡᆼᄅᆞᆯ 더으디 아니ᄒᆞ며 소기디
아니ᄒᆞ며 ᄂᆞᆺ가이 너기디 아니ᄒᆞ며 ᄒᆞᆯ아디 아
니ᄒᆞ며 辱쇽ᄒᆞ디 아니ᄒᆞ며 ᄐᆞ디 아니ᄒᆞ며 티
디 아니ᄒᆞ며 그 고기 먹디 아니ᄒᆞ고 饒숑益확
을 상내 行ᅘᆡᆼᄒᆞᆯᄊᆡ 이 일후미 한 善쎤根긘 심구
마라 信신心심은 般밣若샹波방羅랑蜜밆이
能능히 一힔切쳉煩뻔惱늏 더로ᄆᆞᆯ 信신ᄒᆞ며
般밣若샹波방羅랑蜜밆이 能능히 一힔切쳉
出츌世솅功공德득 일우ᄆᆞᆯ 信신ᄒᆞ며 般밣若
샹波방羅랑蜜밆이 能능히 一힔切쳉諸졍佛
뿛 내요ᄆᆞᆯ 信신ᄒᆞ며 自쫑身신中듕엣 佛뿛性
셩이 本본來링 淸쳥淨쪙ᄒᆞ야 더러ᄫᅮᆷ 업사 諸
졍佛뿛性셩과 平뼝等등ᄒᆞ야 ᄃᆞᆯ 업수ᄆᆞᆯ 信신
ᄒᆞ며 六륙道똠衆즁生싱이 本본來링 相샹 업
수ᄆᆞᆯ 信신ᄒᆞ며 一힔切쳉衆즁生싱이 다 能능
히 成썽佛뿛ᄒᆞᆯ ᄃᆞᆯ 信신ᄒᆞᆯᄊᆡ 이 일후미 조ᄒᆞᆫ 信

신心심이라

須菩提야 如來ㅣ 悉知悉見ᄒᆞᄂᆞ니 是諸衆生이 得如是無量福德ᄒᆞ리니 何以故오 是諸衆生이 無復我相人相衆生相壽者相ᄒᆞ며 無法相ᄒᆞ며 亦無非法相ᄒᆞ리라 ○須슝菩뽕提뗑여 如셩來링ㅣ 다알며 다보ᄂᆞ니 이 한 衆즁生싱이 이 ᄀᆞᆮᄒᆞᆫ 無뭉量량福복德득을 得득ᄒᆞ리니 엇뎨어뇨 이 한 衆즁生싱이 ᄂᆞ외 我앙相샹과 人신相샹과 衆즁生싱相샹과 壽쓩者쟝相샹이 업스며 法법相샹이 업스며 ᄯᅩ 非빙法법相샹이 업스리라

若有人이 於如來滅後에 發般若波羅蜜心ᄒᆞ며

行般若波羅蜜行ᄒᆞ야 修習悟解ᄒᆞ야 得佛深意者
ᄂᆞᆫ 諸佛이 無不知之ᄒᆞ시ᄂᆞ니 若有人이 聞上乘法
ᄒᆞ고 一心受持ᄒᆞ면 即能行般若波羅蜜無相無著
之行ᄒᆞ야 了無我人衆生壽者四相ᄒᆞ리니 無我者
ᄂᆞᆫ 無色受想行識也ㅣ오 無人者ᄂᆞᆫ 了四大ㅣ不
實ᄒᆞ야 終歸地水火風也ㅣ오 無衆生者ᄂᆞᆫ 無生滅
心也ㅣ오 無壽者ᄂᆞᆫ 我身本無커니 寧有壽者ㅣ리오ᄒᆞᆯ
시니 四相이 既亡ᄒᆞ면 即法眼이 明徹ᄒᆞ야 不著有無

ᄒᆞ야遠離二邊ᄒᆞ야自心如來ㅣ自悟自覺ᄒᆞ야永離塵勞妄念ᄒᆞ야自然得福이無邊ᄒᆞ리라無法相者ᄂᆞᆫ離名絶相ᄒᆞ야不拘文字也ㅣ오亦無非法相者ᄂᆞᆫ不得言無般若波羅蜜法이니若言無般若波羅蜜法者ㅣ면即是謗法이라

○ᄒᆞ다가사ᄅᆞ미如ᅀᅧᆼ來ᄅᆡᆼ滅며ᇙ後ᅘᅮᇢ에般바ᇙ若ᅀᅣᇰ波방羅랑蜜미ᇙ心심을發버ᇙᄒᆞ며般바ᇙ若ᅀᅣᇰ波방羅랑蜜미ᇙ行ᅘᆡᇰ을行ᅘᆡᇰᄒᆞ야닷가니겨아라부텻기픈ᄠᅳ들得득ᄒᆞ닌諸졍佛뿌ᇙ이모ᄅᆞ사리업스사ᄂᆞ나ᄒᆞ다가사ᄅᆞ미上썅乘씽法법을듣고一ᅙᅵᇙ心심으로受쓔ᇢ持띵ᄒᆞ면곧能능히般바ᇙ若ᅀᅣᇰ波방羅랑蜜미ᇙ無뭉相

샹無뭉着땩行ᅘᆡᆼ을行ᅘᆡᆼᄒᆞ야我ᅌᅡᆼ와人ᅀᅵᆫ과
衆즁生ᄉᆡᆼ과壽쓯者쟝ㅅ四ᄉᆞᆼ相샹업수믈알
리니我ᅌᅡᆼ업수믄色ᄉᆡᆨ과受쓯와想샹과行ᅘᆡᆼ
과識식괘업슬씨오人ᅀᅵᆫ업수믄四ᄉᆞᆼ大땡實
씷티아니ᄒᆞ야ᄆᆞᄎᆞ매地띵와水슁와火황와
風봉에갈ᄅᆞᆯ알씨오衆즁生ᄉᆡᆼ업수믄生ᄉᆡᆼ滅
몋心심업슬씨오壽쓯者쟝업수믄내모미本
본來링업거니엇뎨壽쓯者쟝ㅣ이시리오홀
써니四ᄉᆞᆼ相샹이ᄒᆞ마업스면곧法법眼안이
불가ᄉᆞᄆᆞᄎᆞ有웅無뭉에着땩디아니ᄒᆞ야二
ᅀᅵᆼ邊변에머리여희여自쫑心심如셩來링ㅣ
내시며내아라塵띤勞롱妄망念념을永웡히
여희여自쫑然연히福복得득호미ᄀᆞᆺ업스리
라法법相샹업수믄일훔여희며相샹그처文
문字쫑에거디아니홀씨오ᄯᅩ非빙法법相샹
업수믄般반若ᅀᅣᆨ波방羅랑蜜밀法법업다날

38a

오미 몯ᄒᆞ리니 ᄒᆞ다가 般반若샹波방羅랑蜜밇
ᄆᆞᆯ 法법이 업다 니ᄅᆞ면 곧 이 法법을 誹빙謗방ᄒᆞ미라

何以故오 是諸衆生이 若心取相ᄒᆞ면 即為著我人衆生壽者며 若取法相ᄒᆞ면 即著我人衆生壽者니 何以故오 若取非法相ᄒᆞ면 即著我人衆生壽者리니

○엇뎨어뇨 이 한 衆즁生ᄉᆡᇰ이 ᄒᆞ다가 ᄆᆞᅀᆞ매 相샹ᄋᆞᆯ 取츙ᄒᆞ면 곧 我앙人ᅀᅵᆫ衆즁生ᄉᆡᇰ壽쓭者쟝애 著땩ᄒᆞ리며 ᄒᆞ다가 法법相샹ᄋᆞᆯ 取츙ᄒᆞ면 곧 我앙人ᅀᅵᆫ衆즁生ᄉᆡᇰ壽쓭者쟝애 著땩ᄒᆞ리니 엇뎨어뇨 ᄒᆞ다가 非빙法법相샹ᄋᆞᆯ 取츙ᄒᆞ면 곧 我앙人ᅀᅵᆫ衆즁生ᄉᆡᇰ壽쓭者쟝애 著땩ᄒᆞ리니

取此三相ᄒᆞ면並著邪見ᄒᆞ리니 盡是迷人의不悟
經意시니라 故로修行人이不得愛著如來ㅅ三
十二相이며不得言我ㅣ解般若波羅蜜法이며亦
不得言不行般若波羅蜜行ᄒᆞ야而得成佛이라ᄒᆞ니
이 세 相샹ᄋᆞᆯ 取츙ᄒᆞ면 다 邪썅見견에 著땩ᄒᆞ
리니 다 迷몡ᄒᆞᆫ 사ᄅᆞᄆᆡ 經경ㅅ ᄠᅳ들 아디 몯ᄒᆞᆯ 씨
니 이런 ᄃᆞ로 修슘行ᅘᆡᇰ人신이 如셩來ᄅᆡᆼㅅ 三삼
十씹二ᅀᅵᆼ相샹애 ᄃᆞᅀᆞ 著땩호ᄆᆞᆯ 몯ᄒᆞ리며 내
般반若샹波방羅랑蜜밇法법을 아노라 닐오
ᄆᆞᆯ 몯ᄒᆞ리며 ᄯᅩ 般반若샹波방羅랑蜜밇行ᅘᆡᇰ
ᄋᆞᆯ 行ᅘᆡᇰ티 아니ᄒᆞ야 成쎵佛뿛
을 得득호려 닐오ᄆᆞᆯ 몯ᄒᆞ리라

是故로 不應取法이며 不應取非法이니 以是義故로
如來ㅣ 常說호ᄃᆡ 汝等比丘ㅣ 知我說法이 如筏喩
者ㅣ면 法尙應捨ㅣ어니 何況非法이여 ○이럴ᄊᆡ 法법을 取츙호미 맛다ᇰ티 몯ᄒᆞ며 非비ᇰ法법을 取츙호미 맛다ᇰ티 몯ᄒᆞ니 이 ᄠᅳ딘 젼ᄎᆞ로 如셩來ᄅᆡᇰㅣ 샤ᇰ녜 니ᄅᆞ샤ᄃᆡ 너희ᄃᆞᆯ 比삥丘쿻ㅣ 내 說셣法법이 筏뻟로 가ᄌᆞᆯ봄 곤ᄒᆞ몰 알면 [illegible]筏뻟은 ᄇᆡ라 [illegible]法법도 오히려 ᄇᆞ련ᄃᆞ、기부、롤 ᄢᅵ어니 ᄒᆞ몰며 非비ᇰ法법이ᄯᆞ녀

法者는 是般若波羅蜜法이오 非法者는 生天等
法이니 般若波羅蜜法은 能令一切衆生으로 過生

死大海케ᄒᆞᄂᆞ니 既得過已ᄒᆞ얀 尚不應住ㅣ온 何況生

天等法을 而得樂著가 〇法법은 이 般밣若ᅀᅣᆼ波방羅랑蜜밇法법이오

非빙法법은 生ᄉᆡᆼ天텬ᄃᆞᆯ햇 法법이니 般밣若ᅀᅣᆼ波방羅랑蜜밇法법은 能능히 一ᅙᅵᇙ切촁衆

즁生ᄉᆡᆼᄋᆞ로 生ᄉᆡᆼ死ᄉᆞᆼ大땡海ᄒᆡᆼ를 디나게ᄒᆞᄂᆞ니 ᄒᆞ마 디나ᄆᆞᆯ 得득ᄒᆞ얀 오히려 住뜡ᄒᆞ마

맛당티 아니ᄒᆞ곤 ᄒᆞᄆᆞᆯ며 生ᄉᆡᆼ天텬ᄃᆞᆯ햇 法법을 즐겨 著땩ᄒᆞ리여

無得無說分第七

須菩提야 於意云何오 如來得阿耨多羅三藐三

菩提耶아 如來有所說法耶아 須菩提ㅣ 言ᄒᆞᅀᆞ오ᄃᆡ

如我解佛所說義논 無有定法이 名阿耨多羅三藐三菩提며 亦無有定法이 如來可說이니○須숑菩뽕提뗑여 ᄠᅳ데 엇더뇨 如영來링ㅣ 阿항耨녹多당羅랑三삼藐막三삼菩뽕提뗑ᄅᆞᆯ 得득ᄒᆞ니여 如영來링ㅣ 說쉻ᄒᆞ논 法법ᄒᆞ미 잇ᄂᆞ녀 須숑菩뽕提뗑ㅣ ᄉᆞᆲ오ᄃᆡ 내 부텻 니ᄅᆞ샨 ᄠᅳ들 아로ᄆᆞᆫ 一힗定뗭ᄒᆞᆫ 法법이 일후미 阿항耨녹多당羅랑三삼藐막三삼菩뽕提뗑ㅣ 업스며 ᄯᅩ 一힗定뗭ᄒᆞᆫ 法법이 如영來링 니ᄅᆞ샤미 업스시나

阿耨多羅논 非從外得이라 但心無我所ㅣ 即是也ㅣ니 祇緣對病設藥ᄒᆞ샤 隨宜爲說이어신뎡 何有定

法乎ㅣ리오 如來ㅣ 說無上正法ᄒᆞ샤ᄃᆡ 心本無得
ᄒᆞ시며 亦不言不得이어신마ᄅᆞᆫ 但爲衆生의 所見不
同ᄒᆞ샤 如來ㅣ 應彼根性ᄒᆞ샤 種種方便으로 開誘化
導ᄒᆞ샤 俾其離諸執著ᄒᆞ시며 指示一切衆生의 妄
心生滅이 不停ᄒᆞ야 逐境界ᄒᆞ야 動ᄒᆞ야 前念이 纔起
어든 後念이 應覺ᄒᆞᄂᆞ니 覺既不住ᄒᆞ면 見亦不存ᄒᆞ시
니 若爾면 豈有定法이 爲如來可說也ㅣ리오 阿
者는 心無妄念이오 耨多羅者는 心無驕慢이오 三

者ᄂᆞᆫ 心常在正定이오 顯者ᄂᆞᆫ 心常在正慧오 三
菩提者ᄂᆞᆫ 心常空寂이니 一念에 凡心이 頓除ᄒᆞ면
即見佛性ᄒᆞ리라 ○阿항耨녹多당羅랑ᄂᆞᆫ 밧글브터 得득홀 띠 아니라 오직 ᄆᆞᅀᆞ
매 我앙所송業업수미 곤이니 오직 病뼝을 對됭ᄒᆞ야 藥약 밍ᄀᆞᄅᆞ샤미 믈브트니 샤맛당호몰 조ᄎᆞ
샤 니ᄅᆞ실ᄊᆡ니 어신뎡 엇뎨 一힗定뗭ᄒᆞᆫ 法법이 겨시리오 如셩來ᄅᆡᆼㅣ 無뭉上썅正졍法법
을 니ᄅᆞ샤ᄃᆡ 므슴매 本본來ᄅᆡᆼ 得득 업스시며 ᄯᅩ 得득 아니ᄒᆞ샤몰 니ᄅᆞ디 아니커신마ᄅᆞᆫ 오
직 衆즁生싱의 보미 곤디 아니호몰 爲윙ᄒᆞ샤 如셩來ᄅᆡᆼㅣ 뎌 根근性셩을 應ᅙᅳᆼᄒᆞ샤 種죵種
죵 方방便뼌으로 여러 달애샤 化황ᄒᆞ샤 引인導똥ᄒᆞ샤 한 執집著땩ᄋᆞᆯ 여ᄒᆡ에 ᄒᆞ시며 一힗

切쳉衆중生싱의 妄망心심生싱滅멿이 머므
디 아니ᄒᆞ야 境경界갱조차 뮈여 前쪈念념이
믄득 닐어든 後善念념이 반ᄃᆞ기 아ᄂᆞ니 아로
미 ᄒᆞ마 머므디 아니ᄒᆞ면 보마 ᄯᅩ 잇다 아니ᄒᆞ
ᄆᆞᆯ ᄀᆞᄅᆞ쳐 뵈시니 아곧ᄒᆞ면 엇데 一힗定뗭ᄒᆞᆫ
法법이 如셩來랭 나ᄅᆞ샤미 겨시리오 阿항ᄂᆞᆫ
ᄆᆞᅀᆞ미 妄망念념 업수미오 耨녹多당羅랑ᄂᆞᆫ
ᄆᆞᅀᆞ미 驕꾱慢만 업수미오 三삼ᄋᆞᆫ ᄆᆞᅀᆞ미 샹
네 正정定뗭에 이슈미오 藐먁ᄋᆞᆫ ᄆᆞᅀᆞ미 샹네
正정慧휑예 이슈미오 三삼菩뽕提뗑ᄂᆞᆫ ᄆᆞᅀᆞ
미 샹네 空콩寂쩍ᄒᆞ미니 一힗念념에 凡뻠夫
붕ㅅ ᄆᆞᅀᆞ미 다 업스면 곧 佛뿛性셩올 보리라

何以故ㅣ어뇨 如來所說法은 皆不可取며 不可說

이며 非法이며 非非法이니 ○엇뎨어뇨 如셩來링 니ᄅᆞ샨 法법이 다 取츙티 몯ᄒᆞ며

니ᄅᆞ디 몯ᄒᆞ며 法법 아니며 非비法법 아니니

恐人이 執著如來ㅅ 所說文字章句ᄒᆞ고 不悟無相之理ᄒᆞ야 妄生知解故로 言不可取라 如來ㅣ 爲化種種衆生ᄒᆞ샤 應機隨量ᄒᆞ샤 所有言說이 亦何有定乎ㅣ시리오 學人이 不解如來ㅅ 深意ᄒᆞᅀᆞ와 但誦如來ㅅ 所說敎法ᄒᆞᅀᆞᆸ고 不了本心ᄒᆞ야 終不成佛故[illegible] 言不可說也ㅣ라니 口誦ᄒᆞ고 心不行이 卽非法이오 口誦心行ᄒᆞ야 了無所得이 卽非非法

이라 ○ 사ᄅᆞ미 如셩來링ㅅ 니ᄅᆞ샨 文문字ᄍᆞᆼ
章쟝句궁에 執집着땩ᄒᆞ고 無뭉相샹ㅅ 理링
를 아디 몯ᄒᆞ야 간대로 아로ᄆᆞᆯ 낼ᄁᆡ저 ᄒᆞᆫ젼ᄎᆞ
로 ᄉᆞ오 取츙티 몯ᄒᆞ리라 如셩來링ㅣ 種죵
種죵 衆즁生ᄉᆡᆼ 化황ᄒᆞ요ᄆᆞᆯ 爲윙ᄒᆞ샤 機긩를 應
ᅙᅵᆼᄒᆞ시며 量량을 조ᄎᆞ샤 두샨 말ᄊᆞ미 ᄯᅩ 엇뎨
一힗定뗭ᄒᆞᆫ 샹녜 겨시리오 비홇 사ᄅᆞ미 如셩來
링ㅅ 기픈 ᄠᅳ들 아디 몯ᄒᆞᅀᆞ와 오직 如셩來링ㅅ
니ᄅᆞ샨 敎ᇢ法법을 외오ᅀᆞᆸ고 本본心심을 아
디 몯ᄒᆞ야 ᄆᆞᄎᆞᆷ내 成쎵佛뿛 몯ᄒᆞ린 젼ᄎᆞ로 나
ᄅᆞ디 몯ᄒᆞ리라 ᄉᆞᆯ오니 리 이 ᄲᅴ외오 ᄀᆞᆺᅀᆞ매
行ᅘᆡᆼ티 아니ᄒᆞ미 곧 法법 아니오 이 ᄲᅴ외오 고
모ᅀᆞ매 行ᅘᆡᆼᄒᆞ야 得득ᄒᆞᆫ 곧 업
숨 아로미 곧 非빙法법 아니라

所以者何오 一切賢聖이 皆以無爲法으로 而有

43a

差別이시니이다○엇뎨어뇨一ᅙᅵᇙ切쳉賢현聖셩이다ᄒᆞᆷ업슨法법으로差창別볋ᄒᆞ야겨시니이다

三乘根性의所解ㅣ不同ᄒᆞ야見이有深淺故로言差別이라ᄒᆞ니佛說無爲法者ᄂᆞᆫ即是無住ㅣ니無住ㅣ即是無相이오無相이即無起오無起ㅣ即無滅이니蕩然空寂ᄒᆞ야照用을齊施ᄒᆞ야鑒覺이無礙ᄒᆞ야乃真是解脫佛性이니佛이即是覺이오覺이即是觀照ㅣ오觀照ㅣ即是智慧오智慧ㅣ即是

般若波羅蜜多ㅣ라 又本애 云호ᄃᆡ 聖賢說法이 具一切智萬法ᄒᆞ시니 在性ᄒᆞ샤 隨問差別ᄒᆞ샤 令人으로 心開ᄒᆞ야 各自見性케ᄒᆞ시ᄂᆞ니라 ○三삼乘씽 根ᄀᆞᆫ性셩의 아로미 ᄀᆞᆮ디 아

니ᄒᆞ며 보미 기프며 녀트미 이실ᄊᆡ 差창別볋이라 니르니라 부텨 니르샨 ᄒᆞ욤 업슨 法법은 곧 이 住뜡 업수미니 住뜡 업수미 곧 이 相샹 업수미오 相샹 업수미 곧 니르와돔 업수미오 니르와돔 업수미 곧 滅몋 업수미니 훤히 空콩寂쩍ᄒᆞ야 비취여 부믈 ᄒᆞᆫ 쁴 펴며 비취여 아로미 ᄀᆞ롬 업서 真진實씷ㅅ 이 解행脫탏 佛뿛性셩이니 佛뿛이 곧 이 覺각이오 覺각이 곧 이 觀관照죻ㅣ오 觀관照죻ㅣ 곧 이 智딩慧휑오 智딩慧휑 곧 이 般밣若샹波방羅랑蜜밇多당ㅣ란

ᄯᅩ 本본애 닐오디 聖셩賢현 說셿法법이 一힗切쳉智딩 萬먼法법이 ᄀᆞᄌᆞ시니 性셩에 겨샤 무루믈 조ᄎᆞ샤 差창別볋ᄒᆞ샤 사ᄅᆞᄆᆞ로 ᄆᆞᅀᆞ미 여러 各각各각 제 見견性셩케 ᄒᆞ시ᄂᆞ니라

依法出生分第八

須菩提야 於意云何오 若人이 滿三千大千世界七寶ᄒᆞ야 以用布施ᄒᆞ면 是人所得福德이 寧爲多아 不아 須菩提ㅣ 言ᄒᆞᅀᆞ오디 甚多ᄒᆞ이다 世尊하 何以故ㅣ어뇨 是福德이 卽非福德性일ᄉᆡ 是故로 如來ㅣ說福德多ㅣ시니이다 ○ 須슝菩뽕提뗑여 ᄠᅳ데 엇더뇨 ᄒᆞ다가 사ᄅᆞ미 三삼千쳔大땡

千쳔世솅界갱예 七칧寶봉로 ᄀᆞᄃᆞ기 ᄒᆞ야 ᄡᅥ 布봉施싱ᄒᆞ용면 이 사ᄅᆞ믜 得득ᄒᆞ온 福복德득이 하려 몯ᄒᆞ려 須슝菩뽕提뗑ㅣ ᄉᆞᆯᄫᆞ오ᄃᆡ 甚씸히 하이다 世솅尊존하 엇뎨어뇨 이 福복德득이 곧 福복德득性셩 아닐ᄊᆡ 이럴ᄊᆡ 如셩來ᄅᆡᆼㅣ 福복德득 하다 니ᄅᆞ시ᄂᆞ니이다

三千大千世界七寶로 持用布施ᄂᆞᆫ 得福이 雖多ᄒᆞ나 於性上앤 一無利益와 거니 依摩訶般若波羅蜜ᄒᆞ야 修行ᄒᆞ야 令自性으로 不墮諸有ᄒᆞ면 是名福德性이니 心有能所ᄒᆞ면 即非福德性이오 能所心이 滅ᄒᆞ면 是名福德性이며 心依佛教ᄒᆞ야 行同佛行ᄒᆞ면

是名福德性이오 不依佛敎ᄒᆞ야 不能踐履佛行ᄒᆞ면

即非福德性이라 ○ 三삼千쳔大땡千쳔世솅界갱ㅅ 七칧寶볼로 가져 布봉施싱ᄒᆞ닌 福복得득호미 비록 하나 性셩上썅앤 ᄒᆞᆫ 利링益혁도 업거니와 摩망訶항般반若샹波방羅랑蜜밇ᄋᆞᆯ 브터 修슣行ᅘᆡᇰᄒᆞ야 自쫑性셩ᄋᆞ로 諸졍有ᇦ에 ᄲᅡ디디 아니케 ᄒᆞ면 이 일후미 福복德득性셩이니 ᄆᆞᅀᆞ미 能능所송ㅣ 이시면 곧 福복德득性셩 아니오 能능所송ㅅ ᄆᆞᅀᆞ미 업스면 이 일후미 福복德득性셩이며 ᄆᆞᅀᆞ미 부텻 敎굫ᄅᆞᆯ 브터 行ᅘᆡᇰ이 부텻 行ᅘᆡᇰ이 곧ᄒᆞ면 이 일후미 福복德득性셩이오 부텻 敎굫ᄅᆞᆯ 븓디 아니ᄒᆞ야 能능히 부텻 行ᅘᆡᇰᄋᆞᆯ 볿디 몯ᄒᆞ면 곧 福복德득性셩 아니라

若復有人이 於此經中에 受持乃至四句偈等ᄒᆞ야 爲他人說ᄒᆞ며 其福이 勝彼ᄒᆞ리니○ᄒᆞ다가 ᄯᅩ 사ᄅᆞ미 經경中듕에 四ᄉᆞᆼ句궁偈꼥ᄃᆞᆯ해 니르리 受쓯持띵ᄒᆞ야 다ᄅᆞᆫ 사ᄅᆞᆷ 爲윙ᄒᆞ야 니ᄅᆞ면 그 福복이 뎌에셔 더으리니

十二部敎大意ㅣ 盡在四句之中ᄒᆞ니 何以知其然고 以諸經中에 讚歎四句偈ㅣ 卽是摩訶般若波羅蜜多ㅣ니 以摩訶般若ㅣ 爲諸佛母ㅣ시니 三世諸佛이 皆依此經ᄒᆞ샤 修行ᄒᆞ샤ᅀᅡ 方得成佛ᄒᆞ시ᄂᆞ니라 般若心經에 云호ᄃᆡ 三世諸佛이 依般若

波羅蜜多故로 得阿耨多羅三藐三菩提라ᄒᆞ니라

從師所學曰受오 解義修行曰持오 自解自行

이 是自利오 爲人演說이 是利他ㅣ니 功德이 廣

大ᄒᆞ야 無有邊際ᄒᆞ니라 ○ 十씹二ᅀᅵᆼ部뽕敎ᄀᆞᇢㅅ 큰 ᄠᅳ디 四ᄉᆞᆼ句궁ㅅ 中듕에

다 잇ᄂᆞ니 엇뎨 그러호ᄆᆞᆯ 알료 諸졍經경中듕에 讚잔歎탄ᄒᆞ샨 四ᄉᆞᆼ句궁偈꼥 곧 이 摩망訶

항般바ᇙ若ᅀᅣᆼ波방羅랑蜜밇多당ㅣ니 摩망訶항般바ᇙ若ᅀᅣᆼㅣ 諸졍佛뿛ㅅ 母뭏늘ᄊᆡ니 三삼

世솅諸졍佛뿛이 다 이 經경을 브트샤 修슐行ᅘᆡᇰᄒᆞ샤ᅀᅡ 바ᄅᆞ사 成쎵佛뿛을 得득ᄒᆞ시ᄂᆞ니

라 般바ᇙ若ᅀᅣᆼ心심經경에 닐오ᄃᆡ 三삼世솅諸졍佛뿛이 般바ᇙ若ᅀᅣᆼ波방羅랑蜜밇多당ᄅᆞᆯ 브

ᄐᆞ신 젼ᄎᆞ로 阿항耨녹多당羅랑三삼藐막三

삼菩뽕提뗑를 得득ᄒᆞ시다 ᄒᆞ니라 ᄉᆞᄉᆞ올 조

ᄎᆞ 비ᄒᆞ몰 닐오ᄃᆡ 受쓯ㅣ오 ᄠᅳ들 아라 修슣行

행ᄒᆞ몰 닐오ᄃᆡ 持띵오 제 아라 제 行행ᄒᆞ미 이

제 利링오 사ᄅᆞᆷ 為윙ᄒᆞ야 펴 닐오미 이ᄂᆞ ᄅᆞᆯ 利

링ᄒᆞ미니 功공德득이 넙고 커 곳 업소나 라

何故오 須菩提야 一切諸佛와 及諸佛阿耨多

羅三藐三菩提法이 皆從此經出ᄒᆞᄂᆞ니라 ○ 엇뎨어뇨 須슝菩

뽕提뗑여 一힗切쳉諸졍佛뿛와 諸졍佛뿛ㅅ 阿항耨녹多당羅랑三삼藐막三삼菩뽕提뗑法법

이 다 이 經경브터 나ᄂᆞ니라

此經者ᄂᆞᆫ 非指此一卷之文也ㅣ라 要顯當人ᄋᆡ

佛性이 從體起用ᄒᆞ야 妙利無窮이시니라 般若者ᄂᆞᆫ
即智慧也ㅣ니 智以方便으로 爲功ᄒᆞ고 慧以決斷으로
爲用ᄒᆞ니 即一切時中에 覺照心이 是니 一切
諸佛와 及阿耨多羅三藐三菩提法이 皆從覺
照ᄒᆞ야 生故로 云從此經出也ㅣ시니라 ○이 經경은 이 一ᅙᅵᇙ卷권ㅅ
그를 그ᄅᆞ치샨디 아니라 當당ᄒᆞᆫ 사ᄅᆞᄆᆡ 佛뿛性셩이 體톙로브터 用용ᄋᆞᆯ 니ᄅᆞ와ᄃᆞᆫ 微밍妙
묳ᄒᆞᆫ 利링ㅣ 無뭉窮끙호ᄆᆞᆯ 나토려 ᄒᆞ시니라 般반若ᅀᅣᇰᄂᆞᆫ 곧 智딩慧휑니 智딩ᄂᆞᆫ 方방便뼌
으로 功공삼고 慧휑ᄂᆞᆫ 決꿣斷똰호ᄆᆞ로 用용삼ᄂᆞ니 곧 一ᅙᅵᇙ切쳉時씽中듕에 아ᄅᆞᆫ 비취ᄂᆞᆫ

ᄆᆞᅀᆞ미니 一힗切쳉諸졍佛뿛와 阿항耨녹多당羅랑三삼藐먁三삼菩뽕提뗑法법이 다 아라 비취욤 브터 날ᄊᆡ 니ᄅᆞ샤ᄃᆡ 이 經경브터 나다 ᄒᆞ시니라

須菩提야 所謂佛法者ㅣ 即非佛法이라 ○ 須슝菩뽕提뗑여 닐온 佛뿛法법이 곧 佛뿛法법 아니라

所說一切文字章句ᄂᆞᆫ 如標如指ᄒᆞ니 標指者ᄂᆞᆫ 影響之義니 依標取物ᄒᆞ고 依指觀月ᄃᆞᆼ이언 月이 不是指며 標ㅣ 不是法이니 但依經取法ᄃᆞᆼ이언 經이 不是法이니라 經文은 則肉眼이 可見이어니와 法

은 則慧眼이ᅀᅡ 能見ᄒᆞ리니 若無慧眼者ᄂᆞᆫ 但見其文ᄒᆞ고 不見其法ᄒᆞ리니 若不見法ᄒᆞ면 即不解佛意ᄒᆞᅀᆞ오리니 不解佛意ᄒᆞᅀᆞ오면 則誦經ᄒᆞ야도 不成佛道ᄒᆞ리라 ○ 니ᄅᆞ샨 一힗切쳉文문字ᄍᆞᆼ章쟝句궁ᄂᆞᆫ 標봉ᄀᆞᆮᄒᆞ며 손가락 ᄀᆞᆮᄒᆞ니 ■ 標봉ᄂᆞᆫ 보라미라 ■ 標봉와 손가라ᄀᆞᆫ 그라메와 뫼ᅀᅡ라 왓ᄠᅳ디니 標봉ᄅᆞᆯ 브터 物뭃을 取츙ᄒᆞ고 손가라ᄀᆞᆯ 브터 ᄃᆞᄅᆞᆯ 볼ᄲᅮ니언뎡 ᄃᆞ리 이 손가락 아니며 標봉ㅣ 이 法법 아니나 오직 經경을 브터 法법을 取츙ᄒᆞᆯ ᄲᅮ니언뎡 經경이 이 法법 아니니라 經경 文문은 肉슉眼한이 어루 보려니와 法법은 慧혱眼한이ᅀᅡ 能능히 보리니 ᄒᆞ다가 慧혱眼한 업스닌 오직 그 文문을 보고 그 法법

을보디몯ᄒᆞ리니ᄒᆞ다가法법을보디몯ᄒᆞ면
곧부텻ᄠᅳ들아디몯ᄒᆞᅀᆞ오리니부텻ᄠᅳ들아
디몯ᄒᆞᅀᆞ오면經경을외와도
佛뿛道똫ᄅᆞᆯ일우디몯ᄒᆞ리라

一相無相分第九

須菩提야 於意云何오 須陀洹이 能作是念호ᄃᆡ 我
得須陀洹果아 不아 須菩提 言ᄒᆞᅀᆞ오ᄃᆡ 不也世
尊하○須슝菩뽕提똉여ᄠᅳ데엇더뇨須슝陀땅
洹환이能능히念념을호ᄃᆡ내須슝陀땅洹
환果광ᄅᆞᆯ得득호라ᄒᆞᄂᆞ녀아니ᄂᆞ녀須슝
菩뽕提똉ㅣᄉᆞᆯᄫᅩᄃᆡ아니니ᅌᅵ다世솅尊존하
須陀洹者ᄂᆞᆫ 梵語ㅣ니 唐言 逆流ㅣ니 逆生死流ᄒᆞ야

不染六塵ᄒᆞ야 一向修無漏業ᄒᆞ야 得麤重煩惱ㅣ
不生ᄒᆞ야 決定不受地獄畜生修羅異類之身ᄒᆞᆯᄊᆡ
名須陁洹果ㅣ라 若了無相法ᄒᆞ면 即無得果之心
ᄒᆞ리니 微有得果之心ᄒᆞ면 即不名須陁洹故로 言
不也ᄒᆞ니라 ○須슝陁땅洹환은 梵뻠語ᅌᅥᆼㅣ니 唐땅마랜 流륳에 거스류미니 生ᄉᆡᆼ死
ᄉᆞᆼ流륳에 거스려 六륙塵띤에 더럽디 아니ᄒᆞ야 ᄒᆞᆫ갓 無뭉漏릏業업을 닷가 麤총ᄒᆞ며 므거
운 煩뻔惱놓ㅣ 나디 아니호ᄆᆞᆯ 得득ᄒᆞ야 決겷定뗭히 地띵獄옥畜흉生ᄉᆡᆼ脩슐羅랑 다ᄅᆞᆫ 類
륑ㅅ 모ᄆᆞᆯ 受쓩티 아니ᄒᆞᆯᄊᆡ 일후미 須슝陁땅洹환果광ㅣ라 ᄒᆞ다가 無뭉相샹法법을 알면

곰 果광得득ᄒᆞ논 ᄆᆞᅀᆞᆷ 업스리니 뎌긔 果광得득ᄒᆞᆫ ᄆᆞᅀᆞᆷ 두면 곧 須슝陁땅洹환이라 일훔 몯ᄒᆞ、릴씨、不블也양ㅣ라 ᄉᆞᆯ오니라

何以故오ㅣ어 須陁洹을 名為入流ㅣ로ᄃᆡ 而無所入ᄒᆞ니 不入色聲香味觸法이 是名須陁洹이 엇뎨어다뇨○

須슝陁땅洹환ᄋᆞᆫ 일후미 流륭에 드로미로ᄃᆡ ᄅᆞᆫ 곧 업스니 色식과 聲셩과 香향과 味밍와 觸쵹과 法법에 드디 아니ᄒᆞ미 일ᄒᆞ미 須슝陁땅洹환이라

流者ᄂᆞᆫ 聖流也ㅣ니 須陁洹人이 已離麤重煩惱ᄒᆞᆯᄉᆡ 故로 得入聖流호ᄃᆡ 而無所入者ᄂᆞᆫ 無得果之

心也ㅣ라 須陁洹者ᄂᆞᆫ 乃修行人의 初果也ㅣ라 流룽ᄂᆞᆫ 聖셩人ᅀᅵᆫᄉ 무리ㅣ 須슝陁땅洹뢘ᄉ 流르미 ᄒᆞ마 衆총ᄒᆞ며 므거운 煩뻔惱놓ᄅᆞᆯ 여흴ᄊᆡ 聖셩人ᅀᅵᆫᄉ 무레 드로ᄃᆡ 드로ᇝ 업수믄 果광得득ᄒᆞ온 ᄆᆞᅀᆞᆷ 업슬ᄊᆡ라 須슝陁땅洹뢘은 修슝行ᅘᆡᇰᄒᆞᆯ ᄊᆞᄅᆞᄆᆡ 첫 果광ㅣ라

須菩提야 於意云何오 斯陁含이 能作是念호ᄃᆡ 我ㅣ得斯陁含果不아 須菩提言不也世尊하 何以故ㅛㅣ어 斯陁含ᄋᆞᆯ 名一往來로ᄃᆡ 而實無往來ᄒᆞᆯ시 是名斯陁含ㅣ이다 ○ 須슝菩뽕提똉여 ᄠᅳ데 엇더ᄒᆞ뇨 斯ᄉᆞ陁땅含ᅘᅡᆷ이 能능히 이 念념을

호ᄃᆡ 내 斯ᄉᆞ陁땅含ᅘᅡᆷ果광ᄅᆞᆯ 得득호라 ᄒᆞᄂᆞ녀

아니ᄂᆞ니 須슝菩뽕提뗑ㅣ 含ᄉᆞᆯ오ᄃᆡ 아니ᅌᅵ다 世

솅尊존하 엇뎨어뇨 斯ᄉᆞ陁땅含ᅘᅡᆷ온 일후미 一힗

번 가며 오미로ᄃᆡ 實씷로 가며 오미 업슬ᄊᆡ 이 일

후미 斯ᄉᆞ陁땅

含ᅘᅡᆷ이니ᅌᅵ다

斯陁含者ᄂᆞᆫ 梵語ㅣ니 唐言一往來니 捨三界結

縛ᄒᆞ야 三界結이 盡ᄒᆞᆯᄉᆡ 故名斯陁含이라 斯陁含ᄋᆞᆯ

名一往來ᄂᆞᆫ 從天上ᄒᆞ야 却到人間生ᄒᆞ고 從人

間死ᄒᆞ야 却生天上ᄒᆞ야 竟遂出生死ᄒᆞ야 三界業이

盡ᄒᆞᆯᄉᆡ 名斯陁含果ㅣ라 大乘斯陁含者ᄂᆞᆫ 目覩諸

境ᄒᆞ고 心有一生一滅ᄒᆞ야 無第二生滅ᄒᆞᆯᄊᆡ 故名一往來니 前念이 起妄ᄒᆞ야ᄃᆞᆫ 後念이 即止ᄒᆞ며 前念이 有著거든 後念이 即離ᄒᆞᆯᄊᆡ 故로 實無往來니라

○ 斯ᄉᆞᆼ陁땅含ᅘᅡᆷ은 梵뻠語ᅌᅥᆼㅣ니 唐땅ㅅ마랜 ᄒᆞᆫ번 가며 오미니 三삼界갱人ᅀᅵᆫ미 요ᄆᆞᆯ 브리 三삼界갱人ᅀᅵᆫ미 요미 다ᄋᆞᆯ씨 일후미 斯ᄉᆞᆼ陁땅含ᅘᅡᆷ이라 斯ᄉᆞᆼ陁땅含ᅘᅡᆷᄋᆞᆯ ᄒᆞᆫ번 가며 오다 일훔ᄒᆞ논 가天텬上쌍ᄋᆞᆯ 조차 도로 人ᅀᅵᆫ間간애 와 나고 人ᅀᅵᆫ間간ᄋᆞᆯ 브터 주거 도로 天텬上쌍애 나ᄆᆞ 차 生ᄉᆡᆼ死ᄉᆞᆼ애 나 三삼界갱業업이 다ᄋᆞᆯ씨 일후미 斯ᄉᆞᆼ陁땅含ᅘᅡᆷ果광ㅣ라 大땡乘씽 斯ᄉᆞᆼ陁땅含ᅘᅡᆷ은 누네 諸졍境경을 보고 ᄆᆞᅀᆞ매 一ᅙᅵᇙ生ᄉᆡᆼ 一ᅙᅵᇙ滅멿이 이셔 第뗑二ᅀᅵᆼ生ᄉᆡᆼ滅멿

이 업슬 씨 일후미 ᄒᆞᆫ 번 가며 오미니 前쪈念념
이 妄망ᄋᆞᆯ 니ᄅᆞ와다ᄃᆞᆫ 後흫念념이 곧 그치며
前쪈念념이 著땩 잇거든 後흫念념이
곧 여흴 씨 實씷로 가며 오미 업스니라

須菩提야 於意云何오 阿那含이 能作是念호ᄃᆡ 我
ㅣ 得阿那含果不아 須菩提言不也世尊하 何以
故ㅣ어뇨 阿那含은 名爲不來로ᄃᆡ 而實無不來ᄒᆞᆯᄊᆡ 是
故로 名阿那含이니이다 ○須슝菩뽕提뗑여 ᄠᅳ데 엇더뇨 阿항那낭含ᅘᅡᆷ이 能능히

이 念념을 호ᄃᆡ 내 阿항那낭含ᅘᅡᆷ果광ᄅᆞᆯ 得득호라 ᄒᆞᄂᆞ녀 아니ᄒᆞᄂᆞ녀 須슝菩뽕提뗑ㅣ ᄉᆞᆲ오ᄃᆡ 아
니이다 世솅尊존하 엇뎨어뇨 阿항那낭含ᅘᅡᆷ을 일후미 오디 아니호미로ᄃᆡ 實씷로 오디 아니홈

업合씨 이럴씨 일후미 阿항那낭含ᅘᅡᆷ이니이다

阿那含은 梵語ㅣ니 唐言不還이며 亦名出欲이니 出欲者ᄂᆞᆫ 外不見可欲之境ᄒᆞ고 內無欲心可得ᄒᆞ야 定不向欲界ᄒᆞ야 受生ᄒᆞᆯᄊᆡ 故名不來로ᄃᆡ 而實無來ᄒᆞ니라 亦名不還이니 以欲習이 永盡ᄒᆞ야 決定不來受生ᄒᆞᆯᄊᆡ 是故로 名阿那含이라 ○阿항那낭含ᅘᅡᆷ은 梵뻠語ᅌᅥᆼㅣ니 唐땅마랜 도라오디 아니호미며 ᄯᅩ 일후미 欲욕애 나미니 欲욕애 나ᄆᆞᆫ 밧ᄀᆞ로 欲욕ᄒᆞ얌직ᄒᆞᆫ 境경을 보디 몯ᄒᆞ고 안ᄒᆞ로 欲욕心심이 得득ᄒᆞᆯ 꺼시 업서 一ᅙᅵᇙ定뗭히 欲욕界갱ᄅᆞᆯ 向향ᄒᆞ야

受쓩生싱 아니ᄒᆞᇙ 씨 일후미오 디 아니호미로 ᄃᆡ 實씷로 옴 업스니라 ᄯᅩ 일후ᄆᆡ 도라오디 아니호미니 欲욕習씹이 永웡히 업서 決궗定뗭히 와 受쓩生싱 아니ᄒᆞᇙ 씨 이럴 씨 일후미 阿항那낭含ᅘᅡᆷ이라

須菩提야 **於意云何**오 **阿羅漢**이 **能作是念**ᄒᆞᄃᆡ **我**ㅣ **得阿羅漢道不**아 **須菩提言不也世尊**하 ○ 須슝菩뽕提뗑여 ᄠᅳ데 엇더뇨 阿항羅랑漢한이 能능히 이 念념을 호ᄃᆡ 내 阿항羅랑漢한道똫ᄅᆞᆯ 得득호라 ᄒᆞᄂᆞ녀 아니ᄂᆞ녀 須슝菩뽕提뗑ㅣ ᄉᆞᆯ오ᄃᆡ 아니이다 世솅尊존하

諸漏ㅣ **已盡**ᄒᆞ야 **無復煩惱**ㅣ **名阿羅漢**이니 **阿羅**

漢者ᄂᆞᆫ 煩惱ㅣ 永盡ᄒᆞ야 與物無諍ᄒᆞ니 若作得果

之心ᄒᆞ면 卽是有諍어라○諸졍漏ᄛᆞᆼㅣ ᄒᆞ마 다아ᄂᆞ외야 煩뻔惱놓 업수미

일후미 阿항羅랑漢한이니 阿항羅랑漢한은 煩뻔惱놓ㅣ 永원히 업서 物믈와 ᄃᆞ토미 업스니

ᄒᆞ다가 果광得득ᄒᆞ논 ᄆᆞᅀᆞᄆᆞᆯ 지ᅀᅳ면 곧 이 ᄃᆞ토미 이슈미라

何以故ㅣ어뇨 實無有法이 名阿羅漢이니 世尊하 若

阿羅漢이 作是念호ᄃᆡ 我得阿羅漢道ㅣ라 ᄒᆞ면 卽爲

著我人衆生壽者ㅣ니이다○엇뎨어뇨 實씷로 法법이 이숌 업수미 일후미 阿항

羅랑漢한이니 世솅尊존하 ᄒᆞ다가 阿항羅랑漢한이 이 念념을 호ᄃᆡ 내 阿항羅랑漢한道또ᇢᄅᆞᆯ 得

득ᄒᆞ라 ᄒᆞ면 곧 我앙人신衆즁生
싱壽쓯者쟝애 著땩ᄒᆞ미니이다

阿羅漢은 梵語ㅣ니 唐言 無諍이니 無煩惱可斷ᄒᆞ며
無貪嗔可離ᄒᆞ야 性無違順ᄒᆞ야 心境이 俱空ᄒᆞ야 內
外常寂ᄒᆞ니 若有得果之心ᄒᆞ면 即同凡夫故로 言
不也ᄒᆞ니라 ○阿항羅랑漢한은 梵뻠語엉ㅣ
니 唐땅 마랜 無뭉諍징이니 煩뻔惱놓ㅣ
그츨 껏 업스며 貪탐嗔친이 여희올 껏 업서 性
셩이 어긔며 順쑨ᄒᆞ미 업서 心심과 境경괘 다
空콩ᄒᆞ야 안팟기 샹녜 고요ᄒᆞ니 ᄒᆞ다가 果광
得득ᄒᆞ논 ᄆᆞᅀᆞ미 이시면 곧 凡뻠夫붕와 ᄀᆞᄐᆞᆯᄊᆡ 不
붏也양ㅣ라
ᄉᆞᆯ오니라

世尊하 佛說我ᄅᆞᆯ 得無諍三昧ᄒᆞ야 人中에 最爲第一이라ᄒᆞ시ᄂᆞ니 是第一離欲阿羅漢이니 世尊하 我ㅣ 不作是念호ᄃᆡ 我ㅣ 是離欲阿羅漢이로라ᄒᆞ노이다○

世솅尊존하 부톄 나ᄅᆞᆯ 無뭉諍쟁三삼昧밍ᄅᆞᆯ 得득ᄒᆞ야 人신中듕에 ᄆᆞᆺ 第뗑一힗이라 ᄒᆞ시ᄂᆞ니 이 第뗑一힗 欲욕 여흰 阿항羅랑漢한이니 世솅尊존하 내 이 念념을 호ᄃᆡ 내 이 欲욕 여흰 阿항羅랑漢한이로라 아니ᄒᆞ노ᅌᅵ다

何名無諍三昧오 謂阿羅漢이 心無生滅去來ᄒᆞ고 唯有本覺이 常照ᄒᆞᆯ시 故名無諍三昧라 三昧ᄂᆞᆫ 梵語ㅣ니 此云正受ㅣ며 亦云正見이니 遠離九十

五種邪見이 是名正見이라 然이나 空中에 亦有明
暗諍ᄒᆞ며 性中에 有邪正諍ᄒᆞ니 念念이 常正ᄒᆞ야 無
一念邪心이 即是無諍三昧니 修此三昧ᄒᆞ면 人
中에 最爲第一이니 若有一念이나 得果之心ᄒᆞ면 即
不名無諍三昧니라○ 엇뎨 일후미 無뭉諍쨍三삼昧밍오 닐오ᄃᆡ 阿항羅랑
漢한이 므ᅀᆞ미 生싱滅멿去컹來ᄅᆡᆼ 업고 오직 本본覺각이 샹녜 비췰ᄊᆡ 일후미 無뭉諍징三삼
昧밍라 三삼昧밍는 梵뻠語ᅌᅥᆼㅣ니 예셔 닐오맨 正졍ᄒᆞᆫ 受쓯ㅣ며 또 닐오맨 正졍ᄒᆞᆫ 見견
이니 九궁十씹五옹種종邪썅見견 머리 여희요미 이 일후미 正졍見견이라 그러나 空콩中

듕에 ᄯᅩ 블구ᄒᆞ며 어드운 諍징이 이시며 性셩中
듕에 邪쌰ᄒᆞ며 正졍ᄒᆞᆫ 諍징이 잇ᄂᆞ니 念념念
념이 샹녜 正졍ᄒᆞ야 ᄒᆞᆫ 念념ㅅ 邪쌰ᄒᆞᆫ ᄆᆞᅀᆞᆷ 업
수미 곧 이 無뭉諍징三삼昧ᄆᆡᆼ니 이 三삼昧ᄆᆡᆼ
를 닷ᄀᆞ면 人ᅀᅵᆫ中듕에 ᄆᆞᆺ 第뗑一ᅙᅵᇙ이니ᄒᆞ다
가 ᄒᆞᆫ 念념이나 果광得득ᄒᆞ논 ᄆᆞᅀᆞᆷ 두면 곧 無뭉
諍징三삼昧ᄆᆡᆼ라
일훔 몯ᄒᆞ리라

世尊하 我ㅣ 若作是念호ᄃᆡ 我ㅣ 得阿羅漢道호라 ᄒᆞ면
世尊이 即不說須菩提ㅣ 是樂阿蘭那行者ㅣ ᄒᆞ시라
ᄂᆞᆯ려 以須菩提ㅣ 實無所行ᄒᆞ실ᄊᆡ 而名須菩提ᄒᆞ샤ᄃᆡ 是
樂阿蘭那行이라 ᄒᆞ시ᄂᆞ이다 ○ 世셰尊존하 내 ᄒᆞ다가 이 念념을 호ᄃᆡ 내 阿항羅랑

漢한道똫ᄅᆞᆯ得득호라ᄒᆞ면世솅尊존이곧須슝菩뽕提똉ㅣ이阿항蘭란那낭行ᅘᆡᇰᄋᆞᆯ즐기ᄂᆞ니라니ᄅᆞ디아니ᄒᆞ시려ᄂᆞᆯ須슝菩뽕提똉ㅣ實씷로行ᅘᆡᇰᄒᆞᆫ곧업슬ᄊᆡ須슝菩뽕提똉ᄅᆞᆯ일훔ᄒᆞ샤ᄃᆡ이阿항蘭란那낭行ᅘᆡᇰᄋᆞᆯ즐기ᄂᆞ니라ᄒᆞ시니이다

阿蘭那ᄂᆞᆫ是梵語ㅣ니唐言無諍行이니無諍이即是清淨行이라清淨行者ᄂᆞᆫ爲除去有所得心也ㅣ니若存有所得心ᄒᆞ면即是有諍이니有諍이即非清淨道ㅣ니常行無所得心ᄒᆞ면即是無諍行也ㅣ라

○阿항蘭란那낭ᄂᆞᆫ이梵뻠語ᅌᅥᆼㅣ니唐땅마랜無뭉諍징行ᅘᆡᇰ이니無뭉諍징이곧이清청

淨졍行ᄒᆡᇰ이라 淸쳥淨졍行ᄒᆡᇰ은 得득홈 ᄆᆞᆺᄂᆞᆫ ᄆᆞᅀᆞᆷ 더러 ᄇᆞ릴씨니 ᄒᆞ다가 得득홈 잇ᄂᆞᆫ ᄆᆞᅀᆞᆷ 두면 곧 이 有ᅌᅮᇢ諍ᄌᆡᇰ이니 有ᅌᅮᇢ諍ᄌᆡᇰ이 곧 淸쳥淨졍道ᄃᆞᇢ 아니니 상녜 得득홈 업슨 ᄆᆞᅀᆞ모로 行ᄒᆡᇰᄒᆞ면 곧 이 無뭉諍ᄌᆡᇰ行ᄒᆡᇰ이라

莊嚴淨土分第十

佛告須菩提ᄒᆞ샤ᄃᆡ 於意云何오 如來ㅣ 昔在然燈佛所ᄒᆞ야 於法에 有所得가 不아 不也世尊하 如來ㅣ 在然燈佛所ᄒᆞ샤 於法에 實無所得ᄒᆞ시니이다

부톄 숨뽕提똉ᄃᆞ려 니ᄅᆞ샤ᄃᆡ ᄠᅳ데 엇더뇨 如ᅀᅧᆼ來ᄅᆡᆼㅣ 然션燈등佛뿛所송애 이셔 法법에 得득혼

고 디ᅌᅵᆺᄂᆞ녀 아니녀 아니ᅌᅵ다 世솅尊존하 如ᅀᅧᆼ來ᄅᆡᆼㅣ 然ᅀᅧᆫ燈등佛뿛ㅅ 所송애 겨샤 法법에 實씷로 得득ᄒᆞ샨 곧 업스시니ᅌᅵ다

佛이 恐須菩提ㅣ 有得法之心ᄒᆞ샤 爲遣此疑故로 問之ᄒᆞ시ᄂᆞᆯ 須菩提ㅣ 知法의 無所得ᄒᆞ야 而白佛言ᄒᆞᅀᆞ오ᄃᆡ 不也ㅣ니라 ᄒᆞ니 然燈佛은 是釋迦佛ㅅ 授記之師ㅣ시니 故로 問須菩提ᄒᆞ샤ᄃᆡ 我於師處에 聽法ᄒᆞ야 有法可得가 不아ᄒᆞ시ᄂᆞᆯ ᄒᆞ야 須菩提ㅣ 即謂ᄒᆞᄃᆡ 法은 因師開示ᄒᆞ나 而實無所得ᄒᆞ니 但悟自

性이 本來淸淨ᄒᆞ며 本無塵勞ᄒᆞ야 寂然常照ᄒᆞ면 卽自成佛ᄒᆞ리니 當知世尊이 在然燈佛所ᄒᆞ샤 於法에 實無所得이샷다 如來法者ᄂᆞᆫ 譬如日光明照ㅣ 無有邊際아ᄃᆞᆺᄒᆞ야 而不可取니라 ○ 부텨 須슝菩뽕提똉ㅣ 法법 得득ᄒᆞ온 ᄆᆞᅀᆞᆷ 두실까 저ᄒᆞ샤 이 疑읭心심 아ᅀᆞ오ᄅᆞᆯ 爲윙ᄒᆞ시ᄂᆞᆫ 젼ᄎᆞ로 무르샤ᄂᆞᆯ 須슝菩뽕提똉ㅣ 法법의 得득ᄒᆞ논 곧 업수믈 아라 부텻긔 ᄉᆞᆯ오ᄃᆡ 아니이다 ᄒᆞ니라 然연燈등佛뿛은 釋셕迦강佛뿛ㅅ 授쓯記긩ᄒᆞ신 스스이시니 이럴ᄊᆡ 須슝菩뽕提똉ᄃᆞ려 무르샤ᄃᆡ 내 스승ᄢᅴ 法법을 ᄃᆞ려 法법이 어루 得득ᄒᆞ논 미 잇ᄂᆞ녀 아니ᄂᆞ녀 ᄒᆞ야시ᄂᆞᆯ 須슝菩뽕提똉ㅣ 즉자히 ᄉᆞᆯ오ᄃᆡ

法법은 스스의 여러 뵈요ᄆᆞᆯ 因힌ᄒᆞ나 實씷로
得득ᄒᆞᆫ 곧 업스니 오직 自ᄍᆞᆼ性셩이 本본來링
清쳥淨쪙ᄒᆞ며 本본來링 塵띤勞롱 업서 고외
히 샹녜 비취ᄂᆞᆫ ᄃᆞᆯ 알면 곧 ᄭᆡ 成쎵佛뿛ᄒᆞ리니
반ᄃᆞ기 아ᅀᆞ오리로다 世솅尊존이 然션燈등
佛뿛所송애 겨샤 法법에 實씷로 得득ᄒᆞ샨 곧
업스샷다 如ᅀᅧᆼ來링ㅅ 法법은 가ᄌᆞᆯ비건댄 힛
光광明명 ᄇᆞᆯ기 비취요미 ᄀᆞᆺ업ᄉᆞᆫ ᄃᆞᆺᄒᆞ야 取츙티
몯ᄒᆞ리라

須菩提야 於意云何오 菩薩이 莊嚴佛土아 不아
不也世尊하 何以故오 莊嚴佛土者ㅣ 卽非莊嚴
이라 是名莊嚴이니이다 ○ 須슝菩뽕提똉여 ᄠᅳ데 엇더뇨 菩뽕薩삻이 佛뿛土통ᄅᆞᆯ 莊

장嚴엄ᄒᆞᄂᆞ녀 아닌ᄂᆞ녀 아니ᅌᅵ다 世솅尊존하
엇뎨어뇨 佛뿛土토ᄅᆞᆯ 莊장嚴엄호ᄆᆞᆫ 곧 莊장嚴
엄이 아니라 일후미
莊장嚴엄이니ᅌᅵ다

清淨佛土ᄂᆞᆫ 無相無形커니 何物이 而能莊嚴耶ㅣ리오 唯以定慧之資로 假名莊嚴ᄒᆞᄂᆞ니 事理莊嚴이 有三ᄒᆞ니 第一은 莊嚴世間佛土ㅣ니 造寺寫經ᄒᆞ며 布施供養이 是也ㅣ오 第二ᄂᆞᆫ 莊嚴身佛土ㅣ니 見一切人ᄒᆞ야 普行恭敬이 是也ㅣ오 第三은 莊嚴心佛土ㅣ니 心淨ᄒᆞ면 即佛土ㅣ 淨ᄒᆞᄂᆞ니 念念에

常行佛心이 是也ㅣ라 ○ 清청淨쪙ᄒᆞᆫ 佛뿛土ᄯᅩᇰ 相샹 업스며 形ᅘᆡᇰ 업거니 어느 物뭃이 能능히 莊장嚴엄ᄒᆞ리오 오직 定떵慧쀙財찡寶봉로 莊장嚴엄이라 ᄇᆞ랄 일ᄒᆞᆯ ᄯᆞᄅᆞ니 事쑹와 理링왓 莊장嚴엄이 세히 잇ᄂᆞ니 第뗑一ᅙᅵᇙ은 世솅間간 佛뿛土ᄯᅩᇰ 莊장嚴엄ᄒᆞ미니 뎔 지ᅀᅳ며 經경 ᄡᅳ며 布봉施싱ᄒᆞ며 供공養양ᄒᆞ미오 第뗑二ᅀᅵᆼ는 身신 佛뿛土ᄯᅩᇰ 莊장嚴엄ᄒᆞ미니 一ᅙᅵᇙ切쳉人신을 보아 너비 恭공敬경을 行ᅘᆡᇰᄒᆞ마이오 第뗑三삼은 心심 佛뿛土ᄯᅩᇰ 莊장嚴엄ᄒᆞ미니 ᄆᆞᅀᆞ미 조ᄒᆞ면 곧 佛뿛土ᄯᅩᇰㅣ 조ᄒᆞᄂᆞ니 念념念념에 샹녜 부텻 ᄆᆞᅀᆞᆷ 行ᅘᆡᇰᄒᆞ미 이라

是故로 須菩提야 諸菩薩摩訶薩이 應如是生清

淨心이니 不應住色生心ᄒᆞ며 不應住聲香味觸法生心이니 應無所住ᄒᆞ야 而生其心이니라 ○ 이럴ᄊᆡ 須숭菩뽕提똉여 諸졍菩뽕薩삻摩망訶항薩삻이 반ᄃᆞ기 이ᄀᆞ티 淸쳥淨쪙心심을 내요ᄆᆞᆯ 디니 色식애 住뜡ᄒᆞ야 ᄆᆞᅀᆞᆷ 내요미 몯ᄒᆞ리며 聲셩과 香향과 味밍와 觸쵹과 法법에 住뜡ᄒᆞ야 ᄆᆞᅀᆞᆷ 내요미 몯ᄒᆞ리니 반ᄃᆞ기 住뜡호ᄆᆞᆫ 곧 업시ᄒᆞ야 그 ᄆᆞᅀᆞᆷ 내요ᄆᆞᆯ 디니라

此ᄂᆞᆫ 修行人이 不應見他是非ᄒᆞ고 自言ᄒᆞ되 我能我解로라ᄒᆞ야 心輕末學이니 此ㅣ 非淸淨心也ㅣ오 自性에 常生智慧ᄒᆞ야 行平等慈ᄒᆞ야 下心恭敬一切

衆生ᄒᆞ미 是修行人의 清淨心也ㅣ라 若不自淨其心ᄒᆞ고 愛著清淨處ᄒᆞ야 心有所住ᄒᆞ면 即是著法相이니 見色著色ᄒᆞ야 住色生心ᄒᆞ면 即是迷人이오 見色離色ᄒᆞ야 不住色生心ᄒᆞ면 即是悟人이니 住色生心은 如雲蔽天ᄒᆞ고 不住色生心은 如空無雲ᄒᆞ야 日月이 長照ᄃᆞᆺᄒᆞ니 住色生心은 即是妄念이오 不住色生心은 即是真智니 妄念이 生ᄒᆞ면 則暗이오 真智ㅣ 照ᄒᆞ면 即明이니 明ᄒᆞ면 即煩惱ㅣ 不生ᄒᆞ고 暗ᄒᆞ면

則於塵에 競起ᄒᆞᄂᆞ니라 ○이ᄂᆞᆫ 修슝行ᅘᆡᇰᄒᆞᆯ
싸ᄅᆞ미 ᄂᆞ미 是씽非빙 보고 쎄
닐오ᄃᆡ 내 能능ᄒᆞ며 내 아노라 ᄒᆞ야 ᄆᆞᅀᆞ매 未
맔學ᅘᅡᆨ올 므던히 너기고 맛당티 아니ᄒᆞ나 이
清청淨쪙心심이 아니오 自ᄍᆞᆼ性셩에 샹녜 智
뎡慧ᅘᅨᆼ롤 내야 平뼝等등ᄒᆞᆫ 慈ᄍᆞᆼ롤 行ᅘᆡᇰᄒᆞ야 ᄆᆞ
ᅀᆞ믈 ᄂᆞᄌᆞ기 ᄒᆞ야 一ᅙᅵᇙ切촁衆쥬ᇰ生ᄉᆡᇰ올 恭공
敬경ᄒᆞ미 이 修슝行ᅘᆡᇰᄒᆞᆯ 싸ᄅᆞ미 清청淨쪙心
심이라 ᄒᆞ다가 ᄣᅢ 그 ᄆᆞᅀᆞ믈 조히 아니코 清청
淨쪙ᄒᆞᆫ 고ᄃᆞᆯ ᄃᆞᅀᅡ 著땩ᄒᆞ야 므ᅀᆞ미 住뜡ᄒᆞᆫ 곤
이시면 곤 이 法뻡相샹애 著땩ᄒᆞ미니 色ᄉᆡᆨ올
보고 色ᄉᆡᆨ애 著땩ᄒᆞ야 色ᄉᆡᆨ애 住뜡ᄒᆞ야 ᄆᆞᅀᆞᆷ
내면 곤 이 迷몡ᄒᆞᆫ 사ᄅᆞ미오 色ᄉᆡᆨ올 보고 色ᄉᆡᆨ
올 여ᄒᆡ여 色ᄉᆡᆨ애 住뜡티 아니ᄒᆞ야 ᄆᆞᅀᆞᆷ 내면
곤 어안 싸ᄅᆞ미니 色ᄉᆡᆨ애 住뜡ᄒᆞ야 ᄆᆞᅀᆞᆷ 내요
은 구루미 하ᄂᆞᆯ ᄀᆞ리옴 곤고 色ᄉᆡᆨ애 住뜡티 아

니ᄒᆞ야 ᄆᆞᅀᆞᆷ내 요ᄆᆞᆫ 虛헝空콩애 구룸 업서 日
ᅀᅵᇙ月ᅌᅯᇙ이 댱샹 비취ᄃᆞᆺᄒᆞ니 色ᄉᆡᆨ애 住뜡ᄒᆞ야
ᄆᆞᅀᆞᆷ내 요ᄆᆞᆫ 곧 이 妄망念념이오 色ᄉᆡᆨ애 住뜡
티 아니ᄒᆞ야 ᄆᆞᅀᆞᆷ내 요ᄆᆞᆫ 곧 이 眞진實씷ㅅ 智
딩니 妄망念념이 나면 어드우미오 眞진實씷
ㅅ 智딩 비취면 곧 ᄇᆞᆯᄀᆞ미 나 ᄇᆞᆯᄀᆞ면 곧 煩뻔惱
놓ㅣ 나디 아니코 어드우
면 ᄃᆞᆯ그레 난갓ᄂᆞ 나라

須菩提야 譬如有人이 身如須彌山王ᄒᆞ면 於意云
何오 是身이 爲大아 不아 須菩提ㅣ 言ᄒᆞᅀᆞ오ᄃᆡ 甚大
ᄒᆞᅌᅵ다 世尊하 何以故뇨ㅣ어 佛說이 非身이라 是名大
身이니이다 ○須슝菩뽕提똉여 가ᄌᆞᆯ비건댄 사
ᄅᆞ미 모미 須슝彌밍山산王왕 곧ᄒᆞ면 ᄇᆞ톄엿

더뇨 이 모미 크녀 아니녀 須슝菩뽕提똉ㅣ ᄉᆞᆯ오ᄃᆡ 甚씸히 크이다 世솅尊존하 엇뎨어뇨 부텨 니ᄅᆞ샤미 몸 아니라 이 일후미 큰 모미나이다

色身이 雖大ᄒᆞ나 內心이 量小ᄒᆞ면 不名大身이오 內心이 量大ᄒᆞ야ᅀᅡ 方名大身이리라 ○色ᄉᆡᆨ身신이 비록 크나 안ᄆᆞᅀᆞ미 量량이 져그면 큰 모미란 일훔 몯ᄒᆞ리오 안ᄆᆞᅀᆞ미 量량이 커ᅀᅡ 바ᄅᆞ사 일후미 큰 모미라 라

無爲福勝分第十一

須菩提야 如恒河中所有沙數ᄒᆞ야 如是沙等恒河로 於意云何오 是諸恒河沙ㅣ 寧爲多아 不아 須

菩提ㅣ 言ᄒᆞᅀᆞ오ᄃᆡ 甚多ᄒᆞ이다 世尊하 但諸恒河도 尙
多無數ㅣ온 何況其沙ㅣᅌᅵᆺ가 須菩提야 我今實言으로
告汝ᄒᆞ노니 若有善男子善女人이 以七寶로 滿爾所
恒河沙數三千大千世界ᄒᆞ야 以用布施ᄒᆞ면 得福이
多아 不아 須菩提言甚多世尊하 佛告須菩提ᄒᆞ샤
ᄃᆡ 若善男子善女人이 於此經中에 乃至受持四
句偈等ᄒᆞ야 爲他人說ᄒᆞ면 而此福德이 勝前福德ᄒᆞ니
라 ○ 須슝菩뽕提뎽여 恒ᅘᅳᇰ河ᅘᅡᆼ中듕에 잇ᄂᆞᆫ 몰
앳 數ᄉᆞᆼ 곤ᄒᆞ야 이 몰애 ᄀᆞᆮᄒᆞᆫ 恒ᅘᅳᇰ河ᅘᅡᆼ 몰ᄯᅢ

62a

엇더뇨 이 한 恒홍河항ㅅ 몰애 하려 몯 하려 須승
菩뽕提뗑ㅣ 솔오ᄃᆡ 甚씸히 하이다 世솅尊존하
오직 한 恒홍河항도 오히려 하 數숭 업곤 ᄒᆞ물
며 그 몰애ᄯᆞ니잇가 須승菩뽕提뗑여 내 이제 實
씷ᄒᆞᆫ 마롤 너ᄃᆞ려 니ᄅᆞ노니 ᄒᆞ다가 善쎤男남子
ᄌᆞᆼ 善쎤女녕人신이 七칧寶봏로 이 틴 恒흥河항
ㅅ 몰애 數숭ㅅ 三삼千천大땡千천世솅界갱예
차와 ᄡᅢ 布봉施싱ᄒᆞ면 福복得득호미 하려 몯 하
려 須승菩뽕提뗑ㅣ 솔오ᄃᆡ 甚씸히 하이다 世솅
尊존하 부톄 須승菩뽕提뗑ᄃᆞ려 니ᄅᆞ샤ᄃᆡ ᄒᆞ다
가 善쎤男남子ᄌᆞᆼ 善쎤女녕人신이 이 經경中듕
에 四숭句궁偈꼥ᄃᆞᆯ ᄒᆞᆯ 受쓩持띵ᄒᆞ야 다ᄅᆞᆫ 사ᄅᆞᆷ
為윙ᄒᆞ야 닐우매 니를면 이 福복德
득아 알핏 福복德득에 더으니라

布施七寶ᄒᆞ면 得三界中엣 富貴報ᄒᆞ고 講說大乘

經典ᄒᆞ면 令諸聞者로 生大智慧ᄒᆞ야 成無上道ᄒᆞ게
니리 當知受持福德이 勝前七寶福德이로다○七칧寶봉
로 布봉施싱ᄒᆞ면 三삼界갱中듕엣 富붕貴귕
報봉ᄅᆞᆯ 得득ᄒᆞ고 大땡乘씽經경典뎐올 講강
說쉃ᄒᆞ면 하ᄂᆞᆫ 그르니로 큰 智딩慧휑ᄅᆞᆯ 내야 우
업슨 道똥ᄅᆞᆯ 일우게ᄒᆞ리니 受쓯持띵ᄒᆞ온 福복
德득이 앏핏 七칧寶봉ㅅ 福복德
득에 더은 돌 반ᄃᆞ기 알리로다

尊重正教分第十二

復次須菩提야 隨說是經ᄒᆞ야 乃至四句偈等ᄒᆞ니 當
知此處ᄂᆞᆫ 一切世間天人阿修羅ㅣ 皆應供養호ᄃᆡ

如佛塔廟ㅣ니 ○ᄯᅩ 버거 須슝菩뽕提뗑여 조차 이 經경을 닐어 四ᄉᆞᆼ句궁偈꼥ᄃᆞᆯ해 니르리 반ᄃᆞ기 알라 이 고ᄃᆞᆫ 一힗切쳉世셍間간ㅅ 天텬人신阿항修슝羅랑ㅣ 다 반ᄃᆞ기 供공養양호ᄃᆡ 부텻 塔탑廟묳ᄀᆞ티 ᄒᆞ리니

所在之處에 如有人이어든 即說是經호ᄃᆡ 若念念에 常行無念心과 無所得心과 不作能所心ᄒᆞ야 說이니 若能遠離諸心ᄒᆞ고 常依無所得心ᄒᆞ면 即此身中에 有如來全身舍利故로 言如佛塔廟ㅣ라 ᄒᆞ시니라 以無所得心으로 說此經者ᄂᆞᆫ 感得天龍八

部ㅣ 慜來聽受ᄒᆞ려니와 心若不淸淨ᄒᆞ고 但爲名聲

利益ᄒᆞ야 而說是經者ᄂᆞᆫ 死墮三塗ᄒᆞ리어니 有何利

益이리오 心若淸淨ᄒᆞ야 爲說是經ᄒᆞ야 令諸聽者로

除迷妄心ᄒᆞ고 悟得本來佛性ᄒᆞ야 常行眞實케ᄒᆞ면

感得天人阿脩羅等이 皆來供養持經之人也

ᄒᆞ리라○잇ᄂᆞᆫ고대ᄒᆞ다가ᄡᅡ로미잇거든곧 이經경을닐오ᄃᆡ念념念념에念념업슨ᄆᆞᅀᆞᆷ

과得득혼곧업슨ᄆᆞᅀᆞᆷ과能능所송짓디아니 혼ᄆᆞᅀᆞᄆᆞᆯ샹녜行ᅘᆡᇰᄒᆞ야닐올ᄯᅵ니ᄒᆞ다가能

능히여러ᄆᆞᅀᆞᄆᆞᆯ머리여희오샤ᅌᅦ得득혼곧 업슨ᄆᆞᅀᆞᄆᆞᆯ브트면곧이身신中듕에如ᅀᅧᆼ來

ᄅᆡᆼㅅ全젼身신舍샹利링겨신젼ᄎᆞ로니르샤
ᄃᆡ부텻塔탑廟묭ᄀᆞᆮ다ᄒᆞ시니라得득ᄒᆞ곤업
ᄉᆞᆫᄆᆞᅀᆞᄆᆞ로이經경니르ᄂᆞ닌天텬龍룡八밣
部뽕ㅣ다와ᄃᆞ려受쓯ᄒᆞ몰感감得득ᄒᆞ리니
와ᄆᆞᅀᆞ미ᄒᆞ다가淸쳥淨쪙티몯고오직名명
聲셩과利링益혁爲윙ᄒᆞ야ᄋᆞ經경니르ᄂᆞ닌
주거三삼塗똥애ᄲᅥ러디리니므슴利링益혁
이시리오ᄆᆞᅀᆞ마ᄒᆞ다가淸쳥淨쪙ᄒᆞ야爲윙
ᄒᆞ야이經경을닐어한ᄃᆞ르니로迷몡妄망ᄒᆞᆫ
ᄆᆞᅀᆞ몰펼오本본來ᄅᆡᆼㅅ佛뿛性셩올아라상
녜眞진實씷을行ᅘᆡᇰᄒᆞ면天텬人신阿항脩
숑羅랑等등이ᄃᆞ와持띵經경ᄒᆞᆯᄊᆞᄅᆞᆷ供공養
양ᄒᆞ몰感감
得득ᄒᆞ리라

何況有人이盡能受持讀誦ᄒᆞ오미여須菩提야當知

是人이 成就最上第一希有之法이니 若是經典所

在之處는 則爲有佛若尊重弟子ㅣ니라 ○ ᄒᆞᄆᆞᆯ며 사ᄅᆞ미 다 能

ᄂᆞᆼ히 受쓯持띵讀똑誦쑝호미ᄯᆞ녀 須슝菩뽕提

뗑여 이 사ᄅᆞ미 ᄆᆞᆺ노ᄑᆞᆫ 第뗑一힗希힁有웋ᄒᆞᆫ 法

법을 일울ᄯᆞᄅᆞᆯ 반ᄃᆞ기 아ᄅᆞᆯ띠니 ᄒᆞ다가 이 經경典

뎐 잇ᄂᆞᆫ 고ᄃᆞᆫ 부텨와 尊존重뜡ᄒᆞᆫ 弟뗑子ᄌᆞᆼ이 슈

미니라

自心에 誦得此經ᄒᆞ며 自心에 解得經義ᄒᆞ며 自心

에 體得無著無相之理ᄒᆞ야 所在之處에 常修佛

行ᄒᆞ야 念念에 心無有間歇ᄒᆞ면 則自心이 是佛故

로 言所在之處ㅣ 則爲有佛이라ᄒᆞ시니 ○제ᄆᆞᅀᆞ매이經경을외오며제ᄆᆞᅀᆞ매經경ㅅᄠᅳ들알며제ᄆᆞᅀᆞ매無뭉着땩無뭉相샹ㅅ理링ᄅᆞᆯ體텡得득ᄒᆞ야잇ᄂᆞᆫ고대상녜부텻行ᅘᅢᇰ을닷가念념念념에ᄆᆞᅀᆞ미그쳐歇헗홈업스면제ᄆᆞᅀᆞ미이부톄론젼ᄎᆞ로니ᄅᆞ샤ᄃᆡ잇ᄂᆞᆫ고ᄃᆡ부텨아슈미니라ᄒᆞ시니라

如法受持分第十三

爾時須菩提ㅣ 白佛言ᄒᆞᅀᆞ오ᄃᆡ 世尊하 當何名此經ᄒᆞ며 我等이 云何奉持잇고 佛告須菩提ᄒᆞ샤ᄃᆡ 是經이 名爲金剛般若波羅蜜이니 以是名字로 汝當奉持

니라 所以者何오 須菩提야 佛說般若波羅蜜이 即
非般若波羅蜜이라 是名般若波羅蜜이니라 ○그ᄢᅴ 須숭菩뽕
提똉ㅣ 부텻긔 ᄉᆞᆲ오ᄃᆡ 世솅尊존하 반ᄃᆞ기 이 經
경을 엇뎨 일훔ᄒᆞ며 우리ᄃᆞᆯ히 엇뎨 奉뽕持띵ᄒᆞ
리잇고 부톄 須숭菩뽕提똉ᄃᆞ려 니ᄅᆞ샤ᄃᆡ 이 經
경이 일후믄 金금剛강般반若샹波방羅랑蜜밇
이니 이 名명字ᄍᆞᆼ로 네 반ᄃᆞ기 奉뽕持띵ᄒᆞᇙ디니
라 엇뎨어뇨 須숭菩뽕提똉여 부텨 니ᄅᆞ논 般반
若샹波방羅랑蜜밇이 곧 般반若샹波방羅랑蜜
밇 아니라 이 일후미 般반若샹波방羅랑蜜밇
이니라
佛說般若波羅蜜은 今諸學人으로 用智慧ᄒᆞ야 除

却愚心生滅이니 生滅이 除盡이 即到彼岸이니

若心有所得ᄒᆞ면 即不到彼岸이오 心無一法可得

ᄒᆞ면 即是彼岸이니 口說心行ᄒᆞ야ᅀᅡ 乃是到彼岸이라

○부텨 니ᄅᆞ샨 般반若샹波방羅랑蜜밇ᄋᆞᆫ 한

비ᄒᆞᆯᄊᆡᄅᆞ 므로 智딩慧ᅘᅰᆼ로 ᄢᅳ어 리란 無뭉生싱

滅멿을 펼에 ᄒᆞ시니 生싱滅멿이 다 업스미

곧 뎌 ᄀᆞᅀᆡ 가미니 ᄒᆞ다가 ᄆᆞᅀᆞ매 得득혼 고디 이

시면 곧 뎌 ᄀᆞᅀᆡ 가미 아니오 ᄆᆞᅀᆞ미 ᄒᆞᆫ 法법도 得

득ᄒᆞ옴 업스면 곧 뎌 ᄀᆞᅀᆡ니 이ᄇᆡ 니ᄅᆞ고 ᄆᆞᅀᆞ

매 行ᅘᆡᇰᄒᆞ야ᅀᅡ 이 뎌 ᄀᆞᅀᆡ 가미라

須菩提야 於意云何오 如來ㅣ 有所說法가 不아

須菩提ㅣ 白佛言ᄒᆞᅀᆞ오ᄃᆡ 世尊하 如來 無所說ᄒᆞ시니이다 ○須슝菩뽕提똉여 ᄠᅳ데 엇더뇨 如ᅀᅧᆼ來ᄅᆡᆼㅣ 法법 닐옴 잇ᄂᆞ녀 아니ᄂᆞ녀 須슝菩뽕提똉ㅣ 부텻긔 ᄉᆞᆯ오ᄃᆡ 世솅尊존하 如ᅀᅧᆼ來ᄅᆡᆼㅣ 니ᄅᆞ샴 업스시니이다

佛問須菩提ᄒᆞ샤ᄃᆡ 如來說法이 心有所得가 不아 須菩提ㅣ 知如來說法이 心無所得故로 言無所說也ᄒᆞᅀᆞ오니라 如來意者ᄂᆞᆫ 欲令世人ᄋᆞ로 離有所得之心故로 說般若波羅蜜法ᄒᆞ샤 令一切人ᄋᆞ로 聞之ᄒᆞᅀᆞᆸ고 皆發菩提心ᄒᆞ야 悟無生理ᄒᆞ야 成

無上道ㅣ시니라○부텨須슝菩뽕提똉ᄃᆞ려 무ᄅᆞ샤ᄃᆡ如셩來링說쉃法법이 ᄆᆞᅀᆞ
매得득홈잇ᄂᆞ녀아니녀須슝菩뽕提똉ㅣ如 셩來링ㅅ說쉃法법이 ᄆᆞᅀᆞ매得득ᄒᆞ샴업ᄉᆞ
신ᄃᆞᆯ아ᅀᆞ올ᄊᆡ니ᄅᆞ샴업ᄉᆞ시다ᄉᆞᆯ오니라如 셩來링ㅅᄠᅳ든世솅옛사ᄅᆞᄆᆞ로得득홈앗ᄂᆞᆫ
ᄆᆞᅀᆞᆷ여희에코져ᄒᆞ실씨般반若샹波방羅랑 密밇法법을니ᄅᆞ샤一ᅙᅵᇙ切쳉ㅅ사ᄅᆞᄆᆞ로듣
ᄌᆞᆸ고다菩뽕提똉心심을發벓ᄒᆞ야無뭉生ᄉᆞᆼ 理링ᄅᆞᆯ아라우업ᄉᆞᆫ道똥ᄅᆞᆯ일우게ᄒᆞ시니라

須菩提야 於意云何오 三千大千世界예 所有微

塵이 是爲多아 不아 須菩提 言ᄒᆞᅀᆞ오ᄃᆡ 甚多ᄒᆞ이다

世尊하 須菩提야 諸微塵을 如來說이 非微塵이라

是名微塵이며 如來說世界ㅣ 非世界라 是名世界

니라○須슝菩뽕提뗑여 ᄠᅳ데 엇더뇨 三삼千쳔大땡千쳔世솅界갱옛 잇ᄂᆞᆫ 微밍塵띤이 이 하녀 아니녀 須슝菩뽕提뗑ㅣ ᄉᆞᆯ오ᄃᆡ 甚씸히 하ᅌᅵ다 世솅尊존하 須슝菩뽕提뗑여 諸졍微밍塵띤을 如ᅀᅧᆼ來링ㅣ 니ᄅᆞᄂᆞ니 微밍塵띤 아니라 일후미 微밍塵띤이며 如ᅀᅧᆼ來링 니ᄅᆞ논 世솅界갱世솅界갱 아니라 이 일후미 世솅界갱니라

如來ㅣ 說ᄒᆞ샤ᄃᆡ 衆生性中에 妄念이 如三千大千世界中엣 所有微塵ᄒᆞ니 一切衆生이 被妄念微塵의 起滅이 不停ᄒᆞ야 遮蔽佛性ᄒᆞ야 不得解脫

ᄒᆞᄂᆞ니 若能念念이 真正ᄒᆞ야 修般若波羅蜜無著無相之行ᄒᆞ야 了妄念塵勞ㅣ 卽淸淨法性인ᄃᆞᆯ ᄒᆞ야 妄念이 旣無ᄒᆞ면 卽非微塵이라니 是名微塵은 了真이 卽妄이며 了妄이 卽真ᄒᆞ야 真妄이 俱泯ᄒᆞ야 無別有法故로 云是名微塵이라 性中에 無塵勞ᄒᆞ면 卽是佛世界오 心中에 有塵勞ᄒᆞ면 卽是衆生世界니 了諸妄念의 空寂故로 云非世界오 證得如來ㅅ 法身이 普見塵剎ᄒᆞ사 應用無方ᄒᆞ면 是名

世界라 ○ 如셩來링ㅣ 니ᄅᆞ샤ᄃᆡ 衆즁生싱性
셩中듕에 妄망念념이 三삼千쳔大땡千
쳔世솅界갱中듕에 잇ᄂᆞᆫ 微밍塵띤 ᄀᆞᆮᄒᆞ니 一
ᅙᅵᇙ切쳉衆즁生싱이 妄망念념微밍塵띤의 나
룸과 滅멿호미 ᄀᆞᆺ디 아니ᄒᆞ몰 니버 佛뿛性셩
을 ᄀᆞ리와 解갱脫탏ᄋᆞᆯ 得득디 몯ᄒᆞᄂᆞ니 ᄒᆞ다
가 能능히 念념念념이 眞진實씷ᄒᆞ며 正졍ᄒᆞ
야 般밣若샹波방羅랑蜜밇ㅅ 無뭉著땩 無뭉
相샹ㅅ 行ᅘᆡᇰ올 닷가 妄망念념塵띤勞롱ㅣ 곧
清쳥淨쪙法법性셩인ᄃᆞᆯ 아라 妄망念념이 ᄒᆞ
마 업ㅅ면 곧 微밍塵띤이 아니니라 이 일후미
微밍塵띤은 眞진이 곧 妄망인ᄃᆞᆯ ᄋᆞᆯ며 妄망의
곧 眞진인ᄃᆞᆯ 아라 眞진妄망이 다 업서 各각 別
ᄬᅥᆸ ᄒᆞᆫ 法법이 업슬씨니 ᄅᆞ샤ᄃᆡ의 일후미 微밍
塵띤이라 性셩中듕에 塵띤勞롱 업ㅅ면 곧 이
佛뿛世솅界갱오 心심中듕에 塵띤勞롱ᄅᆞᆯ 아시

면 곧 이 衆즁生싱 世솅界갱니 ᄒᆞᆫ 妄망念념이
空콩寂쩍 올 알씨니 ᄉᆞ 世솅界갱 아니오
如셩來링ㅅ 法법身신이 塵띤刹찰애 너비 現
현ᄒᆞ샤 應흥ᄒᆞ샤 ᄡᅳ샤미 덛덛홈 업스샤ᄆᆞᆯ 證
징得득ᄒᆞ면 이 일
후미 世솅界갱라

須菩提야 於意云何오 可以三十二相으로 見如來
아 不아 不也世尊하 不可以三十二相으로 得見如
來ᄒᆞᅀᆞ오리니 何以故ㅣ어뇨 如來說三十二相이 即是
非相이라 是名三十二相이시니이다○須슝菩뽕提똉여 ᄡᅥ 뎨 엇더뇨 어루
三삼十씹二싕相샹으로 如셩來링를 보ᅀᆞᄫᆞ려 몯ᄒᆞ
려 아니이다 世솅尊존하 三삼十씹二싕相샹으

로 如영來랭ᄅᆞᆯ 시러 보ᅀᆞᆸ디 몯ᄒᆞᅀᆞ오리니 엇뎨어뇨 如영來랭 니ᄅᆞ시논 三삼十씹二싱相샹이 곧 이 相샹 아니라 이 일후미 三삼十씹二싱相샹이시니이다

三十二相者ᄂᆞᆫ 是三十二淸淨行이니 三十二淸淨行者ᄂᆞᆫ 於五根中에 修六波羅蜜ᄒᆞ며 於意根中에 修無相無爲ᄒᆞ니 是名三十二淸淨行이니 常修此三十二淸淨行이 卽是成佛이시니고 若不修三十二相淸淨行ᄒᆞ면 終不成佛ᄒᆞ리니 但愛著如來ㅅ 三十二相ᄒᆞᅀᆞᆸ고 自不修三十二

行ᄒᆞ면 終不得見如來ᄒᆞᄉᆞ오리라 ○ 三삼十씹二싱相샹ᄋᆞᆫ 이 三삼十씹

二싱淸청淨쪙行ᅘᆡᆼ이시니 三삼十씹二싱淸청淨쪙行ᅘᆡᆼᄋᆞᆫ 五옹根곤中듕에 六륙波방羅

랑蜜밇ᄋᆞᆯ 닷ᄀᆞ시며 意ᅙᅴᆼ根곤中듕에 無뭉相샹無뭉爲윙를 닷ᄀᆞ시니 이 일후미 三삼十씹

二싱淸청淨쪙行ᅘᆡᆼ이시니 샹녜 이 三삼十씹二싱淸청淨쪙行ᅘᆡᆼᄋᆞᆯ 닷고미 곤 아 成쎵佛뿛

이시고 ᄒᆞ다가 三삼十씹二싱相샹淸청淨쪙行ᅘᆡᆼᄋᆞᆯ 닷디 아니ᄒᆞ면 ᄆᆞᄎᆞᆷ내 成쎵佛뿛 몯ᄒᆞ

리니 오직 如ᅀᅧᆼ來ᄅᆡᆼㅅ 三삼十씹二싱相샹ᄋᆞᆯ ᄃᆞᅀᅡ 着땩ᄒᆞ습고 쩨 三삼十씹二싱行ᅘᆡᆼᄋᆞᆯ 닷

디 아니ᄒᆞ면 ᄆᆞᄎᆞᆷ내 如ᅀᅧᆼ來ᄅᆡᆼᄅᆞᆯ 시곤 보습디 몯ᄒᆞᄉᆞ오리라

須菩提야 若有善男子善女人이 以恒河沙等身

命으로 布施ᄒᆞ야도 若復有人이 於此經中에 乃至受持四句偈等ᄒᆞ야 爲他人說ᄒᆞ면 其福이 甚多ᄒᆞ니라 ○須善뽕提뗑여 ᄒᆞᆫ다가 善썬男남子ᄌᆞᆼ 善썬女녕人신이 恒ᅘᆞᇰ河ᅘᆞᆼ沙상ᄃᆞᆯ 身신命명으로 布봉施싱ᄒᆞ야도 ᄒᆞᆫ다가 ᄯᅩ 사ᄅᆞ미 이 經경中듕에 四ᄉᆞᆼ句궁偈꼥ᄃᆞᇰᄋᆞᆯ 受쓯持띵ᄒᆞ야 ᄂᆞᄆᆞᆫ 사ᄅᆞᆷ 爲윙ᄒᆞ야 닐우매 니ᄅᆞ면 그 福복이 甚씸히 하니라

世間重者ㅣ 莫過於身命ᄒᆞ니 菩薩이 爲法ᄒᆞ야 於無量劫中에 捨施身命ᄒᆞ야 與一切衆生ᄒᆞ니 其福이 雖多ᄒᆞ나 亦不如受持此經四句之福ᄒᆞ니 多

劫에 捨身도 ᄒᆞ야 不了空義ᄒᆞ야 妄心ᄋᆞᆯ 不除ᄒᆞ면 尤是衆生이어니와 一念持經ᄒᆞ야 我人이 頓盡ᄒᆞ야 妄想ᄋᆞᆯ 旣除ᄒᆞ면 言下에 成佛ᄒᆞ릴ᄊᆡ 故知多劫捨身이 不如持經四句之福이로다 ○世셰間간애 重쯍ᄒᆞ니 身신命명에 나ᄆᆞ니 업스니 菩뽕薩삻이 法법을 爲윙ᄒᆞ야 無뭉量량劫겁中듕에 身신命명을 ᄇᆞ려 施싱ᄒᆞ야 一ᅙᅵᇙ切쳉衆즁生싱ᄋᆞᆯ 주ᄂᆞ니 그 福복이 비록 하나 ᄯᅩ 이 經경ㅅ 四ᄉᆞᆼ句궁 受쓯持띵ᄒᆞᆫ 福복 큰디 몯ᄒᆞ니 한 劫겁에 몸ᄇᆞ려도 空콩ㅅ ᄠᅳᆯ 아디 몯ᄒᆞ야 妄망心심을 더디 몯ᄒᆞ면 손지 이 衆즁生싱이어니와 ᄒᆞᆫ 念념에 經경을 디녀 我앙人신이 다 업서 妄망想샹ᄋᆞᆯ ᄒᆞ마 덜면 말ᄊᆞ

매成썽佛뿛ᄒᆞ릴ᄊᆡ 한劫겁에 몸 ᄇᆞ료미 經경四ᅀᆞᆼ句궁 디뉸 福복 곧디 몯ᄒᆞ리로다

離相寂滅分第十四

爾時須菩提ㅣ 聞說是經ᄒᆞᅀᆞᆸ고 深解義趣ᄒᆞ야 涕淚悲泣ᄒᆞ야 而白佛言ᄒᆞᅀᆞ오ᄃᆡ 希有世尊하 佛說如是甚深經典을 我從昔來예 所得慧眼으로 未曾得聞如是之經ᄒᆞᅀᆞ왯다니 世尊하 若復有人이 得聞是經ᄒᆞᅀᆞᆸ고 信心淸淨ᄒᆞ면 則生實相ᄒᆞ리니 當知是人은 成就第一希有功德이로소이다 ○그ᄢᅴ 須슝菩뽕提뗑ㅣ 이 經경 니ᄅᆞ샤ᄆᆞᆯ 듣ᄌᆞᄫᆞ

고ᄠᅳ들 기피 아라 눉믈 흘리고 슬피 우러 부텻긔 ᄉᆞᆲ
오ᄃᆡ 希힁有ᇢᄒᆞ신 世솅尊존하 부톄 이 ᄀᆞᆮᄒᆞᆫ 甚
씸히 기픈 經경典뎐 니ᄅᆞ샤ᄆᆞᆯ 내 녜브터 오매 得
득ᄒᆞᆫ 慧ᅘᅰᆼ眼안ᄋᆞ론 일ᄶᅥᆨ 이 ᄀᆞᆮᄒᆞᆫ 經경을 시러 듣
ᄌᆞᆸ디 몯ᄒᆞᅀᆞ왯ᅀᆞ니 世솅尊존하 ᄒᆞ다가 ᄯᅩ 사ᄅᆞ
ᄆᆡ 經경을 시러 듣ᄌᆞᆸ고 信신心심이 淸청淨쪙
ᄒᆞ면 곧 實씷相샹ᄋᆞᆯ 나ᄒᆞ리니 이 사ᄅᆞᄆᆞᆫ 第똉一ᅙᅵᇙ 希힁
有ᇢᄒᆞᆫ 功공德득 일우ᄆᆞᆯ 반ᄃᆞ기 알리로소이다

自性不癡ㅣ 名慧眼이오 聞法自悟ㅣ 名法眼이니
須菩提ᄂᆞᆫ 是阿羅漢이라 於五百弟子中에 解空
第一이라 已曾勤奉多佛ᄒᆞᅀᆞ오니 豈得不聞如是深
法이완ᄃᆡ 豈於釋迦牟尼佛所애 始言聞也오 然

ᅌᅵ나 或是須菩提ㅣ 於往昔所得은 乃聲聞慧眼
이라가 至今ᄒᆞ야ᅀᅡ 方悟佛意ᄒᆞᅀᆞ올ᄉᆡ 故로 始得聞如
是深經ᄒᆞᅀᆞᆸ고 悲昔未悟ᄒᆞ야 故로 涕淚悲泣ᄒᆞ니라
聞經誦念이 謂之淸淨이니 從淸淨體中ᄒᆞ야 流出
般若波羅蜜多深法ᄒᆞᄂᆞ니 當知決定成就諸佛
功德也ㅣ로다 ○ 自ᄍᆞᆼ性셩ᇰ 어긔디 아니호미 일후미 慧ᅘᅰᆼ眼ᅌᅡᆫ이오 法법 듣고 제 아
로미 일후미 法법眼ᅌᅡᆫ이오 須슝菩뽕提뗑ᄂᆞᆫ 아阿ᅙᅡ羅랑漢한이라 五ᅌᅩᆼ百ᄇᆡᆨ弟뗑子ᄌᆞᆼ中
듕에 空콩 아로미 第뗑一ᅙᅵᇙ이라 ᄒᆞ마 한 부텨를 바ᄌᆞ러니 섬기ᅀᆞ오나 엇뎨 이곤혼 기픈 法

법을 듣ᄌᆞᆸ디 몯ᄒᆞ관ᄃᆡ 엇뎨 釋셕迦강牟뭉尼닝佛뿛所송애 비르서 듣ᄌᆞ오몰 ᄉᆞᆲ오뇨 그러나 시혹이 須슝菩뽕提똉ㅣ 예 得득ᄒᆞᆫ 거슨 聲셩聞문의 慧쀙眼안이라 가ᄋᆡ 제 니르러ᅀᅡ 비로서부텟 숣ᄃᆞᆯ 아ᄉᆞ올씨 비르서 이ᄀᆞᆮᄒᆞᆫ 기픈 經경 듣ᄌᆞᆸ고 아라ᄒᆞ야 디몯ᄒᆞ오몰 슬ᄒᆞ이럴씨 눈믈 흘려 슬피 우니라 經경은 듣고 仔ᄌᆞᆼ細솅히 念념ᄒᆞ오마 니오ᄃᆡ 清청淨쪙이니 清청淨쪙體톙中듕을 브터 般밣若샹波방羅랑蜜밇多당ㅅ 기픈 法법아 흘러 나ᄂᆞ니 決꿣定뗭히 諸졍佛뿛ㅅ 功공德득 일올 ᄲᅮᆫ 반ᄃᆞ기 알리로다

世尊하 是實相者ㅣ 即是非相이실ᄊᆡ 是故로 如來ㅣ 說名實相ᄒᆞ시ᄂᆞ니이다○世솅尊존하 이 實씷相샹이 곧 이 相샹 아닐씨 이럴씨 如영

來ᄅᆡㅣ니ᄅᆞ샤ᄃᆡ 일후미 實
씷相샹이라 ᄒᆞ시ᄂᆞ니이다

雖行淸淨行ᄒᆞ나 若見垢淨ᄒᆞ야 二相이 當情ᄒᆞ면 並
是垢心이라 卽非淸淨心也ㅣ며 但心有所得ᄒᆞ면 卽
非實相也ㅣ라 ○비록 淸청淨쪙行ᅘᆡᆼ을 行ᅘᆡᆼ
ᄒᆞ나 ᄒᆞ다가 더러우며 조ᄒᆞ몰 보아
두 相샹이 ᄠᅳ데 當당ᄒᆞ면 다 이 더러운 ᄆᆞᅀᆞ미
라 곧 淸청淨쪙心심이 아니며 오직 ᄆᆞᅀᆞ매 得
득호미 시면 곧 實
씷相샹 아니니라

世尊하 我今得聞如是經典ᄒᆞᅀᆞ와 信解受持ᄒᆞᅀᆞ오ᄆᆞᆫ 不
足爲難이어니와 若當來世後五百歲예 其有衆生이

得聞是經ᄒᆞ고 信解受持ᄒᆞ면 是人은 則爲第一希有
ㅣ니 何以故ㅣ어뇨 此人이 無我相ᄒᆞ며 無人相ᄒᆞ며 無衆
生相ᄒᆞ며 無壽者相이니 所以者何ㅣ어뇨 我相이 卽是
非相이며 人相衆生相壽者相이 卽是非相이니 何以
故ㅣ어뇨 離一切諸相이 卽名諸佛이니다 ○ 世솅尊존하 내 이
제 이 곧ᄒᆞᆫ 經경典뎐을 시러 듣ᄌᆞᆸ고 信신ᄒᆞ야 아
라 受쓯持띵호미 足죡히 어렵디 아니커니와
ᄒᆞ다가 當당來릥世솅 後흫 五옹百빅歲솅예
그 衆즁生ᄉᆡᆼ이 이 經경을 시러 듣ᄌᆞᆸ고 信신ᄒᆞ야 아
라 受쓯持띵ᄒᆞ면 이 사ᄅᆞᄆᆞᆫ 곧 第뗑一힗 希흿有
윻ㅣ니 엇뎨어뇨 이 사ᄅᆞ미 我앙相샹 업스며 人

인相샹업스며衆중生싱相샹업스며壽쓩者쟝
相샹업스니엇뎨어뇨我앙相샹이곧이相샹아
니며人신相샹衆중生싱相샹壽쓩者쟝相샹이
곧이相샹아니니엇뎨어뇨一킳切쳉諸졍相샹
여희요미곧일후미諸졍佛뿛이시니이다
須菩提ㅣ深悟佛意ᄒᆞᅀᆞ오니蓋自見業盡垢除ᄒᆞ야
慧眼이明徹ᄒᆞ실ᄊᆡ信解受持ㅣ即無難也ㅣ로다世
尊이在世ᄒᆞ샤說法之時예도亦有無量衆生이不
能信解受持ᄒᆞ니何必獨言後五百歲오蓋佛在
之日엔雖有中下根이不信ᄒᆞ며及懷疑者ᄒᆞ야도

即往問佛ᄒᆞᅀᆞ와ᄃᆞᆫ 佛이 即隨宜爲說ᄒᆞ야시ᄃᆞᆫ 無不契
悟ᄒᆞ야니와 佛滅度後後五百歲옌 漸至末法ᄒᆞ야 去
聖이 遙遠ᄒᆞ야 但存言教ᄒᆞ니 人若有疑라도 無處咨
決ᄒᆞ야 愚迷抱執ᄒᆞ야 不悟無生ᄒᆞ야 著相馳求ᄒᆞ야 輪
迴諸有ᄒᆞᄂᆞ니 於此時中엔 得聞深經ᄒᆞ고 清心敬
信ᄒᆞ야 悟無生理者ㅣ 甚爲希有ᄒᆞᆯᄊᆡ 故로 言第一
希有ㅣ니라ᄒᆞ니 於如來滅後後五百歲예 若復有
人이 能於般若波羅蜜甚深經典에 信解受持

者ᄂᆞᆫ 即知此人이 無我人衆生壽者之相이니 無
此四相ᄒᆞ미 是名實相이며 即是佛心일ᄊᆡ 故로 曰離
一切諸相이 即名諸佛이라ᄒᆞ니라 ○ 須슝菩뿡提똉ㅣ 부텻ᄠᅳ들 기
피 아ᅀᆞ오니 조개 業업이 다ᄋᆞ며 삐업서 慧ᅘᅰᆼ眼ᅌᅡᆫ이 불가ᅀᆞᄆᆞ촐ᄊᆡ 信신ᄒᆞ야 아라 受쓯持
띵ᄒᆞ미 곤어렵다 아니ᄒᆞᆫᄃᆞᆯ 보도다 世솅尊존이 世솅예 겨샤 說쉻法법ᄒᆞ실 쩨도 ᄯᅩ 無뭉量
량 衆즁生싱이 能능히 信신ᄒᆞ야 아라 受쓯持띵 몯ᄒᆞ리 이시니 엇뎨 구틔여 ᄒᆞ오ᅀᅡ 後흫五
옹百빅歲쉥ᄅᆞᆯ 니ᄅᆞ뇨 부텨 겨신 나랜 비록 中둥下ᅘᅣᆼ根근이 信신티 아니ᄒᆞ며 ᄯᅩ 疑읭心심
머그리 이셔도 죡재 가 부텻긔 묻ᄌᆞ와든 부톄 죡재 맛당ᄒᆞᄆᆞᆯ 조차 爲윙ᄒᆞ야 닐어시든 마초

아디아니ᄒᆞ리업서니와부텨滅멿度똥後ᅘᅮᇢ
ᄉ後ᅘᅮᇢ五ᅌᅩᆼ百ᄇᆡᆨ歲솅옌漸쪔漸쪔末맗法법
에니르러聖셩人ᅀᅵᆫ버으로미머러오직말ᄊᆞᆷ
ᄀᆞᄅᆞ치샤미시니ᄉᆞᄅᆞ미ᄒᆞ다가疑읭心심이
셔도무러決꿿ᄒᆞᆯ꼳업서어리여執집을가져
無뭉生ᄉᆡᇰ올아디몯ᄒᆞ야相샹애着땩ᄒᆞ야ᄃᆞᆯ
여求꿓ᄒᆞ야諸졍有ᅌᅮᇢ에그우니ᄂᆞ니時씽
中듕엔ᄀᆞᄌᆞᆫ經경을듣고ᄆᆞᅀᆞᄆᆞᆯ겨恭공敬경
ᄒᆞ야信신ᄒᆞ야無뭉生ᄉᆡᇰ理링알리甚씸히希
ᅘᅴᆼ有ᅌᅮᇢᄒᆞᆯ씨니오第똉一ᅙᅵᇙ希ᅘᅴᆼ有ᅌᅮᇢㅣ라
ᄒᆞ니라如셩來ᄅᆡᆼ滅멿後ᅘᅮᇢㅅ後ᅘᅮᇢ五ᅌᅩᆼ百ᄇᆡᆨ
歲솅예ᄒᆞ다가ᄯᅩᄉᆞᄅᆞ미能능히般반若ᅀᅣᆼ波
방羅랑蜜밇甚씸히기픈經경典뎐에信신ᄒᆞ
야아라受쓯持띵ᄒᆞ린곤이ᄉᆞᄅᆞ미我ᅌᅡᆼ人ᅀᅵᆫ
衆즁生ᄉᆡᇰ壽쓯者쟝ㅅ相샹업슨ᄃᆞᆯ아롤띠니
이四ᄉᆞᆼ相샹업수미이일후미實씷相샹이며

곧 이 佛뿛心심일ᄊᆡ ᄉᆞᆯ오ᄃᆡ 一힗切쳉諸졍相샹 여희요미 곧 일후미 諸졍佛뿛이라 ᄒᆞ니라

佛告須菩提ᄒᆞ샤ᄃᆡ 如是如是ᄒᆞ다 ○부텨 須슝菩뽕提똉ᄃᆞ려 니ᄅᆞ샤ᄃᆡ 이 ᄀᆞᆮ다 이 ᄀᆞᆮ다

佛이 印可須菩提의 所解ㅣ 善契我心ᄒᆞ실ᄊᆡ 故로 重言如是也ᄒᆞ시니라 ○부톄 須슝菩뽕提똉의 아로미 이대 내 ᄆᆞᅀᆞ매 마조ᄅᆞᆯ 印힌可캉ᄒᆞ실ᄊᆡ 다시 如셩是씽라 니ᄅᆞ시니라

若復有人이 得聞是經ᄒᆞ고 不驚不怖不畏ᄒᆞ면 當知是人은 甚爲希有ㅣ니 ○ᄒᆞ다가 ᄯᅩ 사ᄅᆞ미 이 經경을 시러 듣고 놀라디 아니ᄒᆞ

며두리디아니ᄒᆞ며저티아니ᄒᆞ면이ᄯᅡ르
ᄆᆞᆫ甚씸히希힁有ᇢᄒᆞᆫᄃᆞᆯ반ᄃᆞ기아롤ᄯᆡ니
聲聞ᄋᆞᆫ久著法相ᄒᆞ야執有為解ᄒᆞ고不了諸法의
本空ᄒᆞ야一切文字ㅣ皆是假立ᄒᆞᆯ신ᄃᆞᆯ忽聞深經
에諸相이不生ᄒᆞ면言下애即佛ᄒᆞᅀᆞ올시所以驚怖
ㅣ어니와唯是上根菩薩ᄋᆞᆫ得聞此理ᄒᆞᅀᆞᆸ고歡喜受
持ᄒᆞ야心無畏怖退轉ᄒᆞ니如此之流ㅣ甚為希有
ᄒᆞ니라○聲셩聞문ᄋᆞᆫ오래法법相샹애著팍
ᄒᆞ야有ᄋᆞᆯ자바아롬삼고諸졍法법의本본
來ᄅᆡᆼ空콩ᄒᆞ야一힗切쳉文문字쭝ㅣ다이개
즈것셴ᄃᆞᆯ아디몯ᄒᆞᆯᄊᆡ기픈經경에諸졍相샹

이 나디 아니ᄒᆞ면 말ᄊᆞ매 곧 부톄라 ᄒᆞ샤ᄆᆞᆯ 므르
두 듣ᄌᆞ올 씬 놀라 두리거나와 오직 이 上ᄊᆞᇰ根
긴 菩뽕薩삻ᄋᆞᆫ 이 理링 시러 믈 ᄌᆞᆸ고 歡환喜힁
ᄒᆞ야 受쓯持띵ᄒᆞ야 ᄆᆞᅀᆞ매 저ᄒᆞ믈 리 그우룸
업스니 이 곧 ᄒᆞᆫ 무리 甚
씸히 希힁有ᇢᄒᆞ니라

何以故오 須菩提야 如來說第一波羅蜜이 即非
第一波羅蜜이라 是名第一波羅蜜이라 ○ 엇데어
뇨 須슝菩뽕提
뗑여 如셩來링 니르ᄂᆞᆫ 第뗑一힗波방羅랑蜜밇
이 곧 第뗑一힗波방羅랑蜜밇 아니라 이 일후미
第뗑一힗波방羅랑蜜밇이라

口說心不行은 即非오 口說心行은 即是며 心

有能所ᄂᆞᆫ 即非오 心無能所ᄂᆞᆫ 則是니라○이 ᄢᅴ

ᅀᆞ매 行ᅘᆡᇰ티 아니호ᄆᆞᆫ 곧 아니오 이 ᄢᅴ니ᄅᆞ고

ᄆᆞᅀᆞ매 行ᅘᆡᇰ호ᄆᆞᆫ 곧 이 ᄢᅴ ᄆᆞᅀᆞ매 能ᄂᆞᆼ所ᄉᆞᆼ이

쇼ᄆᆞᆫ 곧 아니오 ᄆᆞᅀᆞ매

能ᄂᆞᆼ所ᄉᆞᆼ 업수믄 이라

須菩提야 忍辱波羅蜜이 如來說이 非忍辱波羅

蜜이라 是名忍辱波羅蜜이라○須ᅀᅲᆼ菩뽕提뗑여 忍ᅀᅵᆫ辱ᅀᅭᆨ波방羅랑蜜밇

이 如ᅀᅧᆼ來ᄅᆡᆼ 니ᄅᆞᄂᆞ니 忍ᅀᅵᆫ辱ᅀᅭᆨ波방羅랑蜜밇

아니니라 이 일후미 忍ᅀᅵᆫ辱ᅀᅭᆨ波방羅랑蜜밇이라

見有辱境當情이 即非오 不見辱境當情이 即

是며 見有身相이 當彼所害ㅣ 即非오 不見有

身相의 當彼所害ㅣ 即是라○辱욕ᄃᆞᆫ 외境경이 ᄠᅳ데 當당ᄒᆞ니 이 슈믈
보미 곤 아니오 辱욕ᄃᆞᆫ 외境경이 ᄠᅳ데 當당ᄒᆞ오ᄆᆞᆯ
보ᄃᆡ 몸ᄒᆞ마 곤이며 身신相샹의 ᄃᆡ 害ᄒᆡᆼᄒᆞ오ᄆᆞᆯ 當
당ᄒᆞ리 이 쇼ᄆᆞᆯ 보미 곤 아니오 身신相샹의 ᄃᆡ 害
ᄒᆡᆼᄒᆞ오ᄆᆞᆯ 當당ᄒᆞ리 이 쇼ᄆᆞᆯ 보다 몯ᄒᆞ미 곤이라

何以故오 須菩提야 如我ㅣ 昔為歌利王의 割截
身體ᄒᆞ야 我於爾時예 無我相無人相無衆生相無
壽者相ᄒᆞ다니 何以故오 我於往昔節節支解時여
若有我相人相衆生相壽者相ᄒᆞ던ᄃᆡᆫ 應生瞋恨ᄒᆞ리
러니라○엇뎨어뇨 須슝菩뽕提뗑여 내 녜 歌강
利링王왕ᄋᆡ 身신體톙ᄅᆞᆯ 버효미 ᄃᆞ외야ᄂᆞᆫ 내 그ᄢᅴ

我앙相샹업스며人신相샹업스며衆중生싱相샹업스며壽쓯者쟝相샹업다니엇뎨어뇨내ᄆᆞᄃᆡᄆᆞᄃᆡ활기ᄠᅳ즐제ᄒᆞ다가我앙相샹人신相샹衆중生싱相샹壽쓯者쟝相샹잇던댄반ᄃᆞ기瞋친心심ᄒᆞ야믜유믈내리러니라

如來ㅣ因中에在初地時에爲忍辱仙人ᄒᆞ샤被歌利王의割截身體ᄒᆞ샤ᄃᆡ無一念痛惱之心ᄒᆞ시니若有痛惱之心ᄒᆞ시면即生嗔恨ᄒᆞ시리러니라歌利王은是梵語ㅣ니此云無道極惡君也ㅣ라一說에如來ㅣ因中에曾爲國王ᄒᆞ샤常行十善ᄒᆞ샤利

益蒼生ᄒᆞ실시 國人이 歌讚此王故로 云歌利라
王이 求無上菩提ᄒᆞ샤 修忍辱行ᄒᆞ시더니 爾時天帝
釋이 化作旃陀羅ᄒᆞ야 乞王의 身肉ᄒᆞᆫ대 王이 卽割
施ᄒᆞ샤 殊無嗔惱ㅣ라ᄒᆞ니 今存二說ᄒᆞ노니 於理예 俱
通ᄒᆞ니라 ○如ᅀᅧᆼ來ᄅᆡᆼㅣ 因ᅙᅵᆫ中듕에 初총地ᄠᅵᆼ예 겨신 제 忍ᅀᅵᆫ辱ᅀᅭᆨ仙션人ᅀᅵᆫ이 ᄃᆞ외샤
歌강利링王왕의 身신體텡 버효ᄆᆞᆯ 니브샤ᄃᆡ ᄒᆞᆫ 念념ㅅ 셜운 ᄆᆞᅀᆞ미 업스시니 ᄒᆞ다가 셜운
ᄆᆞᅀᆞ미 겨시면 곧 嗔친心심ᄒᆞ야 믜요ᄆᆞᆯ 내시리러니라 歌강利링王왕ᄋᆞᆫ 梵뻠語ᅌᅥᆼㅣ니
예셔 닐오맨 無뭉道ᄯᅩᇢᄒᆞᆫ ᄀᆞ장 모딘 님그미라ᄒᆞᆫ 마래 如ᅀᅧᆼ來ᄅᆡᆼㅣ 因ᅙᅵᆫ中듕에 일즉 國귁

王왕이 ᄃᆞ외샤 샹녜 十씹善쎤을 行ᅘᆡᇰᄒᆞ샤 蒼창生ᄉᆡᇰᄋᆞᆯ 利링益ᅙᅧᆨᄒᆞ실ᄊᆡ ■ 蒼창生ᄉᆡᇰᄋᆞᆫ 퍼러히 살씨니 머리 보ᄂᆞᆫ ᄠᅳ디라 ◣ 나랏 사ᄅᆞ미 이 王왕ᄋᆞᆯ 놀애 블러 기리ᄉᆞ올ᄊᆡ 솔오ᄃᆡ 歌강利링라 王왕이 無뭉上썅菩뽕提똉ᄅᆞᆯ 求끃ᄒᆞ샤 忍ᅀᅵᆫ辱ᅀᅭᆨ行ᅘᆡᇰᄋᆞᆯ 닷더시니 그ᄢᅴ 天텬帝뎽釋석이 化황ᄒᆞ야 旃젼陁땅羅랑ㅣ ᄃᆞ외야 王왕ᄋᆡ 身신肉ᅀᅲᆨᄋᆞᆯ 비ᅀᆞ온대 王왕이 곧 버혀 주샤ᄃᆡ 잢간도 嗔친心심ᄒᆞ야 셜워홈 업스시니라 ᄒᆞ니 이제 두ᄠᆞᄅᆞᆯ 두노나 理링예 다 通통ᄒᆞ니라

須臾ᄒᆞ야 又念過去於五百世예 作忍辱仙人ᄒᆞ야

於爾所世예 無我相無人相無衆生相無壽者相

ᄒᆞ다니 ○ 須슝菩뽕提똉여 ᄯᅩ 念념ᄒᆞ니 過광去컹에 五옹百ᄇᆡᆨ世솅예 忍ᅀᅵᆫ辱ᅀᅭᆨ仙션人ᅀᅵᆫ이 ᄃᆞ외

야 이런 世생예 我앙相샹 업스며 人신相샹 업스며 衆즁生싱相샹 업스며 壽슝者쟝相샹 업다니

世者ᄂᆞᆫ 生也ㅣ라 如來ㅣ 因中에 於五百世예 修行忍辱波羅蜜ᄒᆞ샤 以得四相이 不生ᄒᆞ니라시 如來ㅣ自述往因者ᄂᆞᆫ 欲令一切修行人으로 成就忍辱波羅蜜이시니 行忍辱波羅蜜人이 既行忍辱行者ᄂᆞᆫ 不見一切人의 過惡ᄒᆞ야 冤親平等ᄒᆞ야 無是無非ᄒᆞ야 被他의 打罵殘害도ᄒᆞ야 歡喜受之ᄒᆞ야 倍加恭敬ᄂᆞ니 行如是行者ㅣ사 即能成就忍辱波

羅蜜ᄒᆞ리라 ○世생ᄂᆞᆫ 生싱이라 如셩來링ㅣ
因힌中듕에 五옹百빅世생여 忍신辱욕
波방羅랑蜜밇을 修슝行행ᄒᆞ샤 四승相샹이
나디 아니ᄒᆞ샤 몸 得득ᄒᆞ시니라 如셩來링ㅣ
ᄌᆞ개 ᄡᅵᆺ 因힌을 니ᄅᆞ사문 一힗切쳉人 修슝行
행ᄒᆞᆯ ᄡᅳᄅᆞ모로 忍신辱욕波방羅랑蜜밇을 일
우게 고뎌ᄒᆞ시니 忍신辱욕波방羅랑蜜밇行
행호 ᄡᅡᄅᆞ마ᄒᆞ마 忍신辱욕行행올 行행ᄒᆞᄂᆞ
니 一힗切쳉人신의 過광惡학을 보디 아니ᄒᆞ
아 冤훤讎쓩와 親친을 平뼝等ᄃᆞᆼ히 ᄒᆞ야 올홈
업스며 외욤 업서 ᄂᆞ미 티며 구지저 殘짠害뼁
ᄅᆞᆯ 니바도 歡환喜흥ᄒᆞ야 바다 恭공敬경을 倍
뼁히 더ᄒᆞᄂᆞ니 이곤ᄒᆞᆫ 行행올 行행ᄒᆞ리ᄡᅡ곤
能ᄂᆞᆼ히 忍신辱욕波방羅랑蜜밇을 일우리라

是故로 須菩提야 菩薩이 應離一切相ᄒᆞ야 發阿耨

多羅三藐三菩提心이니 不應住色生心ᄒᆞ며 不應住聲香味觸法生心이니 應生無所住心이니라 ○ 이럴ᄊᆡ 須슝菩뽕提뗑여 菩뽕薩삻이 반ᄃᆞ기 一힗切쳉相샹ᄋᆞᆯ 여희여 阿항耨녹多당羅랑三삼藐먁三삼菩뽕提뗑ㅅ ᄆᆞᅀᆞᄆᆞᆯ 發벓홀띠니 色식애 住뜡ᄒᆞ야 ᄆᆞᅀᆞᆷ 내요미 몯ᄒᆞ리며 聲셩과 香향과 味밍와 觸쵹과 法법에 住뜡ᄒᆞ야 ᄆᆞᅀᆞᆷ 내요미 몯ᄒᆞ리니 반ᄃᆞ기 住뜡호ᄆᆞᆫ 업슨 ᄆᆞᅀᆞᄆᆞᆯ 내욜띠니라

不應住色生心者ᄂᆞᆫ 是ᄂᆞᆫ 都標也ㅣ시고 聲香等ᄋᆞᆫ 別列其名也ㅣ시니라 於此六塵에 起憎愛心ᄒᆞ야 由此妄心ᄒᆞ야 積集無量業結ᄒᆞ야 覆蓋佛性ᄒᆞ야 雖

種種勤苦修行ᄒᆞ야도 不除心垢ᄒᆞᆯᄊᆡ 終無解脫之

理ᄒᆞ니 推其根本컨댄 都由色上애 住心이니 如能

念念에 常行般若波羅蜜ᄒᆞ야 推諸法空ᄒᆞ야 不生

計著ᄒᆞ야 念念에 常自精進ᄒᆞ야 一心守護ᄒᆞ야 無令

放逸이니 淨名經에 云호ᄃᆡ 求一切智호ᄃᆡ 無非時求

ㅣ라ᄒᆞ며 大般若經에 云호ᄃᆡ 菩薩摩訶薩이 晝夜精

勤ᄒᆞ야 常住般若波羅蜜多ᄒᆞ야 相應作意ᄒᆞ야 無時

暫捨ㅣ라ᄒᆞ니라 ○ 반ᄃᆞ기 色식애 住뜡ᄒᆞ야 ᄆᆞᅀᆞᆷ 내욤 몯ᄒᆞ리라 ᄒᆞ샤ᄆᆞᆫ 아ᄂᆞᆫ 뫼화 標

봉ᄒᆞ시고聲셩香향돌ᄒᆞᆫ各각別볋히그이르후
을ᄇᆡ리시니라이六륙塵띤에미며ᄃᆞᆺ오ᄂᆞᆫᄆᆞᅀᆞᆷ
니르와다이妄망心심을브터無뭉量량業업
미요몰뫼화佛뿛性셩을두파비록種죵種죵
으로勤끈苦콩히修슝行ᅘᆡᆼᄒᆞ야도ᄆᆞᄉᆞ맷ᄇᆡᆨ
롤더ᄃᆞᆫ아니ᄒᆞᆯ씨ᄆᆞᅀᆞᆷ내解ᅘᆡᆼ脫탏ᄒᆞᆯ理링업
스니根곤本본ᄋᆞᆯ推췽尋씸컨댄다色식上썅
애ᄆᆞᅀᆞᆷ住뜡호몰브트니라ᄒᆞ다가能능히念
념念념에般반若샹波방羅랑蜜밇을샹네行
ᅘᆡᆼᄒᆞ야諸졍法법의空콩ᄋᆞᆯ推츙尋씸ᄒᆞ야혜
아려者땩ᄒᆞᆫ몰내디아니ᄒᆞ야念념念념에샹
네졔精졍進진ᄒᆞ야一힗心심ᄋᆞ로간슈ᄒᆞ야
放방蕩땅히노ᄒᆞ몰업게ᄒᆞᆯᄢᅵ니淨쪙名명經
경에닐오ᄃᆡ一힗切촁智딩롤求꿍ᄒᆞᄃᆡ時씽
節졇아닌求꿍ᄒᆞ미업다ᄒᆞ며大땡般밣若샹
經경에닐오ᄃᆡ善뽕薩삻摩망訶학薩삻이밤

나재 精졍勤끈ᄒᆞ야 샹녜 般반若샹波방羅랑
蜜밇多당애 住뜡ᄒᆞ야 사ᄅᆞᆺ 제 ᄇᆞᆯ지 서 ᄌᆞᆷ간
도 ᄇᆞ릴 ᄡᅵ 업스
니라 ᄒᆞ니라

若心이 有住ᄒᆞ면 即爲非住ㅣ니 ○ ᄒᆞ다가 ᄆᆞᅀᆞ미 住뜡
이시면 곧 住뜡ㅣ 아니니
若心住涅槃ᄒᆞ면 非是菩薩住處ㅣ니 不住涅槃ᄒᆞ며
不住諸法ᄒᆞ야 一切處에 不住ᄒᆞᅀᅡ 方是菩薩住
處ㅣ니 上文에 說ᄒᆞ샨 應無所住而生其心이 是也
ㅣ라 ○ ᄒᆞ다가 ᄆᆞᅀᆞ미 涅녏槃빤애 住뜡ᄒᆞ면
이 菩뽕薩삻ㅅ 住뜡홀 곧 아니니 涅녏槃빤애
住뜡티 아니ᄒᆞ며 諸졍法법에 住뜡티 아니ᄒᆞ
야 一잃切쳉處쳥에 住뜡티 아니ᄒᆞ야ᅀᅡ 바ᄅᆞ

서이 菩뽕薩삻ㅅ 住뜡홀 고대 니우숙그레니라
샨 반ᄃᆞ기 住뜡혼 곧 업시ᄒᆞ야 그ᄆᆞᆺ 숨내요미
이라

是故로 佛說菩薩心은 不應住色布施니 須菩提야 菩薩이 爲利益一切衆生故로 應如是布施니라

○ 이럴씨 부텨 菩뽕薩삻ㅅ ᄆᆞᅀᆞᄆᆞᆫ 色ᄉᆡᆨ애 住뜡ᄒᆞ야 布봉施싱ᄒᆞ디 몯ᄒᆞ리라 니ᄅᆞ시니 須슝菩뽕提뗑여 菩뽕薩삻이 一힗切촁衆중生싱 利링益혁ᄒᆞ오ᄆᆞᆯ 爲윙ᄒᆞᆫ 젼ᄎᆞ로 반ᄃᆞ기 이 ᄀᆞ티 布봉施싱홀띠니라

菩薩이 不爲求望自身五欲快樂ᄒᆞ야 而行布施

ᄒᆞ고 但爲內破慳心ᄒᆞ며 外利益一切衆生ᄒᆞ야 而行
布施ᄒᆞᄂᆞ니라 菩薩者行은 法財로 等施ᄒᆞ야 利益無
疆ᄒᆞᄂᆞ니 若作能利益心ᄒᆞ면 卽是非法이니 不作利
益心이 是名無住ㅣ니 無住ㅣ 卽是佛心이라 ○菩뽕薩
삻이 내 모맷 五옹欲욕快쾡樂락求꿓望망ᄒᆞ
ᄆᆞᆯ 爲윙ᄒᆞ야 布봉施싱行ᅘᆼ티 아니코 오직 안
ᄒᆞ로 慳간貪탐ㅅ ᄆᆞᅀᆞᄆᆞᆯ 헐며 밧ᄀᆞ로 一힗切쳉
衆즁生싱利링益혁ᄒᆞ오ᄆᆞᆯ 爲윙ᄒᆞ야 布봉施싱
行ᅘᆡᆼᄒᆞᄂᆞ니라 菩뽕薩삻ㅅ 行ᅘᆡᆼ은 法법財쯩
ᄅᆞᆯ 平뼝等둥히 施싱ᄒᆞ야 利링益혁을 ᄀᆞᆺ업시
ᄒᆞᄂᆞ니 ᄒᆞ다가 能능히 利링益혁ᄒᆞ논 ᄆᆞᅀᆞᄆᆞᆯ
지ᅀᅳ면 곧 이 法법 아니니 利링益혁ᄒᆞ논 ᄆᆞᅀᆞᆷ

짓디 아니호미 일후미 住뜡 업수미니 住뜡 업수미 곧 이 부텻 ᄆᆞᅀᆞ미라

如來說一切諸相이 卽是非相이며 又說一切衆生이 卽非衆生이라 ○ 如ᅀᅧᆼ來ᄅᆡᆼ 니ᄅᆞ논 一ᅙᅵᇙ切쳉 諸졍相샹이 곧 이 相샹 아니며 ᄯᅩ 니ᄅᆞ논 一ᅙᅵᇙ切쳉衆즁生ᄉᆡᆼ이 곧 衆즁生ᄉᆡᆼ 아니라

如者는 不生이오 來者는 不滅이니 不生者는 我人이 不生이오 不滅者는 覺照ㅣ 不滅이라 下文에 云ᄒᆞ샤ᄃᆡ 如來者는 無所從來ᄒᆞ며 亦無所去ᄒᆞᆯᄊᆡ 故名如來라 ᄒᆞ시니 如來說我人等相이 畢竟에 可破

壞라 非眞實體也ㅣ며 一切衆生이 盡是假名

이니 若離妄心ᄒᆞ면 卽無衆生可得일ᄊᆡ 故로 言卽非

衆生이라ᄒᆞ시니라 ○ 如셩는 生셩아니호미
오 來링는 滅멿아니호미니 生싱아니호

ᄆᆞᆫ 我항人싄이 生싱티 아니호미오 滅멿아니호
ᄆᆞᆫ 覺각照쯍ㅣ 滅몛아니호미라 아랫ᄉᆞ그레니ᄅᆞ

샤ᄃᆡ 如셩來링는 브터온ᄃᆡ업스며 ᄯᅩ가ᄃᆡ업
슳ᄊᆡ 일호미 如셩來링라 ᄒᆞ시니 如셩來링니

ᄅᆞ시는 我항人싄ᄂᆞᆫ 相샹이 ᄆᆞ초매 어루 허롤
피라 眞진實씷ㅅ 躰톙아니며 一힗切쳉衆

중生싱이 대이 거즛일호미니 ᄒᆞ다가 妄망心
심올 여희면 곧 衆중生싱이 어루 得득호ᇙ 껏 업

ᄉᆞ릴씨니 ᄅᆞ샤ᄃᆡ 곧 衆중
生싱 아니라 ᄒᆞ시니라

須菩提아 如來ᄂᆞᆫ 是眞語者며 實語者며 如語者ㅣ며 不誑語者ㅣ며 不異語者ㅣ니라○須슝菩뽕提뗑여 如셩來링ᄂᆞᆫ 이 眞진ᄒᆞᆫ 말ᄒᆞᄂᆞ니며 實씷ᄒᆞᆫ 말ᄒᆞᄂᆞ니며 如셩ᄒᆞᆫ 말ᄒᆞᄂᆞ니며 소기디 아니ᄒᆞᄂᆞᆫ 말ᄒᆞᄂᆞ니며 다ᄅᆞ디 아니ᄒᆞᆫ 말ᄒᆞᄂᆞ니라

眞語者ᄂᆞᆫ 說一切有情無情이 皆有佛性이시고

實語者ᄂᆞᆫ 說衆生이 造惡業ᄒᆞ면 定受苦報ㅣ시고

如語者ᄂᆞᆫ 說衆生이 修善法ᄒᆞ면 定有樂報ㅣ시고

不誑語者ᄂᆞᆫ 說般若波羅蜜法이 出生三世佛

ᄒᆞ야 決定不虛고ㅣ시 不異語者ᄂᆞᆫ 如來所說ᄒᆞ샨 初
善中善後善이 旨意微妙ᄒᆞ야 一切天魔外道ㅣ
無有能超勝ᄒᆞ며 及破壞佛語者ㅣ시니라 ○ 眞진ᄒᆞ신 마ᄅᆞᆫ 一
힗切쳉 有웋情쪙 無뭉情쪙이 다 佛뿛性셩 잇다 니ᄅᆞ실 씨오 實씷ᄒᆞ신 마ᄅᆞᆫ 衆즁生싱이
惡학業업을 지ᅀᅳ면 一힗定뗭히 苦콩報봉ᄅᆞᆯ 受쓯ᄒᆞᄂᆞ니라 니ᄅᆞ실 씨오 如셩ᄒᆞ신 마ᄅᆞᆫ 衆
즁生싱이 善쎤法법을 닷ᄀᆞ면 一힗定뗭히 즐거운 報봉ㅣ 잇ᄂᆞ니라 니ᄅᆞ실 씨오 소기디 아
니ᄒᆞ시ᄂᆞᆫ 마ᄅᆞᆫ 般반若샹波방羅랑蜜밇法법이 三삼世솅佛뿛을 내야 決꿣定뗭히 虛헝티
아니타 니ᄅᆞ실 씨오 다ᄅᆞ디 아니ᄒᆞ신 마ᄅᆞᆫ 如셩來ᄅᆡᆼ 니ᄅᆞ샨 初총善쎤中듕善쎤後ᅘᅮᇢ善쎤

이ᄠᅳ디 微밍妙묳ᄒᆞ야 一ᅙᅵᇙ切쳉ㅅ 天텬魔망
와 外욍道ᄯᅩᇢ왜 能능히 걷너디 몯ᄒᆞ며 ᄯᅩ 부텻 말
ᄊᆞᆷ 허ᄉᆞ오리 업
스나시니라

須菩提야 如來所得法이 此法이 無實無虛ᄒᆞ니

須슝菩뽕提뗑여 如셩來링得득ᄒᆞᆫ 法법이
이 法법이 實씷홈 업스며 虛헝홈 업스니라○

無實者ᄂᆞᆫ 以法體ㅣ 空寂ᄒᆞ야 無相可得이니 然이나
中有恒沙性德이 用之不匱ᄒᆞᆯᄊᆡ 故言無虛ㅣ시니라
欲言其實ᄒᆞ야도 無相可得이며 欲言其虛ᄒᆞ야도 用
而無間ᄒᆞ니 是故로 不得言無ㅣ며 不得言有ㅣ니 有

而不有ᄒᆞ며 無而不無ᄒᆞ야 言辭不及者ㅣ 其惟眞
智乎ᅟᅵᆫ뎌 若不離相修行ᄒᆞ면 無由證ᄒᆞ니라○ 實씷ᄒᆞᆷ 업
수믄 法법體톙空콩寂쪅ᄒᆞ야 相샹이 어루 得득ᄒᆞᇙ 것 업슬ᄊᆡ니 그러나 中듕에 恒ᅘᆼ沙상性
셩德득이 ᄇᆞᆺ디 다ᄋᆞ디 아니ᄒᆞᆷ이 실ᄊᆡ 虛헝ᄒᆞᆷ 업다 니ᄅᆞ시니라 그 實씷을 닐오려 ᄒᆞ야도 相
샹이 어루 得득ᄒᆞᇙ 것 업스며 그 虛헝를 닐오려 ᄒᆞ야도 ᄇᆞᆺ디 긋디 아니ᄒᆞ니 이럴ᄊᆡ 업다 닐오
미 몯ᄒᆞ리며 잇다 닐오미 몯ᄒᆞ리니 이 쇼ᄃᆡ 잇디 아니ᄒᆞ며 업수ᄃᆡ 업디 아니ᄒᆞ야 말ᄊᆞᆷ과 가
ᄌᆞᆯ뵤ᄆᆞ로 밋디 몯ᄒᆞᇙ 꺼시 그 眞진實씷ㅅ 智딩ㄴ뎌 ᄒᆞ다가 相샹 여흰 修슣行ᅘᆡᇰ 아니면 아해
니르ᄅᆞᆯ ᄊᆞᆯ 업스니라

須菩提야 若菩薩이 心住於法ᄒᆞ야 而行布施ᄒᆞ면 如
人이 入闇ᄒᆞ야 即無所見이어니와 ○須슝菩뽕提뗑여 ᄒᆞ다가 菩뽕薩삻이
ᄆᆞᅀᆞᄆᆞᆯ 法법에 住뜡ᄒᆞ야 布봉施싱 行행ᄒᆞ면 사ᄅᆞ미 어드운ᄃᆡ 드러 곧 봄 업숨 ᄀᆞᆮ거니와
於一切法에 心有住著ᄒᆞ면 則不了三輪體空ᄒᆞ야
如盲者ㅣ 處暗ᄒᆞ야 無所曉了ᄃᆞᆺᄒᆞ니 華嚴經에 云
호ᄃᆡ 聲聞이 在如來會中ᄒᆞ야 聞法호ᄃᆡ 如盲如聾이라
ᄒᆞ니 爲住諸法相故也ㅣ라 ○一힗切쳉法법에 ᄆᆞᅀᆞ미 住뜡著ᄧᅣᆨ이시면
三삼輪륜體톙空콩ᄒᆞᆫ ᄃᆞᆯ 아디 몯ᄒᆞ야 눈머니 어드운ᄃᆡ 이셔 아롬 업숨 ᄀᆞᆮᄒᆞ니 華ᅘᅪᆼ嚴엄經

경엣 ᄂᆞᆫ 오ᄂᆞᆫ 聲셩聞문이 如셩來ᄅᆡᆼ人 會ᄒᆞᆼ中

듕에 이셔 法법 듣ᄌᆞ오ᄃᆡ 눈머니 ᄀᆞᄐᆞ며 ᄀᆞᆺ머

그니ᄅᆞᆫ 마ᄒᆞ니 諸졍法법相샹

애 住뜡ᄒᆞ오ᄆᆞᆯ 爲윙ᄒᆞᆫ 젼ᄎᆡ라

若菩薩이 心不住法ᄒᆞ야 而行布施ᄒᆞ면 如人이 有目

거든 日光이 明照ᄒᆞ야 見種種色 ᄃᆞᆺᄒᆞ니라 ○ᄒᆞ다가 菩뽕薩삻이 ᄆᆞᅀᆞᄆᆞᆯ

法법에 住뜡티 아니ᄒᆞ야 布봉施싱行ᄒᆡᇰᄒᆞ면 사ᄅᆞ미 누니 잇거든 ᄒᆡᆺ 光광明명이 ᄇᆞᆯ기 비취여 種

죵種죵ᄋᆞᆯ 비츨 보ᄃᆞᆺᄒᆞ니라

若菩薩이 常行般若波羅蜜多無著無相行ᄒᆞ면

如人이 有目ᄒᆞ야 處於皎日之中커니 何所不見也

ㅣ리오○ᄒᆞ다가 菩뽕薩삻이 般밣若샹波방

羅랑蜜밇多당ㅅ 無뭉着땩 無뭉相샹行ᅘᆡᇰ을

샹녜 行ᅘᆡᇰᄒᆞ면 사ᄅᆞ미 눈이 이셔 ᄇᆞᆯᄀᆞᆫ ᄒᆡᆺ 中

듕에 處쳥ᄒᆞᆷ 곧ᄒᆞ니 어듸 보디 몯ᄒᆞ료

須菩提야 當來之世예 若有善男子善女人이 能

於此經에 受持讀誦ᄒᆞ면 即爲如來ㅣ 以佛智慧로

悉知是人ᄒᆞ며 悉見是人ᄒᆞ니 皆得成就無量無邊

功德ᄒᆞ리라○須슝菩뽕提똉여 當당來ᄅᆡᆼ世솅

예 ᄒᆞ다가 善쎤男남子ᄌᆞᆼ 善쎤女녕人신이

能능히 이 經경에 受쓩持띵讀똑誦쑝ᄒᆞ면 곧 如

셩來ᄅᆡᆼㅣ 佛뿛智딩慧쀙로 이 사ᄅᆞᄆᆞᆯ 다 아ᄅᆞ시며

사ᄅᆞᄆᆞᆯ 다 보시ᄂᆞ니 다 無뭉量량無

뭉邊변 功공德득을 일우리라

當來之世者ᄂᆞᆫ 如來滅後後五百歲濁惡之世예 邪法이 競起ᄒᆞ야 正法이 難行ᄒᆞ리니 於此時中에 若有善男子善女人이 得遇此經ᄒᆞ야 從師稟受ᄒᆞ야 讀誦在心ᄒᆞ야 精進不妄ᄒᆞ야 依義修行ᄒᆞ야 悟入佛之知見ᄒᆞ면 則能成就阿耨菩提ᄒᆞ리니 以是로 三世諸佛이 無不知之시니라 ○當당來ᄅᆡᆼ世솅ᄂᆞᆫ 如ᅀᅧᆼ來ᄅᆡᆼ滅멿後ᅘᅮᇢㅅ 後ᅘᅮᇢ五ᅌᅩᆼ百ᄇᆡᆨ歲ᄉᆌᆼ濁딱惡ᅙᅡᆨᄒᆞ욘 世솅예 邪쌰ᇰ온 法법이 난것니러 正졍法법이 行ᅘᆡᇰ호미 어려우리니 이 時씽節졇ㅅ 中듀ᇰ에 ᄒᆞ다가 善쎤男남子ᄌᆞᆼ 善쎤女녀ᇰ人ᅀᅵᆫ이 이 經경

을맛나ᅀᆞᅀᆞᄋᆞᆯ조차바다受쓯ᄒᆞ야讀똑誦쑝
ᄒᆞ야ᄆᆞᅀᆞ매두어精졍進진ᄒᆞ야ᄀᆡ大리아나
ᄒᆞ야ᄠᅳ들ᄇᆞ터修슝行ᅘᆡᇰᄒᆞ야부텻知딩見견
어야란들면餘능히阿항耨녹菩뽕提뗑ᄅᆞᆯ일
우리니이럴ᄊᆡ三삼世솅諸졍
佛뿛아니모ᄅᆞ사ᄅᆞᆷ업스시니라

本面落張

金剛經 坤

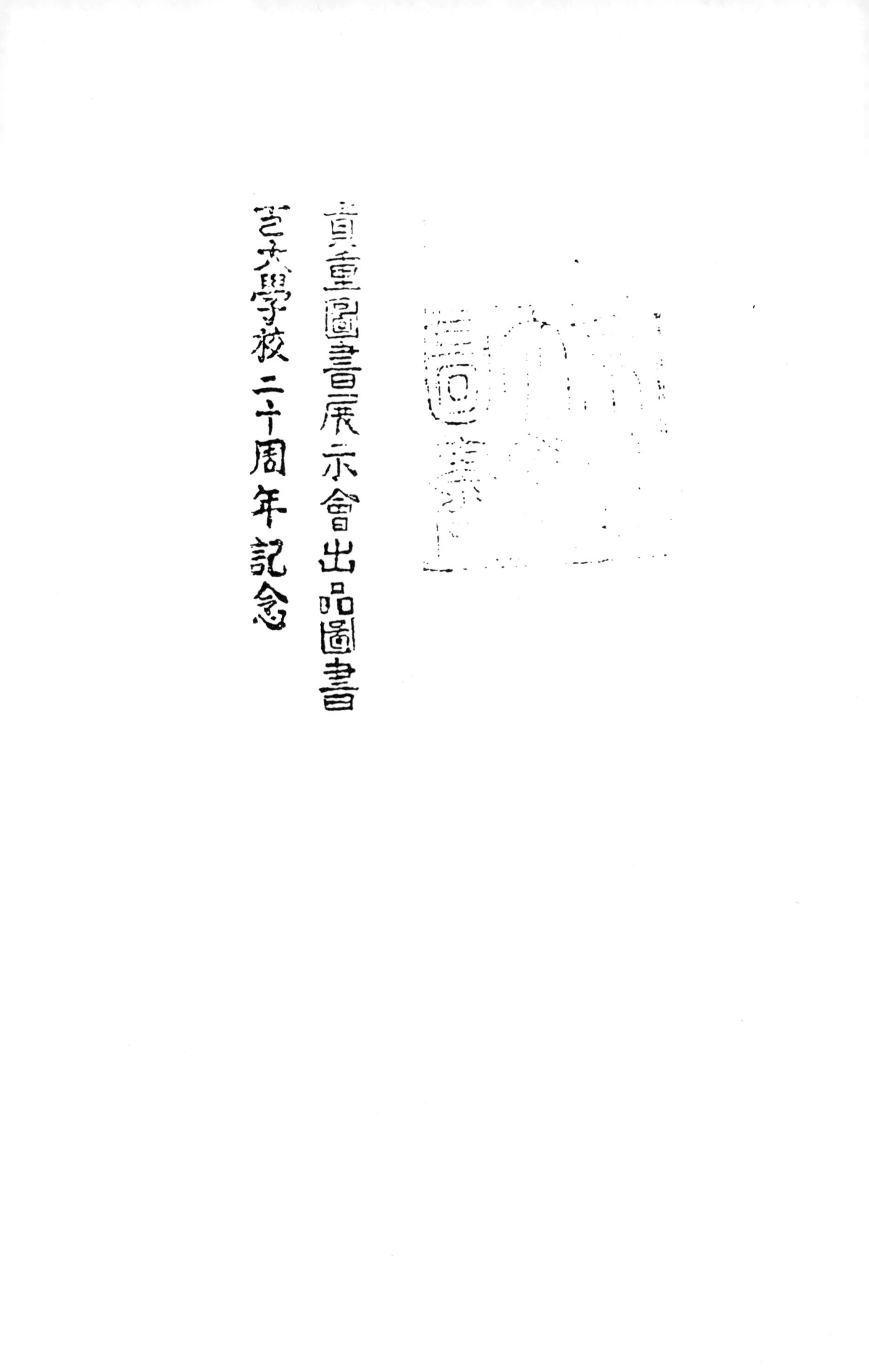

貴重圖書展示會出品圖書

藝大學校 二十周年記念

持經功德分第十五

須菩提야 若有善男子善女人이 初日分에 以恒河沙等身으로 布施ᄒᆞ고 中日分에 復以恒河沙等身으로 布施ᄒᆞ고 後日分에 亦以恒河沙等身으로 布施ᄒᆞ야 如是無量百千萬億劫에 以身布施ᄒᆞ야도 若復有人이 聞此經典ᄒᆞ고 信心不逆ᄒᆞ면 其福이 勝彼ᄒᆞ리니 何況書寫受持讀誦ᄒᆞ야 爲人解說이여

○須슈菩뽕提뗑 ᄒᆞ샤ᄃᆡ 善쎤男남子ᄌᆞ 善쎤女녕人신이 初총日실分뿐에 恒흥河항沙상等등身신으로 布봉施싱ᄒᆞ고 中듕

日싫分뿐에 또 恒훙河향沙상等등으로 布봉施싱ᄒᆞ고 後흫日싫分뿐에 또 恒훙河향沙상等등 모ᄆᆞ로 布봉施싱ᄒᆞ야 이ᄀᆞ티 無뭉量량百빅千쳔萬먼億흑劫겁에 모ᄆᆞ로 布봉施싱ᄒᆞ야도 ᄒᆞ고라도 ᄯᅩ 사ᄅᆞ미 이 經경典뎐 듣고 信신心심이 거스디 아니ᄒᆞ면 그 福복이 뎌에셔 더으리니 ᄒᆞ믈며 書셩寫상ᄒᆞ며 受쓩持띵ᄒᆞ며 讀똑誦쑹ᄒᆞ야 사ᄅᆞᄆᆞᆯ 爲윙ᄒᆞ야 사겨 닐오미ᄯᆞ녀

佛說ᄃᆡ ᄒᆞ샤 末法之時예 得聞此經ᄒᆞ고 信心不逆ᄒᆞ야 四相이 不生ᄒᆞ면 即是佛之知見이라 此人功德이 勝前엣 多劫을 捨身功德ᄒᆞ야 百千萬億으로 不可譬喩니 一念聞經도 ᄒᆞ야 眞福이 尙多콘 何況

更能書寫受持讀誦ᄒᆞ야 爲人解說ᄒᆞ야ᄃᆞᆫ 當知此人
은 決定成就阿耨多羅三藐三菩提ᄒᆞ리 所以種
種方便으로 爲說如是甚深經典ᄒᆞ야 俾離諸相ᄒᆞ야
得阿耨多羅三藐三菩提ᄂᆞ니 所得福德이 無有
邊際ᄒᆞ니라 蓋緣多劫을 捨身ᄒᆞ야도 不了諸法本
空ᄒᆞ야 心有能所ᄒᆞ면 未離衆生之見이어니와 如能聞
經悟道ᄒᆞ야 我人이 頓盡ᄒᆞ면 言下애 即佛이어니 將
捨身有漏之福ᄒᆞ야 比持經無漏之慧컨댄 實不可

及시일故로 雖十方애 聚寶ᄒᆞ며 三世를 捨身ᄒᆞ야도

不如持經四句偈라 ᄒᆞ니 注에 云 心有能所四字

를 一本애 云ᄒᆞ샤ᄃᆡ 有能捨所捨心이 在ᄒᆞ면 元未離

衆生之見ᄒᆞ니라 ᄒᆞ니 此解ㅣ 意ㅅ分明ᄒᆞᆫ 故로 兩存

ᄒᆞ노라 ○ 부톄 니ᄅᆞ샤ᄃᆡ 末뭃法법時씽예

經경을 시러 듣고 信신心심이 거스디 아니ᄒᆞ

야 四ᄉᆞᆼ相샹이 나디 아니ᄒᆞ면 곧 부텻 知딩

見견이 곤ᄋᆡ 사ᄅᆞ미 功공德득이 이 ᄅᆞᆯ 혜ᅀᆞᆫ 劫겁

을 ᄃᆞ뭇 功공德득에 더어 百ᄇᆡᆨ千쳔萬먼億ᅙᅳᆨ

목ᄋᆞ로 가ᄌᆞᆯ븐 ᄒᆞ니 ᄒᆞᆷ 念념에 經경 드리

도 그 福복ᄋᆞᆫ 오 ᄒᆞ리어니 ᄒᆞ물며 能ᄂᆞᆼ히 書

샹 寫샹ᄒᆞ야 受ᄊᆄᆼ持띵ᄒᆞ야 讀똑誦쑝ᄒᆞ야 ᄂᆞᆷ

ᄅᆞᆷ爲윙ᄒᆞ야사겨닐오미ᄯᆞ녀반ᄃᆞ기알라이
사ᄅᆞᄆᆞᆫ決궗定뗭히阿항耨녹多당羅랑三삼
藐막三삼菩뽕提똉ᄅᆞᆯ일우리ᄊᆡ種죵種죵方
방便뼌으로이ᄀᆞᆮᄒᆞᆫ甚씸히기픈經경典뎐을
爲윙ᄒᆞ야닐어諸졍相샹여희여阿항耨녹多
당羅랑三삼藐막三삼菩뽕提뗑ᄅᆞᆯ得득게ᄒᆞ
니得득ᄒᆞᆫ福복德득이ᄀᆞᆺ업스니라한劫겁을
모ᄆᆞᆯᄇᆞ려도諸졍法법의本본來ᄅᆡᆼ空콩ᄒᆞᆫᄃᆞᆯ
아디몯ᄒᆞᄆᆞᆯ브터ᄆᆞᅀᆞ미能능所송이시면衆
즁生ᄉᆡᆼ의見견ᄋᆞᆯ여희디몯거니와ᄒᆞ다가能
능히經경을듣고道똫ᄅᆞᆯ아라我앙人신이다
업스면말ᄊᆞ매곧부톄리니몸ᄇᆞ린漏룽잇ᄂᆞᆫ
福복ᄋᆞᆯ가져經경디닌漏룽업슨慧휑예가ᄌᆞᆯ
비건댄實씷로밋디몯ᄒᆞ릴ᄊᆡ비록十씹方방
애보ᄇᆡ뫼호며三삼世솅ᄅᆞᆯ몸ᄇᆞ려도經경四
송句궁偈꼥디뇸ᄀᆞᆮ디몯ᄒᆞ니라注즁에닐온

心심有융能능所송ㅅ네字쫑ᄅᆞᆯ一힗ᄎᆞᆺ本본애
닐오ᄃᆡ能능捨샹와所송捨샹ㅅᄆᆞᅀᆞ미이사
면本본來ᄅᆡᆼ衆즁生ᄉᆡᆼ의見견을여희ᄃᆡ몯ᄒᆞ
니라ᄒᆞ니이사교미ᄡᅳ디ᄯᅩ分분明명ᄒᆞᆯ씨ᄅᆞᆯ
ᄒᆞᆯ두
노라

須菩提야以要言之컨댄是經이有不可思議不可
稱量無邊功德ᄒᆞ니○須슝菩뽕提뗑여조ᅀᆞᄅᆞ
외요ᄆᆞ로니ᄅᆞ건댄이經경이어
ᄅᆞ思ᅀᆞ議읭몯ᄒᆞ며어ᄅᆞ稱칭量량몯
ᄒᆞᆯ無뭉邊변ᄒᆞᆫ功공德득이잇ᄂᆞ니

持經之人이心無我所ᄒᆞ니無我所故로是佛心
이니佛心功德이無有邊際故로言不可稱量이
라

ᄒᆞ시니라 ○ 持띵經경ᄒᆞᇙ ᄊᆞ리 ᄆᆞᅀᆞ미 我앙所송ㅣ 업ᄉᆞ니 我앙所송 업슬ᄊᆡ 佛뿛心심이니 佛뿛心심ㅅ 功공德득이 ᄀᆞᇫ 업슬ᄊᆡ 니ᄅᆞᄡᅵᄃᆡ 不붏可캉稱칭量량이라 ᄒᆞ시니라

如來爲發大乘者ᄒᆞ야 說ᄒᆞ며 爲發最上乘者ᄒᆞ야 說ᄒᆞᄂᆞ니

若有人이 能受持讀誦ᄒᆞ야 廣爲人說ᄒᆞ면 如來ㅣ 悉知是人ᄒᆞ며 悉見是人ᄒᆞᄂᆞ니 皆得成就不可量不可稱無有邊不可思議功德ᄒᆞ리니 如是人等은 則爲荷擔如來阿耨多羅三藐三菩提ᄒᆞ리니

○ 如ᅀᅧᆼ來ᄅᆡᆼㅣ 大땡乘씽 發벓ᄒᆞ리 爲윙ᄒᆞ야 니ᄅᆞ며 最좽上썅乘씽 發벓ᄒᆞ리 爲윙ᄒᆞ야 니ᄅᆞᄂᆞ니 ᄒᆞ다가 사ᄅᆞ미 能ᄂᆞᇰ

히 受쓯持띵讀똑誦쑝ᄒᆞ야 너비 ᄂᆞᆷ 爲윙ᄒᆞ야 니
ᄅᆞ면 如ᅀᅧᆼ來ᄅᆡᆼㅣ 이 사ᄅᆞᄆᆞᆯ 다 알며 이 사ᄅᆞᄆᆞᆯ 다
보ᄂᆞ니 다 어루 量량티 몯ᄒᆞ며 어루 稱칭티 몯ᄒᆞ
며 ᄀᆞᆺ업슨 不블可캉思ᅀᆞᆼ議읭 功공德득을 일우
리니 이 ᄀᆞᄐᆞᆫ 사ᄅᆞᄆᆞᆫ 곧 如ᅀᅧᆼ來ᄅᆡᆼㅅ 阿항耨녹
多당羅랑三삼藐먁三삼菩뽕提뗑ᄅᆞᆯ 메유미니
大乘者ᄂᆞᆫ 智慧廣大ᄒᆞ야 善能建立一切法이오 最
上乘者ᄂᆞᆫ 不見垢法이 可厭ᄒᆞ며 不見淨法이 可
求ᄒᆞ며 不見衆生이 可度ᄒᆞ며 不見涅槃이 可證ᄒᆞ며
不作度衆生心ᄒᆞ며 亦不作不度衆生心ᄒᆞᄂᆞ니 是
名最上乘이며 亦名一切智며 亦名無生忍이며 亦

94b

名大般若니 若有人이 發心求佛無上道ᄒᆞ고 聞此無相無為甚深之法ᄒᆞ고 即當信解受持ᄒᆞ야 為人解說ᄒᆞ야 令其深悟ᄒᆞ야 不生毀謗ᄒᆞ야 得大忍力과 大智慧力과 大方便力ᄀᆡᄒᆞ야ᅀᅡ 方能通流此經也ㅣ니라 上根之人이 聞此經典ᄒᆞ고 得深悟佛意ᄒᆞ야 持自心經ᄒᆞ야 見性究竟ᄒᆞ고 復起利他之行ᄒᆞ야 能為人解說ᄒᆞ야 令諸學者로 自悟無相之理ᄒᆞ야 得見本性如來ᄒᆞ야 成無上道케ᄒᆞᄂᆞ니 當知說法之

人의 所得功德이 無有邊際ᄒᆞ야 不可稱量이로다

聞經解義ᄒᆞ야 如教修行ᄒᆞ고 復能廣爲人說ᄒᆞ야 令

諸衆生으로 得悟修行無相無著之行케ᄒᆞ니 以能

行此行者ㅣ 有大智慧光明ᄒᆞ야 出離塵勞ᄒᆞ며 雖

離塵勞ᄒᆞ나 不作離塵勞之念ᄒᆞ야 即得阿耨多羅

三藐三菩提ᄒᆞᆯᄊᆡ 故名荷擔如來니 當知持經之

人이 自有無量無邊不可思議功德이로다 ○ 大땡乘씽

은 智딩慧휑 넙고 키 이대 能능히 一힗切쳉法법

을 세유미오 最죙上썅乘씽은 더러운 法법

이 어루 슬ᄒᆞ몰 보디 몯ᄒᆞ며 ᄌᆞᄀᆞᆫ 法법이 어루
求꿈ᄒᆞ몰 보디 몯ᄒᆞ며 衆중生싱이 어루 濟졩
度똥ᄒᆞ몰 보디 몯ᄒᆞᄂᆞ니 涅녏槃빤이 어루 證징
ᄒᆞ몰 보디 몯ᄒᆞ며 衆중生싱 濟졩度똥ᄉᆞ모ᄉᆞ
몰 짓디 말며 ᄯᅩ 衆중生싱 濟졩度똥아니 ᄒᆞᆫ ᄃᆞ
ᄉᆞ몰 짓디 마ᄂᆞ니 이 일후미 最졍上썅乘씽이
며 ᄯᅩ 일후미 一힗切쳉智딩며 ᄯᅩ 일후미 無뭉
生싱忍신이며 ᄯᅩ 일후미 大땡般반若샹ㅣ니
ᄒᆞ다가 사ᄅᆞ미 發벓心심ᄒᆞ야 無뭉上썅
道똥ᄅᆞᆯ 求꿍ᄒᆞᄃᆡ 이 相샹 업스며 ᄒᆞ욤 업슨
씸히 기픈 法법을 듣고 곧 반ᄃᆞ기 信신解갱受
쓩持띵ᄒᆞ야 ᄂᆞᆷ 爲윙ᄒᆞ야 ᄉᆞ니ᄅᆞ기 피아라
ᄒᆞ려 구쳬 ᄌᆞᄅᆞᆯ 내디 아니ᄒᆞ야 大땡忍신力륵
과 大땡智딩慧쀙力륵과 大땡方방便뼌力륵
을 得득게 ᄒᆞ야ᅀᅡ 然션 ᄂᆞᆼ히 이 經경을 流륳通통
ᄒᆞ리라 上썅根ᄀᆞᆫ 옛 사ᄅᆞ미 이 經경典뎐을 ᄃᆞᆮ고

고기피부텻ᄠᅳ들아ᅀᆞ오ᄆᆞᆯ得득ᄒᆞ야自ᄍᆞᆼ心심經경을디녀性셩을보아몯고ᄯᅩᄂᆞᆷ利링ᄒᆡᄂᆞ니行ᅘᆡᇰ을니르와다能ᄂᆞᆼ히사ᄅᆞᆷ爲윙ᄒᆞ야사겨닐어비ᄇᆡᄒᆞᆯᄊᆞᄅᆞᆷᄃᆞᆯᄒᆞ로제無뭉相샹理링ᄅᆞᆯ아라本본性셩如셩來링ᄅᆞᆯ시러보아無뭉上썅道ᄄᆞᇢᄅᆞᆯ일우게ᄒᆞᄂᆞ니說셣法법ᄒᆞᆯᄊᆞ미得득ᄒᆞᆫ功공德득이ᄀᆞᆺᅀᅵ업서어루稱칭量량몯ᄒᆞᆯᄄᆞᆯ반ᄃᆞ기알리로다經경듣고ᄠᅳ들아라ᄀᆞᄅᆞ치삼다이行ᅘᆡᇰ닷고ᄯᅩ能ᄂᆞᆼ히너비사ᄅᆞᆷ爲윙ᄒᆞ야닐어衆즁生ᄉᆡᇰᄃᆞᆯᄒᆞ로아로ᄆᆞᆯ得득ᄒᆞ야無뭉相샹無뭉者쟝行ᅘᆡᇰ을修슐行ᅘᆡᇰ케ᄒᆞ니이行ᅘᆡᇰ을能ᄂᆞᆼ히行ᅘᆡᇰᄒᆞᆯᄊᆞ미큰智딩慧ᅘᆌᆼ光광明명이이셔塵띤勞롷ᄋᆡ나여희여비록塵띤勞롷ᄅᆞᆯ여희나塵띤勞롷여흰念념을잡디아니ᄒᆞ야즉재阿항耨녹多당羅랑三삼藐먁三삼菩뽕提똉ᄅᆞᆯ得득ᄒᆞᆯᄊᆡ일훔이荷ᅘᆞᆼ擔

당如셩來링ㅣ持띵經경ᄒᆞᄂᆞᆫ사ᄅᆞ미測無무量량無뭉邊변不블可캉思ᄉᆞᆼ議읭功공德득을 뒷ᄂᆞᆫ ᄃᆞᆯ 반ᄃᆞ기 아ᄅᆞᆯ띠로다

何以故오 須菩提야 若樂小法者ᄂᆞᆫ 著我見人見衆生見壽者見ᄒᆞᆯᄉᆡ 卽於此經에 不能聽受讀誦ᄒᆞ야 爲人解說ᄒᆞᄂᆞ니라

엇뎨어뇨 須슝菩뽕提똉여 小숗法법 즐기ᄂᆞᆫ 사ᄅᆞᄆᆞᆫ 我앙見견人신見견衆즁生ᄉᆡᆼ見견壽슣者쟝見견에 著땩ᄒᆞᆯᄊᆡ 곧 이 經경에 能ᄂᆼ히 드러 바다 닐그며 외와 ᄂᆞᄆᆞᆯ 爲윙ᄒᆞ야 사겨 니ᄅᆞ디 몯ᄒᆞᄂᆞ니라

何名樂小法者오 爲二乘聲聞人이 樂小果ᄒᆞ고

不發大心故로 卽於如來ㅅ 深法에 不能受持

讀誦ᄒᆞ야 爲人解說ᄒᆞᄂᆞ니라 ○ 므스기 일후미 小숑法법 즐기ᄂᆞ니오 二싱

乘씽 聲셩聞문엣 사ᄅᆞ미 小숑果광ᄅᆞᆯ 즐기고 大땡心심을 發벓티 몯ᄒᆞᆯᄊᆡ 곧 如영來랑ㅅ 기

픈 法법에 能능히 受쓩持띵讀똑誦쑝ᄒᆞ야 ᄂᆞᆷ 爲윙ᄒᆞ야 사겨 니ᄅᆞ디 몯ᄒᆞᄂᆞ니라

須菩提야 在在處處에 若有此經ᄒᆞ면 一切世間天

人阿修羅의 所應供養이니 當知此處ㅣ 卽爲是塔

이라 皆應恭敬作禮圍繞ᄒᆞ야 以諸華香으로 而散其處

ㅣ니라 ○ 須숑菩뽕提뗑여 在쩽在쩽處청處청에 ᄒᆞ다가 이 經경이 이시면 一힗切쳉世솅間간

天텬人ᅀᅵᆫ阿ᅙᅡ修슐羅랑ᄋᆡ 供공養양호ᄆᆞᆯ 바ᄃᆞ기 알라 이 고대 곧 이 塔탑이라 다 恭공敬경ᄒᆞ야 禮롕數숭ᄒᆞ고 圍윙繞ᅀᅳᇢᄒᆞ야 華황香향ᄃᆞᆯᄒᆞ로 그 고대 흐ᄐᆞᇙ디니라

若人이 口誦般若ᄒᆞ고 心行般若ᄒᆞ야 在在處處에 常行無爲無相之行ᄒᆞ면 此人所在之處ㅣ 如有佛塔ᄒᆞ야 感得一切天人이 各持供養ᄒᆞ야 作禮恭敬ᄒᆞ야 與佛無異ᄒᆞ리니 能受持經者ᄂᆞᆫ 是人心中에 自有世尊故로 云如佛塔廟ㅣ시니라ᄒᆞ니 當知所得福德이 無量無邊也ㅣ로다 ○ᄒᆞ다가 사ᄅᆞ미 이베 般반若샹ᄅᆞᆯ 외

오고ᄆᆞᅀᆞ매般반若ᅀᅣᇰ로行ᅘᆡᇰᄒᆞ야在ᄍᆡᆼ在ᄍᆡᆼ處쳥處쳥에샹녜無뭉爲윙無뭉相샹行ᅘᆡᇰ올

行ᅘᆡᇰᄒᆞ면이사ᄅᆞ미잇논고디부텻塔탑이ᅀᅳ미곧ᄒᆞ야一힗切쳉天텬人ᅀᅵᆫ이各각各각供

공養양가져禮롕數숭ᄒᆞ야恭공敬경ᄒᆞ야부텨와ᄃᆞᆯ옴업수믈感감ᄒᆞ야ᅘᅧ드리니能능히

經경受쓯持띵ᄒᆞᄂᆞ니이사ᄅᆞ미心심中듕에졔世솅尊존이겨시니如셩佛뿛塔탑廟묳ㅣ

라니ᄅᆞ시니得득ᄒᆞ논福복德득이無뭉量량無뭉邊변ᄒᆞᆫ돌반ᄃᆞ기아ᄅᆞᆯ띠로다

能淨業障分第十六

復次須菩提야 若善男子善女人이 受持讀誦此經ᄒᆞ오ᄃᆡ 若爲人輕賤ᄒᆞ면 是人의 先世罪業이 應墮惡

道ㅣ언마ᄅᆞᆫ 以今世人輕賤故로 先世罪業이 即爲消
滅ᄒᆞ야 當得阿耨多羅三藐三菩提ᄒᆞ리라○ᄯᅩ 버거 須슈菩뽕提
뗑여 善쎤男남子ᄌᆞᆼ善쎤女녕人ᅀᅵᆫ이 이 經경을
受쓯持띵讀똑誦쑝호ᄃᆡ ᄒᆞ다가 ᄂᆞᄆᆡ 가ᄇᆡ야이
ᄂᆞᆯ아이 너교미 ᄃᆞ외면 이 사ᄅᆞᄆᆡ 先션世솅罪쬥
業업이 惡학道똥애 ᄠᅥ러디리언마ᄅᆞᆫ 今금世솅
예ᄂᆞᆫ ᄂᆞᄆᆡ 가ᄇᆡ야이 ᄂᆞᆯ아이 너길ᄊᆡ 先션世솅罪쬥
業업이 곧 消숗滅멿ᄒᆞ야 반ᄃᆞ기 阿항耨녹多당
羅랑三삼藐먁三삼菩
뽕提뗑ᄅᆞᆯ 得득ᄒᆞ리라
佛言ᄒᆞ샤ᄃᆡ 持經之人이 合得一切天人의 恭敬
供養이로ᄃᆡ 爲前生애 有重業障故로 今生애 雖

得受持諸佛如來ㅅ 甚深經典ᄒᆞ나 常被人의 輕
賤ᄒᆞ며 不得人의 恭敬供養ᄒᆞ야 自以受持經典
故로 不起人我等相ᄒᆞ야 不問寃親ᄒᆞ야 常行恭敬
ᄒᆞ야 心無惱恨ᄒᆞ야 蕩然無所計較ᄒᆞ야 念念에 常行
般若波羅蜜行ᄒᆞ야 曾無退轉ᄒᆞ니 以能如是修行
故로 得無量劫으로 以至今生히ㅅ 所有極惡罪障
이 並能消滅ᄒᆞᄂᆞ니라 又約理而言컨댄 先世ᄂᆞᆫ 即是
前念妄心이오 今世ᄂᆞᆫ 即是後念覺心이니 以後念

覺心ᄋᆞ로 輕賤前念惡心ᄒᆞ야 妄이 不得住故로 云

先世罪業이 即爲消滅이라ᄒᆞ시니 妄念이 既滅ᄒᆞ면

罪業이 不成ᄒᆞ야 即得菩提ᄒᆞ리라 ○부톄니ᄅᆞ샤ᄃᆡ 經경디닐

ᄊᆞᄅᆞ미 一힗切쳉天텬人ᅀᅵᆫ의 恭공敬경供공養양得득호미 맛당ᄒᆞ니로ᄃᆡ 前쪈生ᄉᆡᇰ애 罪

쬥業업障쟝이 실씨 今금生ᄉᆡᇰ애 비록 諸졍佛뿛如ᅀᅧᆼ來링ㅅ 甚씸深심經경典뎐受쓩

持띵ᄒᆞ고 ᄆᆞᆯ 得득ᄒᆞ나 상녜 ᄂᆞᄆᆡ 輕켱賤쪈ᄒᆞᆫ ᄃᆞᆯ 니브며 ᄂᆞ미 恭공敬경供공養양ᄋᆞᆯ 得득디 몯

ᄒᆞ야도 經경典뎐을 受쓩持띵ᄒᆞ논 젼ᄎᆞ로 ᄉᆞᅀᅵᆫ 我앙等등相샹ᄋᆞᆯ 니르완ᄃᆡ 아니ᄒᆞ야 怨

원讐쓩와 아ᅀᆞᆷ과 믈디 아니ᄒᆞ야 상녜 恭공敬경을 行ᅘᆡᇰᄒᆞ야 ᄆᆞᅀᆞ매 측ᄒᆞ오미 업서 현히 혜미

업서 念념念념에 상녜 般반若샹波방羅랑蜜
밇行ᅘᆡᇰ을 行ᅘᆡᇰᄒᆞ야 잢간도 믈리그우루미 업
스니 能능히 이 ᄀᆞ티 修슝行ᅘᆡᇰᄒᆞ논 젼ᄎᆞ로 無
뭉量량劫겁으로 今금生ᄉᆡᇰ애 니르리 ᄃᆞᆺ논 至
장極끅ᄒᆞᆫ 모딘 罪쬥障쟝이 다 能능히 消숗滅멿
ᄒᆞ믈 得득ᄒᆞᄂᆞ니라 ᄯᅩ 理링ᄅᆞᆯ 자바 니르건댄
先션世솅ᄂᆞᆫ 곧 이 앏 念념ㅅ 거즛 ᄆᆞᅀᆞ미오 今
금世솅ᄂᆞᆫ 곧 이 後ᅘᅮᇢ念념ㅅ 아ᄂᆞᆫ ᄆᆞᅀᆞ미니 後
ᅘᅮᇢ念념覺각心심으로 前쪈念념妄망心심을
輕켱賤쪈히 너겨 妄망이 住뜡티 몯ᄒᆞᆯᄊᆡ 先션
世솅罪쬥業업이 곧 消숗滅멿이라 니ᄅᆞ시니
妄망念념이 ᄒᆞ마 업스면 罪쬥業업이 이디 몯
ᄒᆞ야 곧 菩뽕提똉ᄅᆞᆯ 得득ᄒᆞ리라

須菩提야 我念過去無量阿僧祇劫에 於然燈佛

前에 得值八百四千萬億那由他諸佛와ᄒᆞᅀᆞ 悉皆
供養承事ᄒᆞ야 無空過者ᄒᆞ니 若復有人이 於後末世
예 能受持讀誦此經ᄒᆞ면 所得功德이 於我所供養
諸佛功德에 百分에 不及一ᄒᆞ며 千萬億分이며 乃至
算數譬喩의 所不能及이리라 ○須슝菩뽕提똉
여 내 念념호ᄃᆡ 過광去겅
無뭉量량阿항僧승祇낑劫겁에 然연燈등佛뿛
ㅅ 앏픠 八밣百ᄇᆡᆨ四ᄉᆞᆼ千쳔萬먼億ᅙᅳᆨ那낭由융
他탕 諸졍佛뿛을 맛나ᅀᆞ와 다 供공養양ᄒᆞᅀᆞ와
ᄇᆡ 다 셤기ᅀᆞ와 空콩히 디내ᅀᆞᆫ 업수니 ᄒᆞ다가 ᄯᅩ
사ᄅᆞ미 後ᅘᆞᇢ末맗世솅예 能능히 이 經경을 受쓯ᄒᆞ
持띵讀똑誦쑝ᄒᆞ면 得득ᄒᆞᆫ 功공德득이 내 諸졍

佛뿛供공養양ᄒᆞᅀᆞ온功공德득에百ᄇᆡᆨ分뿐에
ᄒᆞ나토몯미츠며千쳔萬먼億흑分뿐이며算산
數숭譬핑喩유ᄋᆡ能능
히밋디몯ᄒᆞ노매니ᄅᆞ리라

供養恒沙諸佛ᄒᆞᅀᆞ오며施寶ㅣ滿三千界ᄒᆞ며捨身
이如微塵數ᄒᆞ야種種福德도不及持經ᄒᆞ야一念
에悟無生理ᄒᆞ야息希望心ᄒᆞ야遠離衆生의顚倒
知見ᄒᆞ야即到波羅彼岸ᄒᆞ야永出三塗ᄒᆞ야證無餘
涅槃也ᄒᆞ리라○恒ᅘᅳᆼ沙상諸졍佛뿛供공養양
ᄒᆞᅀᆞ오며보ᄇᆡ施상호미三삼千쳔
界갱예ᄀᆞᄃᆞᆨᄒᆞ며몸ᄇᆞ료미微밍塵띤數숭ㅣ
곧ᄒᆞ야種죵種죵福복德득도經경디녀一힗

念념에 無뭉生싱理링ᄅᆞᆯ 아라ᄇᆞ、라ᄂᆞᆫ ᄆᆞᅀᆞᄆᆞᆫ
그 衆즁生싱의 갓ᄀᆞᆫ 知딩見견을 머리여 ᄒᆡ
여 즉재 波방羅랑ᄅᆞᆯ ᄀᆞ래 다ᄃᆞ라 三삼途똥애
가라나 無뭉餘영涅녏槃빤 證징ᄒᆞ매 밋디 몯
ᄒᆞ、리
라

須菩提若善男子善女人이 於後末世예 有受
持讀誦此經ᄒᆞ야 所得功德을 我若具說者ㅣ면 或有
人이 聞ᄒᆞ면 心即狂亂ᄒᆞ야 狐疑不信ᄒᆞ、리라 ○ 須슝菩뽕提똉여 ᄒᆞ
다가 善쎤男남子ᄌᆞᆼ 善쎤女녕人ᅀᅵᆫ이 後ᅘᅮᇢ末맗
世솅예 이 經경을 受쓭持띵讀똑誦쑝ᄒᆞ、리이셔
得득ᄒᆞᆫ 功공德득을 내 ᄒᆞ、다가 ᄀᆞ초 닐올띠면 시
혹 ᄊᆞᄅᆞ、마드르면 ᄆᆞᅀᆞ、미 곧 미쳐 어즈러워 狐홍

驗읭ᄒᆞ야 信신티 아니ᄒᆞ리라

佛言ᄒᆞ샤ᄃᆡ 末法衆生이 德薄垢重ᄒᆞ며 嫉妬ㅣ 彌

深ᄒᆞ시ᄂᆞᆯ 衆聖이 潛隱ᄒᆞ시고 邪見이 熾盛ᄒᆞ리니 於此

時中에 如有善男子善女人이 受持讀誦此經

ᄒᆞ야 圓成法相ᄒᆞ야 無所得ᄒᆞ야 念念에 常行慈悲

喜捨ᄒᆞ야 謙下柔和ᄒᆞ면 究竟에 成就無上菩提ᄒᆞ리

니 或有人이 不知如來ㅅ 正法이 常在不滅ᄒᆞ야

聞說如來滅後後五百歲에 有人이 能成就無

相心ᄒᆞ야 行無相行ᄒᆞ야 得阿耨多羅三藐三菩提
라 ᄒᆞ면 則必心生驚怖ᄒᆞ야 狐疑不信ᄒᆞ리라 ○부텨 니ᄅᆞ샤ᄃᆡ
末맗法법衆즁生ᄉᆡᆼ이 德득이 젹고 [illegible] 므거우
며 새오미 더욱 기플ᄊᆡ 衆즁聖셩이 수므시고
邪썅見견이 盛쎵ᄒᆞ리니 이 時씽節졇에 ᄒᆞ다
가 善쎤男남子ᄌᆞ 善쎤女녀人ᅀᅵᆫ이 이 經경을
受쓯持띵讀똑誦쑝ᄒᆞ야 法법相샹 두려이ᄋᆞᆯ
위 得득홈 업수믈 ᄉᆞᄆᆞᆺ 아라 念념念념에 샹녜
慈쭝悲빙喜힁捨샹ᄅᆞᆯ 行ᅘᆡᇰᄒᆞ야 辭쑹讓샹ᄒᆞ
야 ᄂᆞᄌᆞᆨᄒᆞ야 부드러이 和ᅘᅪᆼᄒᆞ리 이시면 내 죵
애 無뭉上썅菩뽕提똉ᄅᆞᆯ 일우리니 시혹 사ᄅᆞ
미 如셩來ᄅᆡᆼᄉᆞ 正졍法법이 샹녜 아니 셔 滅멿티
아니호ᄆᆞᆯ 아디 몯ᄒᆞ야 如셩來ᄅᆡᆼ 滅멿後흫後
흫 五옹百ᄇᆡᆨ歲쉥예 사ᄅᆞ미 能능히 無뭉相샹

心심을 일워 無뭉相샹行ᅘᆡᇰ을 行ᅘᆡᇰᄒᆞ야 阿항耨녹多당羅랑三삼藐먁三삼菩뽕提똉ᄅᆞᆯ 得득ᄒᆞ리라 니ᄅᆞ거든 드르면 반ᄃᆞ기 ᄆᆞᅀᆞ매 ᄂᆞᆯ라 두류믈 내야 狐홍疑읭ᄒᆞ야 信신티 아니ᄒᆞ리라

須菩提야 當知是經義ㅣ 不可思議며 果報ㅣ 亦不可思議니라 ○須슝菩뽕提똉여 반ᄃᆞ기 알라 이 經경ㅅ ᄠᅳ디 不블可캉思ᅀᆞ議읭며 果광報봉ㅣ ᄯᅩ 不블可캉思ᅀᆞ議읭니라

是經義者ᄂᆞᆫ 即無著無相行也ㅣ라 云不可思議者ᄂᆞᆫ 讚歎無著無相行이 能成就阿耨多羅三

藐三菩提ᄒᆞ시니라○이經경ㅅᄠᅳ든곧無뭉著땩無뭉相샹行ᅘᆡᇰ이라不붏可캉思ᄉᆞ議읭라니르샤ᄆᆞᆫ無뭉著땩無뭉相샹行ᅘᆡᇰ이能능히阿항耨녹多당羅랑三삼藐먁三삼菩뽕提똉ᄅᆞᆯ일우믈기리시니라

究竟無我分第十七

爾時須菩提白佛言ᄒᆞᅀᆞᄫᅩᄃᆡ世尊하善男子善女人이發阿耨多羅三藐三菩提心ᄒᆞᆫ댄云何應住며云何降伏其心이잇고佛告須菩提ᄒᆞ샤ᄃᆡ善男子善女人이發阿耨多羅三藐三菩提心ᄒᆞᇙ者ᄂᆞᆫ當生如

是心ᄒᆞ리니 我應滅度一切衆生ᄒᆞ며 滅度一切衆生已ᄒᆞᄃᆡ 而無有一衆生이 實滅度者ㅣ니○그ᄢᅴ 須슝菩뽕提똉ㅣ 부텻긔 ᄉᆞᆯ오ᄃᆡ 世솅尊존하 善쎤男남子ᄌᆞᆼ 善쎤女녕人신이 阿항耨녹多당羅랑三삼藐먁三삼菩뽕提똉ᄆᆞᅀᆞᄆᆞᆯ 發벓ᄒᆞᆯ띤댄 엇뎨 반ᄃᆞ기 住뜡ᄒᆞ며 엇뎨 ᄆᆞᅀᆞᄆᆞᆯ 降ᅘᅡᆼ伏뽁ᄒᆞ리잇고 부톄 須슝菩뽕提똉ᄃᆞ려 니ᄅᆞ샤ᄃᆡ 善쎤男남子ᄌᆞᆼ 善쎤女녕人신이 阿항耨녹多당羅랑三삼藐먁三삼菩뽕提똉心심ᄋᆞᆯ 發벓ᄒᆞᄂᆞ닌 반ᄃᆞ기 이 곧ᄒᆞᆫ ᄆᆞᅀᆞᄆᆞᆯ 내요리니 내 一힗切쳉衆즁生싱ᄋᆞᆯ 滅멿度똥호려 ᄒᆞ며 一힗切쳉衆즁生싱ᄋᆞᆯ 滅멿度똥호ᄃᆡ ᄒᆞᆫ 衆즁生싱이 實씷로 滅멿度똥ᄒᆞ니 업스니

須菩提ㅣ 問佛ᄒᆞᅀᆞᄫᆞ오ᄃᆡ 如來滅後後五百歲예 若

有人이 發阿耨多羅三藐三菩提心인댄 依何法
而住ᄒᆞ며 如何降伏其心ᄒᆞ리잇고 佛言ᄒᆞ샤ᄃᆡ 當發度
脫一切衆生心ᄒᆞ며 度脫一切衆生ᄒᆞ야 盡得成佛
已ᄒᆞ야 不得見有一衆生이 是我滅度者ㅣ라 ᄒᆞ시니
何以故오 爲除能所心也ㅣ며 除有衆生心也ㅣ며
亦除我見心也ㅣ라 ○須슝菩뽕提똉ㅣ 부텻긔 묻ᄌᆞ오ᄃᆡ 如ᅀᅧᆼ來ᄅᆡᆼ滅멿後ᅘᅮᇢ
後ᅘᅮᇢ五ᅌᅩᆼ百ᄇᆡᆨ歲솅예 ᄒᆞ다가 사ᄅᆞ미 阿항耨녹多당羅랑三삼藐먁三삼菩뽕提똉心심
을 發벓ᄒᆞᆫ댄 어느 法법을 브터 住뜡ᄒᆞ며 엇
뎌 ᄆᆞᅀᆞᄆᆞᆯ 降ᅘᅡᇰ伏뽁ᄒᆞ리잇고 부톄 니ᄅᆞ샤ᄃᆡ

一힗切쳉衆즁生싱ᄋᆞᆯ度똥脫퇋ᄒᆞ올ᄃᆞ、ᅀᆞ、ᄆᆞᆯ반

ᄃᆞ、가發벓ᄒᆞ며一힗切쳉衆즁生싱ᄋᆞᆯ度똥脫

퇋ᄒᆞ야다成쎵佛뿛케ᄒᆞ오ᄃᆡᄒᆞᆫ衆즁生싱이이

내滅멿度똥ᄒᆞᆫᄃᆞᆯ보디몯ᄒᆞᄂᆞ니라ᄒᆞ시니잇

뎨어뇨能능所송心심을더루미며有웋衆즁

生싱心심을더루미며我앙見견心심더루믈

為윙ᄒᆞ시니라

何以故오須菩提야若菩薩이有我相人相衆生相壽者相ᄒᆞ면即非菩薩이니 ○엇뎨어뇨須슝菩뽕提뗑여ᄒᆞ다가菩뽕薩삻이我앙相샹人신相샹衆즁生싱相샹壽쓩者쟝相샹이이시면곧菩뽕薩삻이아니니

菩薩이若見有衆生이可度者ㅣ면即是我相이오

有能度衆生心ᄒᆞ면 即是人相이오 謂涅槃可求ㅣ라
ᄒᆞ면 即是衆生相이오 有涅槃可證이라 ᄒᆞ면 即是壽者
相이니 有此四相ᄒᆞ면 即非菩薩이라 ○菩뽕薩삻이 ᄒᆞ다가 衆즁生
싱이 어루 濟졩度똥호미 잇ᄂᆞ니라 보면 곧 이
我앙相샹이오 衆즁生싱ᄋᆞᆯ 能ᄂᆼ히 度똥脫퇋
ᄒᆞᆫ 모ᅀᆞ미 이시면 곧 이 人신相샹이오 涅녏槃
빤이 어루 求꿍ᄒᆞ리라 너기면 곧 이 衆즁生싱
相샹이오 涅녏槃빤이 어루 證징ᄒᆞ미 잇ᄂᆞ니
라 ᄒᆞ면 곧 이 壽쓯者쟝相샹ㅣ니 이 四ᄉᆞᆼ相샹
이 이시면 곧 菩뽕薩삻이 아니라
所以者何오 須菩提야 實無有法ᄒᆞ야 發阿耨多羅

三藐三菩提心者ᄒᆞ니라○엇뎨어뇨須슝菩뽕提뗑여實씷로法법이샤阿항耨녹多당羅랑三삼藐먁三삼菩뽕提뗑心심發벓호미업스니라

有法者ᄂᆞᆫ我人等四法이是也ㅣ니不除四法ᄒᆞ면終不得菩提ᄒᆞ리라若言我ㅣ不發菩提心者ㅣ라도亦是人我等法이니人我等法이是煩惱根本이라○法법이솜ᄋᆞᆫ我앙人신等등네法법이이니네法법을더디몯ᄒᆞ면내종내菩뽕提뗑를得득디몯ᄒᆞ리니ᄒᆞ다가닐오ᄃᆡ내菩뽕提뗑心심을發벓티아니ᄒᆞ노라ᄒᆞ야도ᄯᅩ이人신我앙等등法법이니人신我앙等등法법이煩뻔惱놓ㅅ불휘라

須菩提야 於意云何오 如來ㅣ 於然燈佛所애 有
法ᄒᆞ야 得阿耨多羅三藐三菩提아 不아 不也ㅣ니이다 世尊
하 如我解佛所說義ᄂᆞᆫ 佛이 於然燈佛所애 無有
法ᄒᆞ야 得阿耨多羅三藐三菩提시니이다 佛言ᄒᆞ샤ᄃᆡ 如
是ᄒᆞ다 ○須슝菩뽕提똉여 ᄠᅳ데 엇더뇨 如셩來ᄅᆡᆼ
然션燈등佛뿛所송애 法법이셔 阿항耨녹多
당羅랑三삼藐막三삼菩뽕提똉ᄅᆞᆯ 得득ᄒᆞ니ᅌᅵᆺ
가 아니ᅌᅵ다 世솅尊존하 내 부텻 니ᄅᆞ시논 ᄠᅳ들 아
ᅀᆞ오ᄆᆞᆫ 부톄 然션燈등佛뿛所송애 法법이셔 阿
항耨녹多당羅랑三삼藐막三삼菩뽕提똉ᄅᆞᆯ 得
득ᄒᆞ샤미 업스시니ᅌᅵ다 부톄
니ᄅᆞ샤ᄃᆡ 이 곧ᄒᆞ다 이 곧ᄒᆞ다

佛告須菩提ᄒᆞ샤ᄃᆡ 我於師處에 不除四相ᄒᆞ야 得受記아 不아 ᄒᆞ야시ᄂᆞᆯ 須菩提ㅣ 深解無相之理故로 言不也ㅣ니이다 ᄒᆞ니 善契佛意故로 佛言如是如是ᄒᆞ시니 言是ᄂᆞᆫ 印可之辭ㅣ라 ○ 부톄 須슝菩뽕提똉ᄃᆞ려 니ᄅᆞ샤ᄃᆡ 내 스승ᄭᅴ 四ᄉᆞᆼ相샹ᄋᆞᆯ 더디 몯ᄒᆞ야 受쓯記깅ᄅᆞᆯ 得득ᄒᆞ녀 몯ᄒᆞ녀 ᄒᆞ야시ᄂᆞᆯ 須슝菩뽕提똉ㅣ 相샹업슨 理링ᄅᆞᆯ 기피 알ᄊᆡ ᄉᆞᆯ오ᄃᆡ 아니이다 ᄒᆞ니 부텻 ᄠᅳ데 ᄋᆞ대마ᄍᆞᄫᆞᆯᄊᆡ 부톄 如ᅀᅧᆼ是씽如ᅀᅧᆼ是씽라 니ᄅᆞ시니 是씽라 니ᄅᆞ샤ᄆᆞᆫ 印힌可캉ᄒᆞ시논 마리라

須菩提야 實無有法ᄒᆞ야 如來得阿耨多羅三藐三

菩提니 須菩提야 若有法ᄒᆞ야 如來得阿耨多羅三
藐三菩提者ㅣ면 然燈佛이 即不與我受記ᄒᆞ샤ᄃᆡ 汝
於來世예 當得作佛ᄒᆞ야 號釋迦牟尼라ᄒᆞ시디 아니ᄒᆞ시리어늘 以實
無有法ᄒᆞ야 得阿耨多羅三藐三菩提시라 是故然燈
佛이 與我受記ᄒᆞ샤 作是言ᄒᆞ샤ᄃᆡ 汝於來世예 當得作
佛ᄒᆞ야 號釋迦牟尼리라ᄒᆞ시니 何以故오 如來者ᄂᆞᆫ
即諸法如義니라 ○須슝菩뽕提뗑여 實씷로 法
법이셔 如셩來ᄅᆡᆼ 阿항耨녹多당
羅랑 三삼藐막三삼菩뽕提뗑ᄅᆞᆯ 得득호미 업스
니 須슝菩뽕提뗑여 ᄒᆞ다가 法법이셔 如셩來ᄅᆡᆼ

ㅣ阿항耨녹多당羅랑三삼藐막三삼菩뽕提뗑
를得득ᄒᆞ미이시면然션燈등佛뿛이곧나를受
쓩記긩주샤ᄃᆡ네오ᄂᆞᆫ뉘예반ᄃᆞ기부톄ᄃᆞ외야
일후미釋셕迦강牟뭉尼닝라아니ᄒᆞ시리어늘
實씷로法법이셔阿항耨녹多당羅랑三삼藐막
三삼菩뽕提뗑를得득ᄒᆞ미업슬씨이럴씨然션
燈등佛뿛이나를受쓩記긩를주샤이마를ᄒᆞ샤
ᄃᆡ네오ᄂᆞᆫ뉘예반ᄃᆞ기부톄ᄃᆞ외야일후미釋셕
迦강牟뭉尼닝리라ᄒᆞ시니엇뎨어뇨如
셩來링ᄂᆞᆫ곧諸졍法법의如셩ᄒᆞᆫᄠᅳ디라

佛言ᄒᆞ샤ᄃᆡ 實無我人衆生壽者ᄒᆞ야사 始得受菩
提記ㅣ니 我若有發菩提心ᄒᆞ던 然燈佛이 則不
與我受記ᄒᆞ시리어늘 以實無所得시ᄒᆞᆯ 然燈이 始與

我受記시라ᄒᆞ니 此一段文은 總成眞菩提의 無我

義라 佛言諸法如義者ᄂᆞᆫ 諸法은 卽是色聲香

味觸法이니 於此六塵中에 善能分別ᄒᆞ되 而本體

湛然ᄒᆞ야 不染不着ᄒᆞ야 曾無變異ᄒᆞ야 如空不動ᄒᆞ야

圓通瑩徹ᄒᆞ야 歷劫常存ᄒᆞᆯᄉᆡ 是名諸法如義라 菩

薩瓔珞經에 云ᄒᆞ되 毁譽不動이 是如來行ᄒᆞ이다

入佛境界經에 云ᄒᆞ되 諸欲이 不染故로 敬禮無

所觀이라ᄒᆞ니라 ○부톄니ᄅᆞ샤ᄃᆡ 實씷로 我앙人신衆즁生싱壽쓩者쟝ㅣ 업서아 비

르서 菩뽕提똉記긩受쓯호ᄆᆞᆯ 得득ᄒᆞᄂᆞ니
ᄒᆞ다가 菩뽕提똉 發벓ᄒᆞᆫ ᄆᆞᅀᆞ미 잇더면 然션
燈등佛뿛이 곧 나ᄅᆞᆯ 受쓯記긩 주디 아니ᄒᆞ시
리어늘 實씷로 得득ᄒᆞ욘 곧 업슬ᄊᆡ 然션燈등이
始싱作작ᄒᆞ야 나ᄅᆞᆯ 受쓯記긩 주시니라 ᄒᆞ시
니 이ᄒᆞᆫ 근 그ᄅᆞᆫ 須슝菩뽕提똉의 無뭉我앙ᄅᆞᆯ
모도아 일우신 ᄠᅳ디라 부텨 니ᄅᆞ샨 諸졍法법
如영義읭ᄂᆞᆫ 諸졍法법은 곧 이 色싁聲셩香향
味밍觸쵹法법이니 六륙塵띤中듕에 이대
能능히 ᄀᆞᆯᄒᆡ요ᄃᆡ 本본體뎽ᄅᆞᆯ 가뎌 렵디 아니
ᄒᆞ며 着땩디 아니ᄒᆞ야 잢간도 變변ᄒᆞ야 ᄃᆞᆯ옴
업서 虛헝空콩ᄋᆞ 뮈디 아니ᄒᆞ고미 곧ᄒᆞ야 圓원
通통ᄒᆞ야 몰기ᄉᆞ ᄆᆞ차 여러 劫겁에 샹녜 이실
ᄊᆡ 이 일후미 諸졍法법如영義읭라 菩뽕薩삻
瓔졍珞락經경에 닐오ᄃᆡ 헐며 기류미 뮈우디
몯ᄒᆞ미 이 如영來ᄅᆡᆼㅅ 行ᅘᆡᇰ이라 ᄒᆞ며 入ᅀᅵᆸ佛

뿐境경界갱經경에 닐오ᄃᆡ 여러 欲욕이 더러
이ᄃᆡ 몯ᄒᆞ올ᄊᆡ 敬경禮롕ᄒᆞᅀᆞ오매 所송觀관업
스니라 ᄒᆞ니라

若有人이 言호ᄃᆡ 如來ㅣ 得阿耨多羅三藐三菩提
라ᄒᆞ면 須菩提야 實無有法ᄒᆞ야 佛得阿耨多羅三藐
三菩提ㅣ니 須菩提야 如來所得阿耨多羅三藐三
菩提ㅣ 於是中에 無實無虛ᄒᆞ니○ᄒᆞ다가 사ᄅᆞ미 닐오ᄃᆡ 如셩來링
ㅣ 阿항耨녹多당羅랑三삼藐막三삼菩뽕提뗑ᄅᆞᆯ 得득ᄒᆞ니라 ᄒᆞ면 須슝菩뽕提뗑여 實씷로 法
법이셔 부텨 阿항耨녹多당羅랑三삼藐막三삼菩뽕提뗑ᄅᆞᆯ 得득호미 업스니 須슝菩뽕提뗑여

如셩來링 得득ᄒᆞ온 阿항耨녹多당羅랑三삼藐먁三삼菩뽕提똉ㅣ 이 中듕에 實씷 업스며 虛헝 업스니

佛言ᄒᆞ샤ᄃᆡ 實無所得心ᄒᆞ야 而得菩提ㅣ니 以所得心이 不生ᄒᆞᆯᄉᆡ 是故로 得菩提니 離此心外예 更無菩提ㅣ 可得ᄒᆞᆯᄉᆡ 故로 言無實也ㅣ시고 所得心이 寂滅ᄒᆞ야 一切智ㅣ 本有ᄒᆞ야 萬行이 悉圓備ᄒᆞ야 恒沙德性이 用無乏少ᄒᆞᆯᄉᆡ 故로 言無虛也ㅣ시니라

○부톄 니ᄅᆞ샤ᄃᆡ 實씷로 得득ᄒᆞ온 ᄆᆞᅀᆞ미 업서 菩뽕提똉ᄅᆞᆯ 得득ᄒᆞ노니 得득ᄒᆞ논 ᄆᆞᅀᆞ미 나디

아니홀씨이럴씨菩뽕提뗑ᄅᆞᆯ得득ᄒᆞᄂᆞ니이ᄆᆞᅀᆞᆷ여흰外욍예ᄂᆞ외야菩뽕提뗑ㅣ어루得득ᄒᆞ미업슬씨實씷업다니ᄅᆞ시고得득ᄒᆞᆫᄆᆞᅀᆞ미괴외히업서一힗切쳉智딩ㅣ本본來링이셔萬먼行ᅘᆡᇰ이다두려이ᄀᆞ자恒흥沙상德득性셩이用용이져근ᄃᆡ업슬씨虛헝업다니ᄅᆞ시니라

是故로如來說一切法이皆是佛法이라須菩提야所言一切法者ㅣ即非一切法이라是故로名一切法이니라

이니라○이럴씨如셩來링니ᄅᆞᄂᆞᆫ一힗切쳉法법이다이佛뿛法법이라須슝菩뽕提뗑여닐온一힗切쳉法법이곤一힗切쳉法법이아니라이럴씨일후미一힗切쳉法법이니라

能於諸法에 心無取捨ᄒᆞ며 亦無能所ᄒᆞ야 熾然建
立一切法ᄒᆞᄃᆡ 而心常空寂ᄒᆞ니 故知一切法이 皆
是佛法이로다 恐迷者ㅣ 貪著一切法ᄒᆞ야 以爲佛
法ᄒᆞᆯ가ᄒᆞ샤 爲遣此病故로 言卽非一切法이라ᄒᆞ시니라
心無能所ᄒᆞ야 寂而常照ᄒᆞ야 定慧ㅣ 齊行ᄒᆞ야 體用
이 一致실ᄊᆡ 是故名一切法이라 ○能능히 諸졍法법에 ᄆᆞᅀᆞ미 가지
며 ᄇᆞ료미 업스며 ᄯᅩ 能능所송ㅣ 업서 一힗切쳉法법을 盛쎵히 셰요ᄃᆡ ᄆᆞᅀᆞ미 샹녜 뷔여 괴
외ᄒᆞ니 그럴ᄊᆡ 一힗切쳉法법이 다 佛뿛法법인 ᄃᆞᆯ 알리로다 迷몡惑획ᄒᆞᆫ 사ᄅᆞ미 一힗切쳉

法법에 貪탐着땩ᄒᆞ야 佛뿛法법을 사ᄆᆞᆺ 가ᄌᆞᆫ ᄒᆞ샤미 病뼝이어ᅀᆞᆯ 爲윙ᄒᆞ실ᄊᆡ 곧 一ᅙᅵᇙ切쳉 法법 아니라 니ᄅᆞ시니라 ᄆᆞᅀᆞ매 能능所송ㅣ 업서 괴외호ᄃᆡ 샹녜 비취여 定뗭과 慧쀙왜 ᄀᆞᆯ와 行ᅘᆡᇰᄒᆞ야 體톙와 用용괘 ᄒᆞᆫᄢᅴ 닐ᄊᆡ 이럴ᄊᆡ 일후미 一ᅙᅵᇙ切쳉法법이라

須菩提야 譬如人身長大라ᄒᆞ니 須菩提ㅣ 言ᄒᆞᅀᆞ오ᄃᆡ 世尊하 如來說人身長大ㅣ 則爲非大身이라 是名大身이니이다 ○須슝菩뽕提똉여 가ᄌᆞᆫ비건댄 사ᄅᆞᄆᆡ 모미 길오 쿠미 곧ᄒᆞ니라 須슝菩뽕提똉ㅣ ᄉᆞᆯᄫᅩᄃᆡ 世솅尊존하 如영來ᄅᆡᆼ 니ᄅᆞ시논 人신身신長땽大땡ᄂᆞᆫ 大땡身신이 아니라 이ᄅᆞᆯ 일후미 大땡身신이니이다

如來說人身長大則爲非大身者ᄂᆞᆫ 以顯一切

衆生의 法身이 不二ᄒᆞ야 無有限量ᄒᆞ시니 是名大

身이라 法身이 本無處所故로 言則非大身이라ᄒᆞ시

니라 又以色身이 雖大도라 內無智慧ᄒᆞ면 即非大身

이오 色身이 雖小ㅣ도라 內有智慧ᄒᆞ면 得名大身이며 雖

有智慧도라 不能依行ᄒᆞ면 即非大身이오 依敎修行

ᄒᆞ야 悟入諸佛ㅅ 無上知見ᄒᆞ야 心無能所限量ᄒᆞ면

是名大身也ㅣ라 ○如셩來링ㅣ니ᄅᆞ샤ᄃᆡ 人신身신長댱大땡곤 大땡身신아

니라ᄒᆞ샤ᄆᆞᆫ 一힗切촁衆즁生ᄉᆡᇰ의 法법身신
아ᄃᆞᆯ 아니라 그지업슨 ᄃᆞᆯ 나토시니 이 일후미
大땡身신이라 法법身신이 本본來ᄅᆡᆼ處쳥所
송ㅣ 업슬ᄊᆡ 곧 大땡身신이 아니라 니ᄅᆞ시니
라 ᄯᅩ 色ᄉᆡᆨ身신이 비록 귀도 안해 智띵慧휑 업
스면 곧 大땡身신이 아니오 色ᄉᆡᆨ身신이 비록
져거도 안해 智띵慧휑이시면 일ᄒᆞ미 大땡身
신이며 비록 智띵慧휑이셔도 能능히 브터 行
ᄒᆡᇰ티 몯ᄒᆞ면 곧 大땡身신이 아니오 ᄀᆞᄅᆞ치샤
몸 브터 修슝行ᄒᆡᇰᄒᆞ야 諸졍佛뿛ᄉᆞ 無뭉上썅
知딩見견에 아라 드러 ᄆᆞᄉᆞ매 能능과 所송
와 그지업스면 이 일후미 大땡身신이라

須菩提야 菩薩도 亦如是ᄒᆞ야 若作是言호ᄃᆡ 我當
滅度無量衆生이라ᄒᆞ면 即不名菩薩이니 ○須슝菩뽕提뗑여 菩뽕

薩삻도 ᄯᅩ 이 곧ᄒᆞ야 ᄒᆞ다가 이 말 호ᄃᆡ 내 無뭉量량衆즁生ᄉᆡᆼ올 滅멿度똥호라 ᄒᆞ면 곧 菩뽕薩삻이라 일훔 몯ᄒᆞ리니

菩薩이 若言호ᄃᆡ 因我說法ᄒᆞ야 除得彼人의 煩惱ㅣ라 ᄒᆞ면 卽是法我ㅣ오 若言호ᄃᆡ 我ㅣ 度得衆生호라 ᄒᆞ면 卽有我所ㅣ니 雖度脫衆生ᄒᆞ나 心有能所ᄒᆞ야 我人을 不除ᄒᆞᆯᄉᆡ 不得名爲菩薩이니 熾然說種種方便ᄒᆞ야 化度衆生호ᄃᆡ 心無能所ᄒᆞ면 卽是菩薩也ㅣ니라 ○

菩뽕薩삻이 ᄒᆞ다가 닐오ᄃᆡ 내 說쉃法법을 因인ᄒᆞ야 뎌 사ᄅᆞ미 煩뻔惱놓ᄅᆞᆯ 더루라 ᄒᆞ면 곧

이 法법 我앙ㅣ오 ᄒᆞ다가 닐오ᄃᆡ 내 衆즁生ᄉᆡᆼ
ᄋᆞᆯ 度똥脫탏호리라 ᄒᆞ면 곧 我앙所송ㅣ 이슈미니
비록 衆즁生ᄉᆡᆼᄋᆞᆯ 度똥脫탏ᄒᆞ나 ᄆᆞᅀᆞ매 能ᄂᆞᆼ
所송ㅣ 이셔 我앙人ᅀᅵᆫᄋᆞᆯ 더디 몯ᄒᆞᆯᄊᆡ 菩뽕薩
삻이라 일훔 몯ᄒᆞ리니 種종種종 方방便뼌ᄋᆞᆯ
盛ᄊᆡᆼ히 닐어 衆즁生ᄉᆡᆼ 化황度똥호ᄃᆡ ᄆᆞᅀᆞ매
能ᄂᆞᆼ所송ㅣ 업스면 곧
이 菩뽕薩삻이니라

何以故오 須菩提야 實無有法이 名爲菩薩이니 是
故로 佛說一切法은 無我無人無衆生無壽者ㅣ니ᄒᆞ
라 須菩提야 若菩薩이 作是言호ᄃᆡ 我ㅣ 當莊嚴佛
土ㅣ라 ᄒᆞ면 是不名菩薩이니 何以故오 如來說莊嚴佛

土者ㅣ 即非莊嚴이라 是名莊嚴이니라 ○ 엇뎨뇨 須슝菩뽕提뗑
어 實씷로 法법이 숌업수미 일후미 菩뽕薩삻이
니 이럴ᄊᆡ 부텨 닐온 一힗切쳉法법은 我앙업스
며 人신업스며 衆중生싱업스며 壽쓯者쟝업스
니라 須슝菩뽕提뗑여 ᄒᆞ다가 菩뽕薩삻이 이 맔
ᄒᆞᄃᆡ 내 佛뿛土통莊장嚴엄호라 ᄒᆞ면 이 菩뽕薩
삻이라 일훔 몯ᄒᆞ리니 엇뎨어뇨 如영來링 닐오ᄆᆞᆫ
佛뿛土통莊장嚴엄호미 곧 莊장嚴엄
이 아니라 이 일후미 莊장嚴엄이니라

菩薩이 若言호ᄃᆡ 我ㅣ 能建立世界者ㅣ면 即非菩
薩이니 雖然이나 建立世界호ᄃᆡ 心有能所ᄒᆞ면 即非菩
薩이오 識然建立世界호ᄃᆡ 能所心이 不生ᄒᆞ면 是名

菩薩이 最勝妙定經에 云호ᄃᆡ 假使有人이 造得
白銀精舍ᄒᆞ야 滿三千大千世界도ᄒᆞ야 不如一念
禪定心이니라 心有能所ᄒᆞ면 即非禪定이오 能所ㅣ
不生ᄒᆞ야ᅀᅡ 是名禪定이니 禪定이 即是淸淨心也ㅣ
ㅣ라 ○菩뽕薩삻이 ᄒᆞ다가 닐오ᄃᆡ 내 能능히
世솅界갱ᄅᆞᆯ 새요라 ᄒᆞ면 곧 菩뽕薩삻 아니니
비록 그러나 世솅界갱 새요ᄃᆡ ᄆᆞᅀᆞ매 能능所
송ㅣ 이시면 곧 菩뽕薩삻 아니오 世솅界갱ᄅᆞᆯ
盛쎵히 새요ᄃᆡ 能능所송ㅅ ᄆᆞᅀᆞᆷ 미나디 아니
ᄒᆞ면 이 일후미 菩뽕薩삻이라 最죙勝싱妙묭
定뗭經경에 닐오ᄃᆡ ᄒᆞ다가 사ᄅᆞ미 白ᄇᆡᆨ銀ᅌᅳᆫ
精정舍샹ᄅᆞᆯ ᄆᆡᇰᄀᆞ라 三삼千쳔大땡千쳔世솅

界갱예 ᄀᆞ독ᄒᆞ야도 一ᅙᅵᇙ 念념 禪쎤定뗭 心심이 곧 디 몯ᄒᆞ니 ᄆᆞᅀᆞ매 能능所송ㅣ 이시면 곧 禪쎤定뗭이 아니오 能능所송ㅣ 나ᄃᆞᆫ 아니ᄒᆞ야ᅀᅡ 이 일후미 禪쎤定뗭이니 禪쎤定뗭이 곧 이 清쳥淨쪙心심이라

須菩提야 若菩薩이 通達無我法者ᄂᆞᆫ 如來ㅣ 說名眞是菩薩이라ᄒᆞᄂᆞ니라○須슝菩뽕提뗑여 ᄒᆞ다가 菩뽕薩삻이 無뭉我ᅌᅡᆼ法법을 通통達땷ᄒᆞ닌 如셩來링ㅣ 닐오ᄃᆡ 일후마 眞진實씷ㅅ 이 菩뽕薩삻이라 ᄒᆞᄂᆞ니라

於諸法相에 無所滯礙ᄒᆞᆯᄊᆡ 是名通達이오 不作解法心ᄒᆞᆯᄊᆡ 是名無我法이니 無我法者ᄂᆞᆫ 如來說名眞

是菩薩ᄋᆞᆫ 隨分行持ᄒᆞ야도 亦得名爲菩薩이어니와

然이나 未爲眞菩薩ᄒᆞ니 解行이 圓滿ᄒᆞ야 一切餘所

心이 盡ᄒᆞ야ᅀᅡ 方得名眞是菩薩이니라 ○諸졍法법相샹애 걸

여마고ᄃᆡ 업슬씨이 일후미 通통達땷이오 法

법아논 므ᅀᆞᆷ 짓다 아니ᄒᆞᆯ씨이 일후미 無뭉

我앙法법이니 無뭉我앙法법者쟝 如셩來링

說숧名명眞진是씽菩뽕薩삻은 分뿐을 조차

行ᅘᆡᇰᄒᆞ야 디녀도 ᄯᅩ 시러 일후미 菩뽕薩삻이

리어니와 그러나 眞진實씷ㅅ 菩뽕薩삻이 ᄃᆞ

외디 몯ᄒᆞ니 아롬과 行ᅘᆡᇰ괘 ᄀᆞ초 ᄀᆞᄃᆞᆨᄒᆞ야 一

힗切쳉餘능所송ㅅ ᄆᆞᅀᆞ미 다아ᅀᅡ 시러 일후

미 眞진實씷ㅅ 菩

뽕薩삻이니라

一體同觀分第十八

須菩提야 於意云何오 如來ㅣ 有肉眼가 不아 如
是世尊하 如來ㅣ 有肉眼ᄒᆞ시니이다 須菩提야 於意
云何오 如來ㅣ 有天眼가 不아 如是世尊하 如來
ㅣ 有天眼ᄒᆞ시니이다 須菩提야 於意云何오 如來ㅣ
有慧眼가 不아 如是世尊하 如來ㅣ 有慧眼ᄒᆞ시니이다
須菩提야 於意云何오 如來ㅣ 有法眼가 不아 如是
世尊하 如來ㅣ 有法眼ᄒᆞ시니이다 須菩提야 於意云

何오如來ㅣ有佛眼不아如是世尊하如來ㅣ有佛眼ᄒᆞ시니이다○須슝菩뽕提뗑여ᄠᅳ데엇더뇨如셩來링ㅣ肉슉眼안ᄋᆞᆯ뒷ᄂᆞ녀업스녀이ᄀᆞᆮᄒᆞ시이다世솅尊존하如셩來링ㅣ肉슉眼안ᄋᆞᆯ두겨시니이다須슝菩뽕提뗑여ᄠᅳ데엇더뇨如셩來링ㅣ天텬眼안ᄋᆞᆯ뒷ᄂᆞ녀업스녀이ᄀᆞᆮᄒᆞ시이다世솅尊존하如셩來링ㅣ天텬眼안ᄋᆞᆯ두겨시니이다須슝菩뽕提뗑여ᄠᅳ데엇더뇨如셩來링ㅣ慧휑眼안ᄋᆞᆯ뒷ᄂᆞ녀업스녀이ᄀᆞᆮᄒᆞ사이다世솅尊존하如셩來링ㅣ慧휑眼안ᄋᆞᆯ두겨시니이다須슝菩뽕提뗑여ᄠᅳ데엇더뇨如셩來링ㅣ法법眼안ᄋᆞᆯ뒷ᄂᆞ녀업스녀이ᄀᆞᆮᄒᆞ시이다世솅尊존하如셩來링ㅣ法법眼안ᄋᆞᆯ두겨시니이다須슝菩뽕提뗑여ᄠᅳ데엇더뇨如셩來링ㅣ佛뿛眼안ᄋᆞᆯ뒷ᄂᆞ녀업스녀이ᄀᆞᆮᄒᆞ사이다世솅

尊존ᄒᆞ 如ᅀᅧᆼ來ᄅᆡᆼㅣ 佛뿛眼안ᄋᆞᆯ 두겨시니ᅌᅵ다

一切人이 盡有五眼컨마ᄅᆞᆫ 為迷所覆ᄒᆞ야 不能自見ᄒᆞᆯᄉᆡ 故로 佛이 教ᄒᆞ샤ᄃᆡ 除却迷心ᄒᆞ면 即五眼이 開明이라ᄒᆞ시니 念念에 修行般若波羅蜜法ᄒᆞ야 初除迷心이 名為第一肉眼이오 見一切衆生이 皆有佛性ᄒᆞ야 起憐愍心이 是名為第二天眼이오 癡心不生이 名為第三慧眼이오 著法心除ㅣ 名為第四法眼이오 細惑이 永盡ᄒᆞ야 圓明徧照ㅣ 名為

第五佛眼이라 又云호ᄃᆡ 見色身中에 有法身이 名
爲肉眼이오 見一切衆生이 各具般若性이 名爲
慧眼이오 見性明徹ᄒᆞ야 能所永除ㅣ 名爲天眼이오
一切佛法이 本來自備ㅣ 名爲法眼이오 見般若
波羅蜜이 能生三世一切法이 名爲佛眼이라 ○ 一
힗切쳉ㅅ 사ᄅᆞ미 다 五옹眼안ᄋᆞᆯ 뒷건마ᄅᆞᆫ 迷
몡惑ᅘᅬᆨ의 두푸미 ᄃᆞ외야 能능히 제 보디 몯ᄒᆞᇙ
ᄊᆡ 부톄 ᄀᆞᄅᆞ치샤 迷몡惑ᅘᅬᆨ ᄆᆞᅀᆞᄆᆞᆯ 덜면 곧
五옹眼안이 여러 ᄇᆞᆯᄀᆞ리라 ᄒᆞ시니 念념念념
에 般반若ᅀᅣᇰ波방羅랑蜜밇法법을 修슣行ᅘᆡᇰ
ᄒᆞ야 처ᅀᅥᆷ 迷몡惑ᅘᅬᆨ ᄆᆞᅀᆞᆷ 더루미 일후미 第똉

一힗肉육眼안이오 一힗切쳉衆즁生싱이 다
佛뿛性셩이 잇ᄂᆞᆫ ᄃᆞᆯ 보아 여ᅀᆞᄆᆞ ᅀᆞᆷ니ᄅᆞ다
도미이 일후미 第똉二싱 天텬眼안이오 어린
ᄆᆞᅀᆞ미 나디 아니호미 일후미 第똉三삼 慧뼹
眼안이오 法법에 著땩ᄒᆞᆫ ᄆᆞᅀᆞᆷ 더루미 일후미
第똉四ᄉᆞᆼ 法법眼안이오 ᄀᆞᄂᆞᆫ 惑획이 기ᄀᆞᆫ다
아두려이 불가다비 취요미 일후미 第똉五옹
佛뿛眼안이라 ᄯᅩ 닐오ᄃᆡ 色ᄉᆡᆨ身신中듕이 法
법身신 잇ᄂᆞᆫ ᄃᆞᆯ 보미 일후미 肉육眼안이오 一
힗切쳉衆즁生싱이 各각各각 般반若샹性셩
ᄀᆞᄌᆞᆫ ᄃᆞᆯ 보미 일후미 慧뼹眼안이오 性셩 보미
불가ᄉᆞ 모차 能능濟솅ㅣ 기리다 ᄒᆞ미 일후미
天텬眼안이오 一힗切쳉佛뿛法법이 本본來
링 濟ᄀᆞ조미 일후미 法법眼안이오 般반若샹
波방羅랑蜜밇이 能능히 三삼世솅 一힗切쳉
法법을 내ᄂᆞᆫ ᄃᆞᆯ 보미 일후미 佛뿛眼안이라

須菩提야 於意云何오 如恒河中所有沙를 佛說
是沙아 不아 如是世尊하 如來ㅣ 說是沙ᄒᆞ시ᄂᆞ니이다
須菩提야 於意云何오 如一恒河中所有沙애 有
如是沙等恒河ㅣ어든 是諸恒河所有沙數를 佛世
界ㅣ 如是ᄒᆞ면 寧爲多아 不아 甚多ᄒᆞ이다 世尊하 須

菩뽕提똉여 ᄠᅳ데 엇더뇨 恒ᅘᅳᆼ河ᅘᅡᆼ中듕에 잇ᄂᆞᆫ
몰애를 부톄 이 몰애로 니ᄅᆞ녀 아니 니ᄅᆞ녀 이 곤ᄂᆞᆫ
ᄒᆞ시이다 世솅尊존하 如셩來ᄅᆡᆼㅣ 이 몰애로 니ᄅᆞ
시ᄂᆞ니이다 須슝菩뽕提똉여 ᄠᅳ데 엇더뇨 ᄒᆞᆫ 恒
恒ᅘᅳᆼ河ᅘᅡᆼ中듕에 잇ᄂᆞᆫ 몰애예 이 몰애 곧ᄒᆞᆫ 恒ᅘᅳᆼ
河ᅘᅡᆼㅣ 잇거든 이 恒ᅘᅳᆼ河ᅘᅡᆼ돌해 잇ᄂᆞᆫ 몰앳 數숭

를佛뿛世솅界갱이곧ᄒᆞ면하려믄
하려甚씸하하리이다世솅尊존하
恒河者는西國祇洹精舍側近之河ㅣ니如來ㅣ
說法ᄒᆞ실제常指此河ᄒᆞ샤爲喩ᄒᆞ시더니라佛說ᄒᆞ샤ᄃᆡ
此河中沙를一沙로況一佛世界ᄒᆞ면以爲多아
不아須菩提ㅣ言ᄒᆞᅀᆞ오ᄃᆡ甚多ᄒᆞ리이다世尊하ᄒᆞ니라佛
이擧此衆多國土者는欲明其中엣所有衆生
의一一衆生이皆有若許心數也ᄒᆞ시니라○恒ᅘᅳᆼ河ᅘᅡᆼ는
西솅國귁祇낑洹환精졍舍샹ㅅ겨틘갓가온河
ᅘᅡᆼㅣ니如ᅀᅧᆼ來ᄅᆡᆼㅣ說쉃法법ᄒᆞ실쩨샹녜이

河향ᄅᆞᆯ ᄀᆞᄅᆞ치샤 譬핑喩융ᄒᆞ시니라 부텨
니ᄅᆞ샤ᄃᆡ 이 河향中듕엣 몰애ᄅᆞᆯ ᄒᆞᆫ 몰애로 ᄒᆞᆫ
佛뿛世솅界갱ᄅᆞᆯ 가ᄌᆞ비면 하려 몯 하려 須숭
菩뽕提똉ㅣ ᄉᆞᆯ오ᄃᆡ 甚씸히 하리ᅌᅵ다 世솅尊
존하ᄒᆞ니라 부톄 이만ᄒᆞᆫ 國귁土퉁ᄅᆞᆯ 드려니
ᄅᆞ샤ᄃᆡ 그 中듕엣 잇ᄂᆞᆫ 衆즁生ᄉᆡᆼ이 낫낫 衆즁
生ᄉᆡᆼ이 다 이런 心심數숭잇
ᄂᆞᆫ 돌보ᄆᆞᆯ ᄀᆞ초져 ᄒᆞ시니라

佛告須菩提ᄒᆞ샤ᄃᆡ **爾所國土中**엣 **所有衆生**의 **若**
干種心을 **如來**ㅣ **悉知**ᄒᆞᄂᆞ니 **何以故**오 **如來說諸**
心이 **皆爲非心**이라 **是名爲心**이니○ 부톄 須숭菩뽕提똉ᄃᆞ려 니ᄅᆞ샤
ᄃᆡ 뎌 國귁土퉁中듕에 잇ᄂᆞᆫ 衆즁生ᄉᆡᆼ의 여러 가
짓 ᄆᆞᅀᆞᄆᆞᆯ 如ᅀᅧᆼ來ᄅᆡᆼㅣ 다 아ᄂᆞ니 엇뎨어뇨 如ᅀᅧᆼ

來ᄅᆡᆼ 닐온 ᄆᆞᅀᆞᆷᄃᆞᆯ히 다 ᄆᆞᅀᆞ미 아니라 이 일후미 ᄆᆞᅀᆞ미니

爾所國土中所有衆生이 一一衆生이 皆有若干差別心數ᄒᆞ니 心數ㅣ 雖多ᄒᆞ나 總名妄心이니 識得妄心의 非心ᄒᆞ면 是名爲心이니 此心이 即是眞心常心佛心般若波羅蜜心淸淨菩提涅槃心이라 ○뎌 國귁土통中듕엣 잇ᄂᆞᆫ 衆즁生ᄉᆡᆼ이 낫낫 衆즁生ᄉᆡᆼ이 다 여러 가짓 差창別뼗 心심數숭ㅣ 잇ᄂᆞ니 心심數숭ㅣ 비록 하나 모ᄃᆞᆫ 일후미 妄망心심이니 妄망心심의 ᄆᆞᅀᆞᆷ 아닌 ᄃᆞᆯ 알면 이 일후미 ᄆᆞᅀᆞ미니 이 ᄆᆞᅀᆞ미 곧 이 眞진心심이며 常쌍心심이며 佛뿛心심이며 般반

若샹波방羅랑蜜밇心심이며 清청淨쪙菩뽕提똉涅녏槃빤心심이라

所以者何오 須菩提야 過去心不可得이며 現在心不可得이며 未來心不可得이니라 엇뎨어뇨 須슝菩뽕提똉여 過광去궝心심을 得득디 몯ᄒᆞ리며 現현在찡心심을 得득디 몯ᄒᆞ리며 未밍來랭心심을 得득디 몯ᄒᆞᄂᆞ니라

過去心不可得者ᄂᆞᆫ 前念妄心이 瞥然已過ᄒᆞ야 追尋ᄒᆞ야도 無有處所ㅣ오 現在心不可得者ᄂᆞᆫ 真心이 無相커니 憑何得見이리오 未來心不可得者

논、本無可得ᄂᆞᆯ거 習氣已盡ᄒᆞ야 更不復生ᄒᆞ니 이 此

三心의 皆不可得ᄒᆞ면 是名爲佛뿛이라 ○過광去컹心심不블可캉得득은 前쪈念념妄망心심이 믄득 ᄇᆞᆯ써 디나 미조차 推췽尋씸ᄒᆞ야도 處쳥所송ㅣ 업고 現현在찡心심不블可캉得득은 眞진心심이 相샹 업거니 므스글 브터 시러 보리오 未밍來링心심不블可캉得득은 本본來링 어루 得득ᄒᆞ미 업거늘 비ᄒᆞᆫ 쌧氣킹 分뿐이 ᄒᆞ마 다아외야 다시 나디 아니ᄒᆞᆯᄊᆡ니 이 세 ᄆᆞᅀᆞ미 다 得득디 몯ᄒᆞᆯ 뚤 ᄉᆞᄆᆞᆺ 알면 이 일후미 佛뿛이라

法界通化分第十九

須菩提야 於意云何오 若有人이 滿三千大千世

界七寶로 以用布施ᄒᆞ면 是人이 以是因緣으로 得福
이 多아 不아 如是ᄒᆞ다 世尊하 此人이 以是因緣
으로 得福이 甚多ᄒᆞ리이다 須菩提야 若福德이 有實ᄒᆞ면
如來ㅣ 不說得福德이 多ㅣ언마ᄅᆞᆫ 以福德이 無故로
如來ㅣ 說得福德이 多ㅣ라 ᄒᆞᄂᆞ니라 ○須슝菩뽕提뗑여 ᄠᅳ데 엇더뇨 ᄒᆞ
다가 사ᄅᆞ미 三삼千쳔大땡千쳔世솅界갱예 ᄀᆞ
ᄃᆞᆨᄒᆞᆫ 七칧寶봉로 ᄡᅥ 布봉施싱ᄒᆞ면 이 사ᄅᆞ미 이
因ᅙᅵᆫ緣원으로 福복 어두미 하려 몯 하려 이 ᄀᆞᆮᄒᆞ
ᅌᅵ다 世솅尊존하 이 사ᄅᆞ미 이 因ᅙᅵᆫ緣원으로 福
복 어두미 甚씸히 하리ᅌᅵ다 須슝菩뽕提뗑여 ᄒᆞ
다가 福복德득 아 實씷이 이시면 如셩來링ㅣ 福복

德득어두미하다니ᄅᆞ디아니ᄒᆞ려마ᄅᆞᆫ福복德득이업슨젼ᄎᆞ로如셩來링ㅣ닐오ᄃᆡ福복德득어두미하다ᄒᆞᄂᆞ니라

七寶之福이不能成就佛果菩提故로言無也ㅣ시고以其無量數限故로名曰多ㅣ시니라ᄒᆞ샤如能超過ᄒᆞ면即不說多也ᄒᆞ시리라○七칧寶볼福복이能능히佛뿛果광菩뽕提뗑를일우디몯ᄒᆞᆯᄊᆡ無뭉ㅣ라니ᄅᆞ시고量량數숭ㅅ그지업슨젼ᄎᆞ로일후믈니ᄅᆞ샤되하다ᄒᆞ시니ᄒᆞ다가能능히건네ᄠᅱ여디나면곧하다니ᄅᆞ디아니ᄒᆞ시리라

離色離相分第二十

須菩提야 於意云何오 佛을 可以具足色身으로 見가 不아 不也世尊하 如來를 不應以具足色身으로 見이니 何以故오 如來說具足色身이 卽非具足色身이라 是名具足色身이시니이다 ○須슝菩뽕提뗑여 ᄠᅳ데 엇더뇨 부텨를 어루 具꾸足족色식身신으로 보려 몯 보려 아니이다 世솅尊존하 如셩來ᄅᆡᆼ를 具꾸足족色식身신으로 보ᅀᆞ오미 몯ᄒᆞ리니 엇뎨어뇨 如셩來링 니ᄅᆞ샨 具꾸足족色식身신이 곧 具꾸足족色식身신 아니라 이 일후미 具꿍足족色식身신아시니이다

佛意예 恐衆生이 不見法身ᄒᆞ숩고 但見三十二

相八十種好紫磨金輝와ᄒᆞᅀᆞ 以爲如來ㅅ眞身

ᄒᆞᆯ가ᄒᆞ샤 爲遣此迷故로 問須菩提ᄒᆞ샤 佛ᄋᆞᆯ 可以具

足色身相ᄋᆞ로 見가 不아 三十二相이 即非具足

色身이라 內具三十二淨行ᄒᆞ샤야 是名具足色身

이란ᄒᆞ시니 淨行者ᄂᆞᆫ 即六波羅蜜이 是也ㅣ니 於五

根中에 修六波羅蜜ᄒᆞ고 於意根中에 定慧ᄅᆞᆯ 雙

修ᄒᆞ면 是名具足色身이라 徒愛如來ㅅ 三十二相

ᄒᆞᅀᆞᆸ고 內不行三十二淨行ᄒᆞ면 即非具足色身

이오 不愛如來ㅅ色相ᄒᆞᅀᆞᆸ고 能自持淸淨行ᄒᆞ면 亦
得名具足色身也ㅣ니라○부텻ᄠᅳ데衆중生ᄉᆡᆼ이法법身신을보디몯ᄒᆞ
ᅀᆞᆸ고오직三삼十씹二ᅀᅵᆼ相샹八밣十씹種죵
好홓紫ᄌᆞᆼ磨망金금ㅅ비ᄎᆞᆯ보ᅀᆞ와如ᅀᅧᆼ來ᄅᆡᆼ
ㅅ眞진身신을사ᄆᆞᆯ까저ᄒᆞ샤이迷몡惑획아
ᅀᅩᄃᆞᆯ爲윙ᄒᆞ실ᄊᆡ須슝菩뽕提똉ᄃᆞ려무르샤
ᄃᆡ부텨를어루具꿍足죡色ᄉᆡᆨ身신相샹ᄋᆞ로
보려몯보려三삼十씹二ᅀᅵᆼ相샹이곧具꿍足
죡色ᄉᆡᆨ身신이아니라안해三삼十씹二ᅀᅵᆼ조
ᄒᆞᆫ行ᅘᆡᇰ이ᄀᆞᄌᆞᅀᅡ아일ᄒᆞ미具꿍足죡色ᄉᆡᆨ身
신어라ᄒᆞ시니淨쪙行ᅘᆡᇰ은곧六륙波방羅랑
蜜밇아야니五ᅌᅩᆼ根곤中듕에六륙波방羅랑
蜜밇을닷고意ᅙᅴᆼ根곤中듕에定뗭慧쀙ᄅᆞᆯᄀᆞᆯ
와닷고미이일ᄒᆞ미具꿍足죡色ᄉᆡᆨ身신아라

ᄒᆞᆫ갓 如영來링ㅅ 三삼十씹二싱相샹ᄋᆞᆯ 듣ᄌᆞᆸ
고 안해 三삼十씹二싱淨쪙行ᅘᆡᇰ을 行ᅘᆡᇰ티 아
니ᄒᆞ면 곧 具꿍足죡色ᄉᆡᆨ身신이 아니오 如영
來링ㅅ 色ᄉᆡᆨ相샹ᄋᆞᆯ 듣ᄌᆞᆸ다 아니ᄒᆞᅀᆞᆸ고 能능히
淸쳥淨쪙行ᅘᆡᇰ을 디니면 ᄯᅩ 일
후미 具꿍足죡色ᄉᆡᆨ身신 아니라
須菩提야 於意云何오 如來ᄅᆞᆯ 可以具足諸相으로
見가 不아 不也世尊하 如來ᄅᆞᆯ 不應以具足諸相
으로 見이니 何以故ㅣ어 如來說諸相具足이 卽非具
足이라 是名諸相具足이시니이다○須슝菩뽕提뗑여 ᄡᅳᆫ뎨 엇뎌뇨 如영來링
ᄅᆞᆯ 어루 諸졍相샹ᄋᆞ로 보려 몯 보려 아니ᅌᅵ
다 世솅尊존하 如영來링ᄅᆞᆯ 具꿍足죡諸졍相샹

으로보ᅀᆞ오미몯ᄒᆞ리니엇뎨어뇨如ᅀᅧᆼ來ᄅᆡᆼ니르샨諸졍相샹具꿍足쪽이곧具꿍足쪽이아니라이일후미諸졍相샹具꿍足쪽이시니이다

如來者ᄂᆞᆫ卽無相法身이是也ㅣ니시非肉眼의所見이라慧眼이사乃能見之ᄒᆞᅀᆞᆸᄂᆞ니慧眼이未明ᄒᆞ야具足生我人等相ᄒᆞ야以觀三十二相으로爲如來者ᄂᆞᆫ卽不名爲具足也ㅣ오慧眼이明徹ᄒᆞ야我人等相이不生ᄒᆞ야正智光明이常照ᄒᆞ며是名諸相具足이라三毒이未泯ᄒᆞ야言見如來真實

ㅣ固無此理ᄒᆞ니 縱能見者ㅣ라도 祗是化身이라 非

眞實無相之法身也

ㅣ시니라 ○如셩來링ᄂᆞᆫ
곧 相샹 업스신 法법身신
이 이시니 肉육眼안이 보ᅀᆞ올 띠 아니라 慧쀙
眼안이ᅀᅡ 能ᄂᆼ히 보ᅀᆞᆸᄂᆞ니 慧쀙眼안아 볼디
몯ᄒᆞ야 我앙人신等둥相샹이 ᄀᆞ자나셔 三삼
十씹二싱相샹 보ᅀᆞ오ᄆᆞ로 如셩來링 삼ᅀᆞᆸᄂᆞ
닌 곧 具꿍足죡이라 일훔 몯ᄒᆞ리오 慧쀙眼안
이 봄가 ᅀᆞᄆᆞ차 我앙人신等둥相샹이 나디 아
니ᄒᆞ야 正졍智딩光광明명이 샹녜 비취면 이
일후마 諸졍相샹具꿍足죡아라 三삼毒똑아
업디 몯ᄒᆞ야셔 如셩來링ㅅ 眞진身신 보ᅀᆞᆸ노
라 니ᄅᆞ리 實씷로 이 理링 업스니 비록 能ᄂᆼ히
보ᅀᆞ와도 오직 이 化황身신이라 眞진實씷
ㅅ 相샹 업스신 法법身신이 아니시니라

非說所說分第二十一

須菩提야 汝ㅣ 勿謂如來ㅣ 作是念호ᄃᆡ 我當有所
說法ᄒᆞ이라라 莫作是念ᄒᆞ라 何以故오 若人이 言호ᄃᆡ 如
來ㅣ 有所說法이라 ᄒᆞ면 卽爲謗佛이니라 不能解我所
說故ㅣ니 須菩提야 說法者ㅣ 無法可說이 是名說
法이니라 ○ 須슝菩뽕提똉여 네 如셩來ᄅᆡᆼㅣ 이
念념을 ᄒᆞ오ᄃᆡ 내 반ᄃᆞ기 說셣法법호미 이슈라
ᄒᆞᄂᆞ다 너기디 말라 이 念념을 짓디 말라 엇뎨어
뇨 ᄒᆞᆫ다 가ᄒᆞ 사ᄅᆞ미 닐오ᄃᆡ 如셩來ᄅᆡᆼㅣ 說셣法법
ᄒᆞ미 잇ᄂᆞ니라 ᄒᆞ면 곧 부텨를 허루미리니 내 닐
오몰 能능히 아디 몯ᄒᆞ논 젼ᄎᆞ니 須슝菩뽕提똉

여說셣法법이法법이어루닐우미업슳순다라이일후미說셣法법이니라

凡夫의說法은心有所得ᄒᆞ실ᄊᆡ故로皆須菩提샤ᄒᆞ되如來ᆺ說法은心無所得이시니라ᄒᆞ凡夫ᄂᆞᆫ作能解心ᄒᆞ야說와게니如來ᄂᆞᆫ語默이皆如ᄒᆞ샤所發言辭ㅣ如響應聲ᄒᆞ샤任用이無心ᄒᆞ샤不同凡夫의作生滅心ᄒᆞ야說ᄒᆞ시니若言如來ᆺ說法이心有生滅者ㅣ면即爲謗佛이리라維摩經에云ᄒᆞ샤ᄃᆡ夫說法者ㅣ無說無示ᄒᆞ며聽法者ㅣ無聞無得이라

ᄒᆞ니 了萬法이 空寂ᄒᆞ야 一切名言이 皆是假立인ᄃᆞᆯ
ᄒᆞ야 於自空性中에 熾然建立一切言辭ᄒᆞ야 演說
諸法의 無相無爲ᄒᆞ야 開導迷人ᄒᆞ야 令見本性ᄒᆞ야
修證無上菩提시게 ᄒᆞᆯ 是名說法이라 ○ 凡뻠夫붕의 說쉃法법
은 ᄆᆞᅀᆞ매 得득호미 이실ᄊᆡ 須슝菩뽕提뗑ᄃᆞ려 니ᄅᆞ샤ᄃᆡ 如셩來ᄅᆡᆼㅅ 說쉃法법은 ᄆᆞᅀᆞ매
得득호미 업스니라 ᄒᆞ시니 凡뻠夫붕ᄂᆞᆫ 能능히 아논 ᄆᆞᅀᆞᄆᆞᆯ 지ᅀᅥ 니ᄅᆞ거니와 如셩來ᄅᆡᆼᄂᆞᆫ
말ᄒᆞ시며 좀좀ᄒᆞ샤미 자如셩ᄒᆞ샤 내시논 마라뫼ᅀᆞ리 소리 맛ᄀᆞᇝ ᄃᆞᆺᄒᆞ샤 ᄡᅳ샤미 ᄆᆞᅀᆞᆷ 업스
샤 凡뻠夫붕의 生싱滅멿心심 지ᅀᅥ 닐옴 ᄀᆞᆮ디 아니ᄒᆞ시니 ᄒᆞ다가 닐오ᄃᆡ 如셩來ᄅᆡᆼㅅ 說쉃

法법이므스매生싱滅멿이겨시다ᄒᆞ면곧부텨를허로마ᄃᆞ외리라維웡摩망經경에닐오ᄃᆡ法법니르리닐움업스며보욤업스며法법ᄃᆞᄅᆞ리ᄃᆞ롬업스며得득홈업스니라ᄒᆞ니萬먼法법이空콩寂쩍ᄒᆞ야一힗切쳉일훔마리다이비라션ᄃᆞᆯᄉᆞ못아라제뷘性셩中듕에一힗切쳉ᄉᆞ마롤盛쎵히셰여諸졍法법의相샹업스며ᄒᆞ욤업수믈펴닐어迷몡惑뾕ᄒᆞᆫ사ᄅᆞ믈여러引인導뚷ᄒᆞ야本본性셩을보아無뭉上썅菩뽕提똉ᄅᆞᆯ닷가證징케ᄒᆞᆯᄊᆡ이일후미說쉃法법이라

爾時예慧命須菩提ㅣ白佛言ᄒᆞᅀᆞ오ᄃᆡ世尊하頗有衆生이於未來世예聞說是法ᄒᆞᅀᆞᆸ고生信心ᄒᆞ리잇가

不ㅣ잇가 佛言ᄒᆞ샤ᄃᆡ 須菩提야 彼非衆生이며 非不衆生이니 何以故오 須菩提야 衆生衆生者ㅣ 如來說이 非衆生이라 是名衆生이니라 ○ 그ᄢᅴ 慧혱命명 須슝菩뽕提똉ㅣ 부텻긔

ᄉᆞᆯ오ᄃᆡ 世셰尊존하 ᄌᆞ모 衆즁生ᄉᆡᆼ이 未밍來링 世셰예 이 法법 니ᄅᆞ샤ᄆᆞᆯ 듣ᄌᆞᆸ고 信신心심을 내리잇가 말리잇가 부톄 니ᄅᆞ샤ᄃᆡ 須슝菩뽕提똉여 뎌 衆즁生ᄉᆡᆼ 아니며 衆즁生ᄉᆡᆼ 아니도 아니니 엇데어뇨 須슝菩뽕提똉여 衆즁生ᄉᆡᆼ 衆즁生ᄉᆡᆼ은 이 如셩來링 닐오미 衆즁生ᄉᆡᆼ 아니라 이 일후미 衆즁生ᄉᆡᆼ이니라

靈幽法師ㅣ 加此慧命須菩提六十二字ᄒᆞ니 是

長慶二年이러니 今에 見在濠州鍾離寺石碑上
애 記ᄒᆞ얏ᄂᆞ니 六祖解ㅣ 在前故로 無解ᄒᆞ니 今亦存
之ᄒᆞ노라 ○靈령幽흫法법師ᄉᆞㅣ 이 慧휑命
명須슝菩뽕提뗑여슷字쫑를 더으니 이
長땽慶켱二싱年년이러니 이제 濠흫州쥼鍾
즁離링寺ᄊᆞᆼ石쎡碑빙 우희 ᄡᅵ 잇ᄂᆞ니 六륙祖
解갱ㅣ 前쪈에 이실ᄊᆡ 解
갱 업스니 이제 ᄯᅩ 두노라

無法可得分第二十二

須菩提ㅣ 白佛言ᄒᆞᅀᆞ오ᄃᆡ 世尊하 佛得阿耨多羅三
藐三菩提ᄒᆞ샤ᄃᆡ 爲無所得耶ㅣ잇가 佛言ᄒᆞ샤ᄃᆡ 如是

是타 須菩提야 我於阿耨多羅三藐三菩提예
乃至無有少法도 可得이 是名阿耨多羅三藐三
菩提라 ○ 須슝菩뽕提뗑ㅣ 부텻긔 ᄉᆞᆯ오ᄃᆡ 世솅尊존하 부톄 阿항耨녹多당羅랑三삼藐·먁三삼菩뽕提뗑ᄅᆞᆯ 得득ᄒᆞ샤ᄃᆡ 得득호미 업스시니잇가 부톄 니ᄅᆞ샤ᄃᆡ 이·곧다 이·곧다 須슝菩뽕提뗑여 내 阿항耨녹多당羅랑三삼藐·먁三삼菩뽕提뗑예 져근 法법도 어루 得득홈 업수매 니르로미 이ᄅᆞᆯ ᄒᆞ미 阿항耨녹多당羅랑三삼藐·먁三삼菩뽕提뗑라

須菩提ㅣ 言ᄒᆞᄉᆞ오ᄃᆡ 所得心이 盡호미 即是菩提이다

ᄒᆞ야ᄂᆞᆯ 佛言ᄒᆞ샤ᄃᆡ 如是如是타 我於菩提예 實無

希求心ᄒᆞ며 亦無所得心ᄒᆞ니 以如是故로 得名阿耨多羅三藐三菩提라ᄒᆞ시니라 ○ 須슝菩뽕提뗑ㅣ ᄉᆞᆯ오ᄃᆡ 得득혼 ᄆᆞᅀᆞ미 다오미 곧 이 菩뽕提뗑이다 ᄒᆞ야ᄂᆞᆯ 부톄 니ᄅᆞ샤ᄃᆡ 如셩是씽 如셩是씽타 내 菩뽕提뗑예 實씷로 求꿓ᄒᆞ논 ᄆᆞᅀᆞᆷ 업스며 또 得득혼 ᄆᆞᅀᆞᆷ 업수니 이 ᄀᆞᆮᄒᆞᆫ 젼ᄎᆞ로 일후미 阿핳耨녹多당羅랑三삼藐먁三삼菩뽕提뗑라 ᄒᆞ시니라

淨心行善分 第二十三

復次須菩提야 是法이 平等ᄒᆞ야 無有高下ᄒᆞ니 是名阿耨多羅三藐三菩提니 以無我無人無衆生無

壽者로 修一切善法ᄒᆞ면 則得阿耨多羅三藐三菩

提ᄒᆞ리라○ 또 비개 須슝菩뽕提뗑여 이 法법이 平뼝等등ᄒᆞ야 노ᄑᆞ니 ᄂᆞᆺ가오니 업스니 이 일후미 阿항耨녹多당羅랑三삼藐막三삼菩뽕提뗑니 我앙업스며 人신업스며 衆즁生싱업스며 壽쓯者쟝업수므로 一힗切쳉善쎤法법을 닷ᄀᆞ면 阿항耨녹多당羅랑三삼藐막三삼菩뽕提뗑로 得득ᄒᆞ리라

此菩提法者ᄂᆞᆫ 上至諸佛ᄒᆞ고 下至昆蟲히 盡含種智ᄒᆞ야 與佛無異ᄒᆞ실 故로 言平等無有高下ㅣ라 ᄒᆞ시니 以菩提ㅣ 無二故로 但離四相ᄒᆞ고 修一

切善法ᄒᆞ면則得菩提ᄒᆞ리라 若不離四相ᄒᆞ고修一切善法ᄒᆞ면轉增我人ᄒᆞ야欲證解脫之心이라도 無由可得이어니와若離四相ᄒᆞ고而修一切善法ᄒᆞ면解脫을可期니라修一切善法者ᄂᆞᆫ於一切法에 無有染著ᄒᆞ야對一切境ᄒᆞ야不動不搖ᄒᆞ야於出世法에 不貪不著不愛ᄒᆞ야於一切處에常行方便ᄒᆞ야隨順衆生ᄒᆞ야使之歡喜信服ᄒᆞ게ᄒᆞ야 爲說正法ᄒᆞ야令悟菩提게ᄒᆞᆯ시니如是ᅀᅡ라始名修行이니故로言修一

切善法이라ᄒᆞ시니라○이菩뽕提똉法법은
우ᄒᆞ로諸졍佛뿛에니르오아래로昆
곤蟲뜡에니르리다種죵智딩ᄅᆞᆯ머거부텨와
달옴업슬ᄊᆡ平뼝等등無뭉有ᅌᅮᇢ高공下ᅘᅡᆼㅣ
라니ᄅᆞ시니菩뽕提똉ㅣ들업슬ᄊᆡ오직四ᄉᆞᆼ
相상여희오一ᅙᅵᇙ切촁善쎤法법을닷ᄀᆞ면菩
뽕提똉ᄅᆞᆯ得득ᄒᆞ리라ᄒᆞ다가四ᄉᆞᆼ相상여희
디몯고一ᅙᅵᇙ切촁善쎤法법을닷ᄀᆞ면더욱我
앙人ᅀᅵᆫ을더어解ᅘᅢᆼ脫탏心심을證징코져ᄒᆞ
야도得득홀ᄶᅵ치업거니와ᄒᆞ다가四ᄉᆞᆼ相상
여희오一ᅙᅵᇙ切촁善쎤法법을닷ᄀᆞ면解ᅘᅢᆼ脫
탏ᄋᆞᆯ어루期끵約략ᄒᆞ리라一ᅙᅵᇙ切촁善쎤法
법닷고ᄆᆞᆫ一ᅙᅵᇙ切촁法법에덜며著땩ᄒᆞ미업
서一ᅙᅵᇙ切촁境경을對됭ᄒᆞ야뮈디아니ᄒᆞ며
이어디아니ᄒᆞ야出츌世솅法법에貪탐디아
니ᄒᆞ며著땩디아니ᄒᆞ며ᄆᆞᆺ디아니ᄒᆞ야一ᅙᅵᇙ

切쳉오處쳥에샹녜方방便뼌을行행ᄒᆞ야衆즁生ᄉᆡᆼ을隨쒸順쓘ᄒᆞ야깃거信신ᄒᆞ야降ᅘᅡᆼ服뽁게ᄒᆞ야為윙ᄒᆞ야正졍法법닐어菩뽕提뗑를알에ᄒᆞᆯ씨니이곧ᄒᆞ야ᅀᅡ비르서修슝行ᅘᆡᆼ이라일훔ᄒᆞᄂᆞ니이럴씨一힗切쳉善쎤法법을닷다니ᄅᆞ시니라

須菩提야所言善法者ᅵ如來說이即非善法이라是名善法이니라○須슝菩뽕提뗑여닐온善쎤法법法법이라如영來링닐오미곧善쎤法법아니라이일후미善쎤法법이니라

修一切善法ᄒᆞ야希望果報ᅵ即非善法이오六度萬行을熾然俱作ᄒᆞᄃᆡ心不望報ᅵ是名善法이라

○一힗切쳉善쎤法법을 닷가 果광報봄를 보라 미곤 善쎤法법 아니오 六륙度똥萬먼行ᅘᆡᆼ을 盛썽히 ᄒᆞᆫ뻬니라 와 도ᄃᆡ 모ᄾᆞ매 果광報봄 브라ᄃᆞ 아니ᄒᆞ오미ᅀ 일후미 善쎤法법이라

福智無比分第二十四

須菩提야 若三千大千世界中엣 所有諸須彌山王애 如是等七寶聚로 有人이 持用布施라도 若人이 以此般若波羅蜜經으로 乃至四句偈等이나 受持讀誦ᄒᆞ야 爲他人說ᄒᆞ면 於前福德에 百分에 不及一ᄒᆞ며 百千萬億分이며 乃至算數譬喻의 所不能及이리

라 ○ 須슝菩뽕提뗑여 ᄒᆞ다가 三삼千쳔大땡千쳔世솅界갱中듕엣 잇는 須슝彌밍山산王왕 들해 이ᄀᆞᆮ 한 七칧寶봉聚쯩로 사ᄅᆞ미 가져 布봉施싱ᄒᆞ야도 ᄒᆞ다가 사ᄅᆞ미 般반若샹波방羅랑蜜밇經경으로 四ᄉᆞᆼ句궁偈꼥等등이나 受쓯持띵讀똑誦쑝ᄒᆞ야 ᄂᆞᆷ 爲윙ᄒᆞ야 닐오매 니ᄅᆞ면 알ᄑᆡᆺ 福복德득에 百ᄇᆡᆨ分분에 ᄒᆞ나토 믿디 몯ᄒᆞ며 百ᄇᆡᆨ千쳔萬먼億ᅙᅳᆨ分분 ᄲᅮᆫ이며 筭솬數숭譬핑喩융의 能능히 믿디 몯ᄒᆞ매니ᄅᆞ리라

大鐵圍山의 高廣이 三百二十四萬里오 小鐵圍山의 高廣이 一百一十二萬里오 須彌山의 高廣이 三百三十六萬里니 以此로 名爲三千

大千世界ᄒᆞ니라 就理而言컨댄 卽會塵爲界ᄒᆞ야 合이

各具一千過ᄒᆞ니라 如爾許山이 盡皆須彌로ᄃᆡ 次

況七寶聚ᄒᆞ시니 持用布施ᄒᆞᆫ 所得福德이 無量

無邊ᄒᆞ나 終是有漏之因이라 而無解脫之理어니와

摩訶般若波羅蜜多四句는 經文이 雖少ᄒᆞ나 於

之修行ᄒᆞ면 卽得成佛ᄒᆞ리니 是知持經之福이 能

令衆生으로 證得菩提니 故로 不可比니라 ○大鐵텰圍윙

山산의 노ᄑᆡ와 너븨 二ᅀᅵᆼ百ᄇᆡᆨ二ᅀᅵᆼ十씹四

萬먼里링오 小숑鐵텰圍윙山산의 高공廣

광이 一힔百빅一힔十씹二싱萬먼모로오頌
승彌밍山산의高골廣광이三삼三삼百빅三삼三삼十
씹六륙萬먼모ᄅᆞ니일로三삼千쳔大땡千쳔
世솅界갱라일훔ᄒᆞᄂᆞ니라瑠륭璃링예나사가니
르귀ᄯᅢᆫ곤貪탐瞋친癡칭妄망念념이各각各각
각一힔千쳔이ᄀᆞᄌᆞ니라텨곤ᄒᆞᆫ山산이다濟
승彌밍곤ᄒᆞ니로七칧寶봉ㅅ數숭를가ᄌᆞ비
시니가不붏布봉施싱ᄒᆞ온得득ᄒᆞ온福복德득이
無뭉量량無뭉邊변ᄒᆞ나내종에이漏릏ᄅᆞᆯ잇ᄂᆞᆫ
因힌이라解갱脫탏ᄒᆞᆯ理링업거니와摩망訶항
항般반若샹波방羅랑蜜밇多당ㅅ네句궁ㅅ經경
경文문이ᄇᆞ로須슝ᄀᆞ나ᄇᆞ터修슐行ᅘᆡᆼᄒᆞ면곧
成쎵佛뿛을得득ᄒᆞ리니이持띵經경ᄒᆞᆫ福복
이能능히衆즁生ᄉᆡᆼ으로菩뽕提뗑證징케ᄒᆞᆯ
ᄯᅩ아ᄅᆞᆯ띠니그럴ᄊᆡ
가ᄌᆞᆯ비디몯ᄒᆞ리라

化無所化分第二十五

須菩提야 於意云何오 汝等이 勿謂如來ㅣ 作是念호ᄃᆡ 我當度衆生이라 ᄒᆞ라 須菩提야 莫作是念ᄒᆞ라 何以故오 實無有衆生이 如來度者ㅣ니 若有衆生이 如來度者ㅣ라 ᄒᆞ면 如來ㅣ 即有我人衆生壽者ㅣ니라

須슝菩뽕提뗑여 ᄠᅳ데 엇더뇨 너희 如ᅀᅧᆼ來링ㅣ 이 念념을 호ᄃᆡ 내 衆즁生싱을 반ᄃᆞ기 度똥脫퇋ᄒᆞ노라 ᄒᆞᄂᆞ다 너기디 말라 須슝菩뽕提뗑여 이 念념을 짓디 말라 엇뎨어뇨 實씷로 衆즁生싱이 如ᅀᅧᆼ來링 度똥脫퇋ᄒᆞ니 업스니 ᄒᆞ다가 衆즁生ᅀᅣᆼ이 如ᅀᅧᆼ來링 度똥脫퇋ᄒᆞ니 잇다 ᄒᆞ면 如ᅀᅧᆼ來

링ㅣ곧我앙人신衆즁生싱壽쓩者쟝ᄅᆞᆯ뒷논디니라
須菩提ㅣ意謂호ᄃᆡ如來ㅣ有度衆生心이라ᄒᆞᆯᄉᆡ佛
이爲遣須菩提의如是疑心故로言莫作是念
ᄒᆞ라ᄒᆞ시니라一切衆生이本自是佛이니若言如來ㅣ
度得衆生ᄒᆞ야成佛이라ᄒᆞ면即爲妄語ㅣ니以妄語故
로即是我人衆生壽者ㅣ니此ㅣ爲遣我所心也ㅣ
ㅣ라夫一切衆生이雖有佛性ᄒᆞ나若不因諸佛說
法ᄒᆞᅀᆞ오면無由自悟ᄒᆞ니憑何修行ᄒᆞ야得成佛道

ᄒᆞ리오 ○須슝菩뽕提똉ㅣ ᄠᅳ데 너교ᄃᆡ 如셩
來링ㅣ 衆즁生싱濟졩度똥ᄒᆞ샨 ᄆᆞᅀᆞᄆᆞᆯ 두겨
시다 홀ᄊᆡ 부톄 須슝菩뽕提똉의 이 ᄀᆞᆮᄒᆞᆫ 疑읭
心심 아ᅀᆞᄆᆞᆯ 爲윙ᄒᆞ실ᄊᆡ 니ᄅᆞ샤ᄃᆡ 이 念념을
짓디 말라 ᄒᆞ시니라 一힗切쳉衆즁生싱이 本
본來링 제 이 부톄니 ᄒᆞ다가 닐오ᄃᆡ 如셩來링
ㅣ 衆즁生싱ᄋᆞᆯ 度똥脫퇋ᄒᆞ야 成쎵佛뿛ᄒᆞ게 ᄒᆞ
시니라 ᄒᆞ면 곧 ᄀᆞ즛마리니 ᄀᆞ즛마릴ᄊᆡ 곧 이
我앙人신衆즁生싱壽쓩者쟝ㅣ니 이 我앙所
송心심 아ᅀᆞᄆᆞᆯ 爲윙ᄒᆞ샤 마라 一힗切쳉衆즁
生싱이 비록 佛뿛性셩이 이시나 ᄒᆞ다가 諸졍
佛뿛說쉃法법을 因힌티 아니ᄒᆞᅀᆞ오면 제아
롤 쭈리 업스니 므스글 브터 修슝
行ᅘᆡᇰᄒᆞ야 佛뿛道똥ᄅᆞᆯ 일우리오

須菩提야 如來說有我者ㅣ 即非有我ㅣ어늘 而凡

夫之人이 以爲有我ᄒᆞᄂᆞ니 須菩提야 凡夫者ᅵ 如來說이 卽非凡夫ᅵ라 是名凡夫ᅵ니라 ○ 須슝菩뽕提뗑여 如셩來링 닐온 나 이슈미 곧 나 이슈미 아니어늘 凡뻠夫봉ㅅ ᄉᆞᄅᆞ미 나 이슈믈 삼ᄂᆞ니 須슝菩뽕提뗑여 凡뻠夫봉ㅣ 如셩來링 닐오미 곧 凡뻠夫봉ㅣ 아니라 이 일후미 凡뻠夫봉ㅣ니라

如來說有我者ᄂᆞᆫ 是ᄂᆞᆫ 自性淸淨ᄒᆞ신 常樂我淨之我ㅣ샤 不同凡夫의 貪嗔無明虛妄不實之我ᄒᆞ시니 故로 言凡夫之人이 以爲有我ㅣ라ᄒᆞ시니라 有我人者ᄂᆞᆫ 卽是凡夫ㅣ오 我人不生이 卽非凡夫

ㅣ며 心有生滅ᄒᆞ면 即是凡夫ㅣ오 心無生滅ᄒᆞ면 即非
凡夫ㅣ며 不悟般若波羅蜜多ᄒᆞ면 即是凡夫ㅣ오 若
悟般若波羅蜜多ᄒᆞ면 即非凡夫ㅣ며 心有能所ᄒᆞ면
即是凡夫ㅣ오 心無能所ᄒᆞ면 即非凡夫ㅣ라 ○如ᅀᅧᆼ來ᄅᆡᆼ니
ᄅᆞ샨 有웅我앙ᄂᆞᆫ 이ᄂᆞᆫ 自ᄍᆞᆼ性셩淸쳥淨쪙ᄒᆞ신 常쌍樂락我앙淨쪙我앙ㅣ샤 凡뻠夫붕의
貪탐瞋친無뭉明명 거즛 實씷티 아니ᄒᆞᆫ 我앙ㅣ곤ᄃᆡ 아니ᄒᆞ시니 그럴ᄊᆡ 니ᄅᆞ샤ᄃᆡ 凡뻠夫붕
ㅅ사ᄅᆞ미 有웅我앙ᄅᆞᆯ 삼ᄂᆞ니라 ᄒᆞ시니 我앙人신닷ᄂᆞᆫ닌 곧 이 凡뻠夫붕ㅣ오 我앙人
신나디 아니ᄒᆞ미 곧 凡뻠夫붕ㅣ 아니며 ᄆᆞᅀᆞ매 生ᄉᆡᆼ滅멿이시면 곧 이 凡뻠夫붕ㅣ오 ᄆᆞᅀᆞ

매生싱滅멿 업스면 곧 凡뻠夫붕 아니며 般밣若샹波방羅랑蜜밇多당를 아디 몯ᄒᆞ면 곧 이 凡뻠夫붕ㅣ오 ᄒᆞ다가 般밣若샹波방羅랑蜜밇多당를 알면 곧 凡뻠夫붕ㅣ 아니며 므스매 能능所송ㅣ 이시면 곧 이 凡뻠夫붕ㅣ오 므스매 能능所송ㅣ 업스면 곧 凡뻠夫붕ㅣ 아니라

法身非相分第二十六

須菩提야 於意云何오 可以三十二相으로 觀如來아 不아 須菩提ㅣ 言ᄒᆞᅀᆞ오ᄃᆡ 如是如是ᄒᆞ니 以三十二相으로 觀如來리이다 佛言ᄒᆞ샤ᄃᆡ 須菩提야 若以三十二相으로 觀如來者ㄴ댄 轉輪聖王이 即是如來

로다 須菩提ㅣ 白佛言ᄒᆞᅀᆞ오ᄃᆡ 世尊하 如我解佛所說義ᄂᆞᆫ 不應以三十二相으로 觀如來로소이다 ○ 須숭菩뽕提뗑여 比뗴 엇더뇨 어루 三삼十씹二싱相샹ᄋᆞ로 如셩來링ᄅᆞᆯ 보려 몯 보려 須슝菩뽕提뗑ㅣ ᄉᆞᆯ오ᄃᆡ 이 곧 이 곧ᄒᆞ시니 三삼十씹二싱相샹ᄋᆞ로 如셩來링ᄅᆞᆯ 보ᅀᆞ오리이다 부톄 니ᄅᆞ샤ᄃᆡ 須슝菩뽕提뗑여 ᄒᆞ다가 三삼十씹二싱相샹ᄋᆞ로 如셩來링ᄅᆞᆯ 볼띤댄 轉뎐輪륜聖셩王왕이 곧 이 如셩來링ㅣ로다 須슝菩뽕提뗑ㅣ 부텻긔 ᄉᆞᆯ오ᄃᆡ 世솅尊존하 내 부텻 니ᄅᆞ샨 ᄠᅳ들 아ᅀᆞ오몬 三삼十씹二싱相샹ᄋᆞ로 如셩來링ᄅᆞᆯ 보ᅀᆞᆸ디 몯ᄒᆞ리로소이다

世尊이 大慈ᄒᆞ샤 恐須菩提ㅣ 執相之病을 未除ᄒᆞ샤

故로 作此問ᄒᆞ야시ᄂᆞᆯ 須菩提ㅣ 未知佛意와ᄒᆞᅀᆞ와 乃言如是ᄒᆞ니 如是之言이 早是迷心이어늘 ᅀᆞ 更言以三十二相으로 觀如來니라ᄒᆞ니 又是一重迷心이라 離眞이 轉遠ᄒᆞᆯ시 故로 如來ㅣ 爲說除彼迷心ᄒᆞ샤 若以三十二相으로 觀如來者ㅣ면 轉輪聖王이 即是如來시니라ᄒᆞ니 轉輪聖王이 雖有三十二相ᄒᆞᆫ들 豈得同如來世尊ᄒᆞᅀᆞ오리오 引此言者ᄂᆞᆫ 以遣須菩提의 執相之病ᄒᆞ샤 令其所悟ㅣ 深徹케ᄒᆞ야시ᄂᆞᆯ 須菩提ㅣ 被問

와ᄒᆞᆫ 迷心이 頓釋ᄒᆞᆯᄊᆡ 故로 云如我解佛所說義
ᄂᆞᆫ 不應以三十二相으로 觀如來니라ᄒᆞ니 須菩提ᄂᆞᆫ
是大阿羅漢이라 所悟ㅣ 甚深ᄒᆞ야 得方便ᄒᆞ야 不生
迷路ᄒᆞ야 以異世尊와ᄒᆞᅀᆞ 除遣細惑ᄒᆞ야 令後世衆
生으로 所見이 不謬也케ᄒᆞ니라 ○ 世솅尊존이 大땡慈쫑ᄒᆞ샤 須슝菩뽕
提똉ㅣ 相샹잡ᄂᆞᆫ 病뼝을 더디 몯ᄒᆞᆯ까 저ᄒᆞ샤 그럴ᄊᆡ 아무루믈 ᄒᆞ야시ᄂᆞᆯ 須슝菩뽕提똉ㅣ 사
부텻 ᄠᅳ들 아디 몯ᄒᆞᅀᆞ와 如셩是씽라 ᄉᆞᆯ오니 如셩是씽랏 마리 불써 迷몡惑혹ᄒᆞᄃᆡ ᅀᆞ미 어니
ᄂᆞᆯᅀᅡ 다시 ᄉᆞᆯ오ᄃᆡ 三삼十씹二싱相샹ᄋᆞ로 如셩來링ᄅᆞᆯ 보ᅀᆞ오리라 ᄒᆞ니 ᄯᅩ 이 ᄒᆞᆫ 迷몡惑

획ᄒᆞᆫ ᄆᆞᅀᆞ미라 眞진에 버으로미 옥멀씨 如
ᅀᅧᆼ來링ᅵ 為윙ᄒᆞ야 니ᄅᆞ샤ᄃᆡ 迷몡惑획ᄆᆞᅀᆞ
ᄆᆞᆯ 더르샤 ᄒᆞ다가 三삼十씹二싱相샹ᄋᆞ로 如
ᅀᅧᆼ來링ᄅᆞᆯ 볼ᄯᅵ면 轉뎐輪륜聖셩王왕이 곧 이
如ᅀᅧᆼ來링ᅵ로다 ᄒᆞ시니 轉뎐輪륜聖셩王왕
이 비록 三삼十씹二싱相샹이 이신ᄃᆞᆯ 엇뎨 如
ᅀᅧᆼ來링世솅尊존ᄭᅴ ᄀᆞᆮᄌᆞ오리오 이ᄅᆞᆯ ᄡᅥ 니ᄅᆞ
샤ᄆᆞᆫ 須슝菩뽕提똉의 相샹자ᄇᆞᆫ 病뼝을 아ᅀᆞ
샤 그아로미 기피 ᄉᆞᄆᆞᆺ게 ᄒᆞ야시ᄂᆞᆯ 須슝菩뽕
提똉ᅵ 무르샤ᄆᆞᆯ 닙ᄉᆞ와 迷몡惑획 ᄆᆞᅀᆞ미 다
프러딜씨 ᄉᆞᆯ오ᄃᆡ 내 부텨 니ᄅᆞ샨 ᄠᅳᆮ 아ᅀᆞ오ᄃᆞᆫ
三삼十씹二싱相샹ᄋᆞ로 如ᅀᅧᆼ來링ᄅᆞᆯ 보ᅀᆞ오
미 몯ᄒᆞ리로소이다 ᄒᆞ니 須슝菩뽕提똉ᄂᆞᆫ 이
큰 阿항羅랑漢한이라 아로미 甚씸히 기프ᄃᆡ
方방便뻔을 得득ᄒᆞ야 迷몡ᄒᆞᆫ 길ᄒᆞᆯ 내야 世솅
尊존ᄭᅴ ᄃᆞᆯ오ᄆᆞᆯ 아니ᄒᆞᅀᆞ와 ᄀᆞᆫ 惑획ᄋᆞᆯ 더르ᄇᆞ

그 後ᅘᅮᇢ 世솅衆즁生ᄉᆡᆼᄋᆞ로
보미 오ᄂᆞ니 아니 귀ᄒᆞ니라

爾時世尊이 而說偈言ᄒᆞ샤ᄃᆡ ○若以色見我ᄒᆞ며 以
音聲求我ᄒᆞ면 是人은 行邪道ㅣ라 不能見如來니라 그
ᄣᅴ 世솅尊존이 偈꼥ᄅᆞᆯ 니ᄅᆞ샤ᄃᆡ ○ᄒᆞ다가 色ᄉᆡᆨ
ᄋᆞ로 나ᄅᆞᆯ 보며 소리로 나ᄅᆞᆯ 求꿓ᄒᆞ면 이 사ᄅᆞᄆᆞᆫ
邪썅ᄒᆞᆫ 道ᄯᅩᇢㄹᆞᆯ 行ᅘᆡᇰᄒᆞ논 디라 如
來ᄅᆡᆼᄅᆞᆯ 能ᄂᆞᆼ히 보디 몯ᄒᆞ리라

若以爾字ᄂᆞᆫ 是ᄂᆞᆫ 發語之端이라 色者ᄂᆞᆫ 相也ㅣ오
見者ᄂᆞᆫ 識也ㅣ오 我者ᄂᆞᆫ 是一切衆生身中에 自
性이 淸淨ᄒᆞ야 無爲無相ᄒᆞᆫ 眞常之體라 不可高

聲念佛ᄒᆞ야 而得成就니 念은 須正念이 分明ᄒᆞ야
ᅀᅡ 方得悟解ᄒᆞᄂᆞ니 若以色聲으로 求之ᄒᆞ면 不可見
也ㅣ니라 是知於相中에 觀佛ᄒᆞᅀᆞ오며 聲中에 求法
ᄒᆞ면 心有生滅이라 不悟如來矣로다 ○若ᅀᅣᆨ以ᅌᅵᆼ두字ᄶᆞᆼᄂᆞᆫ 이ᄂᆞᆫ 맔
내ᄂᆞᆫ 그티라 色식ᄋᆞᆫ 相샹이오 見견ᄋᆞᆫ 識식이오 我ᅌᅡᆼᄂᆞᆫ 이 一ᅙᅵᇙ切쳉衆즁生ᄉᆡᆼ 모매 제性셩
이 淸청淨쪙ᄒᆞ야 ᄒᆞ욤 업스며 相샹 업슨 眞진常썅ᄒᆞᆫ 體톙라 된 소리로 念념佛뿛ᄒᆞ야 일우
디 몯ᄒᆞ리니 念념은 모로매 正졍念념이 分분明명ᄒᆞ야ᅀᅡ 아로ᄆᆞᆯ 得득ᄒᆞᄂᆞ니 ᄒᆞ다가 色식
聲셩으로 求끃ᄒᆞ면 보디 몯ᄒᆞ리니 이 相샹中듕에 부텨를 보ᅀᆞ오며 聲셩中듕에 法법을 求

콩ᄒᆞ면 ᄆᆞᅀᆞ매 生ᄉᆡᇰ滅멿이 이셔 如

셩來ᄅᆡᆼᄅᆞᆯ 아디 몯ᄒᆞᆯ ᄯᆞᆯ 아ᄅᆞᆯ ᄯᅵ로다

無斷無滅分第二十七

須菩提야 汝ㅣ 若作是念호ᄃᆡ 如來ㅣ 不以具足相故로 得阿耨多羅三藐三菩提아 須菩提야 莫作是念호ᄃᆡ 如來ㅣ 不以具足相故로 得阿耨多羅三藐三菩提라 ᄒᆞ라 須菩提야 汝ㅣ 若作是念호ᄃᆡ 發阿耨多羅三藐三菩提心者ᄂᆞᆫ 說諸法斷滅아 莫作是念ᄒᆞ라 何以故오 發阿耨多羅三藐三菩提心者

ᄂᆞ니 於法에 不說斷滅相ᄒᆞᄂᆞ니라○須슝菩뽕提뗑여 네ᄒᆞ다가 이念념을
지ᅀᅩᄃᆡ 如셩來ᄅᆡᆼㅣ 具꿍足죡相샹젼ᄎᆞ로 阿항
耨녹多당羅랑三삼藐막三삼菩뽕提뗑ᄅᆞᆯ 得득
디 아니ᄒᆞ리라 ᄒᆞᄂᆞᆫ다 須슝菩뽕提뗑여 이 念념
을 지ᅀᅩᄃᆡ 如셩來ᄅᆡᆼㅣ 具꿍足죡相샹젼ᄎᆞ로 阿
항耨녹多당羅랑三삼藐막三삼菩뽕提뗑ᄅᆞᆯ 得
득디 아니타 말라 須슝菩뽕提뗑여 네 ᄒᆞ다가 이
念념을 지ᅀᅩᄃᆡ 阿항耨녹多당羅랑三삼藐막三
삼菩뽕提뗑心심發벓ᄒᆞᆫ닌 諸졍法법의 그처 업
수믈 니ᄅᆞᄂᆞ니라 ᄒᆞᄂᆞᆫ다 이 念념을 짓디 말라 엇
뎨어뇨 阿항耨녹多당羅랑三삼藐막三삼菩뽕
提뗑心심發벓ᄒᆞᆫ닌 法법에 斷뙨滅
몛相샹ᄋᆞᆯ 니ᄅᆞ디 아니ᄒᆞᄂᆞ니라
須菩提ㅣ 聞說眞身의 離相ᄒᆞᅀᆞᆸ고 便謂호ᄃᆡ 不修

三十二淸淨行ᄒᆞ샤ᅀᅡ 得菩提시라 ᄒᆞᆯ [illegible]
뎌 莫言如來ㅣ不修三十二淨行ᄒᆞ야 而得菩提
라ᄒᆞᆫ 汝ㅣ 若言不修三十二淨行ᄒᆞ야 得阿耨菩
提者ㅣᆫ댄 卽是斷滅佛種性이라 無有是處ᄒᆞ니 ○ 須
菩뽕提뗑ㅣ 眞진身신의 相샹 여ᄒᆡ욤ᄋᆞᆯ 니ᄅᆞ샤
ᄆᆞᆯ 듣ᄌᆞᆸ고 믄득 너교ᄃᆡ 三삼十씹二ᅀᅵᆼ淸청淨
쪙行ᅘᆡᇰ올 닷디 아니ᄒᆞ샤 菩뽕提뗑ᄅᆞᆯ 得득ᄒᆞ샤
시니라 ᄒᆞᆯᄊᆡ 부텨 須슝菩뽕提뗑ᄃᆞ려 니ᄅᆞ샤
ᄃᆡ 如ᅀᅧᆼ來ᄅᆡᆼㅣ 三삼十씹二ᅀᅵᆼ淨쪙行ᅘᆡᇰ올 닷
디 아니ᄒᆞ야 菩뽕提뗑ᄅᆞᆯ 得득다 니ᄅᆞ디 말라
네 ᄒᆞ다가 三삼十씹二ᅀᅵᆼ淨쪙行ᅘᆡᇰ올 닷디 아
니ᄒᆞ야 阿ᅙᅡᆼ耨녹菩뽕提뗑ᄅᆞᆯ 得득ᄒᆞ다 ᄂᆞᆫ 오ᄅᆞᆯ 펴

댄 곧 이 佛뿛種죵性셩을 굿논디
라 오ᄅᆞᆫ고다 이ᄉᆞ디 아니ᄒᆞ니라

不受不貪分第二十八

須菩提 若菩薩이 以滿恒河沙等世界七寶로
持用布施도라 若復有人이 知一切法의 無我ᄒᆞ야 得
成於忍ᄒᆞ면 此菩薩이 勝前菩薩의 所得功德ᄒᆞ리니 何
以故오 須菩提야 以諸菩薩이 不受福德故라 須
菩提ㅣ 白佛言ᄒᆞᅀᆞᄫᅩᄃᆡ 世尊하 云何菩薩이 不受福
德이니잇고 須菩提야 菩薩所作福德은 不應貪著이니

是故로 說不受福德이니라 ○ 須슝菩뽕提뗑여

ᄒᆞ다가 菩뽕薩삻이 恒흥河항沙상等등世솅界갱예 ᄀᆞ득ᄒᆞᆫ 七칧寶봉로 가져 布봉施싱ᄒᆞ야도 ᄒᆞ다가 ᄯᅩ 사ᄅᆞ미 一힗切쳉法법의 나 업스논 ᄃᆞᆯ 아라 忍ᅀᅵᆫ을 일우면 이 菩뽕薩삻이 알핏 菩뽕薩삻의 得득ᄒᆞᆫ 功공德득에 더으리니 엇뎨어뇨 須슝菩뽕提뗑여 諸졍菩뽕薩삻이 福복德득을 受쓩티 아니ᄒᆞ논 젼ᄎᆞ라 須슝菩뽕提뗑ㅣ 부텨ᄭᅴ ᄉᆞᆯ오ᄃᆡ 世솅尊존하 엇뎨 菩뽕薩삻이 福복德득 受쓩티 아니ᄒᆞ니잇고 須슝菩뽕提뗑여 菩뽕薩삻이 지ᅀᅮᆫ 福복德득은 貪탐着땩ᄒᆞ미 몯ᄒᆞ리니 이럴ᄊᆡ 닐오ᄃᆡ 福복德득을 受쓩티 아니ᄒᆞ미니라

通達一切法ᄒᆞ야 無能所心이 是名爲忍이니 此人

所得福德이 勝前七寶之福이라ᄒᆞ니 菩薩所作福德은 不爲自己ᄒᆞ야 意在利益一切衆生故로 言不受福德이라ᄒᆞ시니라 ○一힗切쳉法법을 通퉁達땅ᄒᆞ야 能능所송ㅅ ᄆᆞᅀᆞᆷ 업수미 이 일후미 忍싄이니 이 사ᄅᆞ미 得득혼 福복德득이 알핏 七칧寶봉福복애 더으니라 菩뽕薩삻ᄋᆡ 지ᅀᅮᆫ 福복德득은 제 모몰 爲윙티 아니ᄒᆞ야 ᄠᅳ디 一힗切쳉衆중生싱 利링益혁호매 이실ᄊᆡ 不붏受쓯福복德득이라 니ᄅᆞ시니라

威儀寂靜分第二十九

須菩提야 若有人이 言ᄒᆞ되 如來ㅣ 若來若去若坐

若臥ㅣ라 ᄒᆞ면 是人은 不解我所說義니 何以故오 如來者ᄂᆞᆫ 無所從來ᄒᆞ며 亦無所去ᄒᆞᆯᄉᆡ 故名如來라

須슝菩뽕提똉여 ᄒᆞ다가 사ᄅᆞ미 닐오ᄃᆡ 如셩來링ㅣ 오며 가며 안ᄌᆞ며 눕ᄂᆞ니라 ᄒᆞ면 이 사ᄅᆞᄆᆞᆫ 내 니ᄅᆞ논 ᄠᅳ들 아디 몯ᄒᆞᄂᆞ니 엇뎨어뇨 如셩來링ᄂᆞᆫ 브터 온 ᄃᆡ 업스며 ᄯᅩ 간 ᄃᆡ 업슬ᄊᆡ 일후미 如셩來링라

如來者ᄂᆞᆫ 非來며 非不來며 非去ㅣ며 非不去ㅣ며 非坐ㅣ며 非不坐ㅣ며 非臥ㅣ며 非不臥샤ㅣ 行住坐臥 四威儀中에 常在空寂미ᄒᆞ샤 卽是如來也ㅣ니라시

○如셩來링ᄂᆞᆫ 오샤미 아니며 아니 오샤미 아니며 가샤미 아니며 아니 가샤미 아니며 안ᄌᆞ샤미 아니며 아니 안ᄌᆞ샤미 아니며 누으샤미 아니며 아니 누으샤미 아니샤 行ᅘᆡᆼ住뜡坐쫭臥ᅌᅪᆼ내 威휭儀잉中듕에 샹녜 空콩寂쩍에 개샤미 곧 이 如셩來링ㅣ시니라

一合相理分第三十

須菩提야 若善男子善女人이 以三千大千世界로 碎爲微塵ᄒᆞ면 於意云何오 是微塵衆이 寧爲多아 不아 須菩提ㅣ 言ᄒᆞᅀᆞ오ᄃᆡ 甚多ᄒᆞ니이다 世尊하 何以故ㅣ어뇨 若是微塵衆이 實有者ㅣ면 佛이 即不說是

微塵衆ᄒᆞ시리니 所以者何ㅣ어뇨 佛說微塵衆이 卽非微塵衆이라 是名微塵衆이니이다 ○須슝菩뽕提똉여 ᄒᆞ다가 善쎤男남子ᄌᆞᆼ

善쎤女녕人신이 三삼千쳔大땡千쳔世솅界갱로 ᄇᆞᅀᆞ아 ᄀᆞᄂᆞᆫ 드틀 ᄆᆡᇰᄀᆞᆯ면 브데 잇더뇨 이 微밍塵띤衆즁이 하려 몯하려 須슝菩뽕提똉ㅣ ᄉᆞᆯ오ᄃᆡ 甚씸히 하ᅌᅵ다 世솅尊존하 엇뎨어뇨 ᄒᆞ다가 이 微밍塵띤衆즁이 眞진實씷로 이슗띠면 부텨 곧 이 微밍塵띤衆즁을 니ᄅᆞ디 아니ᄒᆞ시리니 엇뎨어뇨 부텨 니ᄅᆞ샨 微밍塵띤衆즁이 곧 微밍塵띤衆즁이 아니라 이 일후미 微밍塵띤衆즁이니이다

佛이 說三千大千世界ᄒᆞ샤 以喩一一衆生性上

앳 微塵之數ㅣ 如三千大千世界中엣 所有微
塵ᄒᆞ시니 一切衆生의 性上앳 妄念微塵은 卽非
微塵이어니와 聞經悟道ᄒᆞ야 覺慧常照ᄒᆞ야 趣向菩提
ᄒᆞ야 念念不住ᄒᆞ야 常在淸淨ᄒᆞᆯ시 如是淸淨微塵이ᅀᅡ
是名微塵衆이라 ○부톄 三삼千쳔大땡千쳔世솅界갱ᄅᆞᆯ 니르샤 낫낫衆중生
싱性셩上썅앳 微밍塵띤數숭ㅣ 三삼千쳔大땡千쳔世솅界갱中듕엣 잇ᄂᆞᆫ 微밍塵띤 곧ᄒᆞᆫ
ᄃᆞᆯ 가ᄌᆞᆯ비시니 一힗切쳉衆중生싱의 性셩우흣 妄망念념微밍塵띤은 곧 微밍塵띤이 아니
어니와 經경 듣고 道똫 아라 覺각慧쀙 샹녜 비
취여 菩뽕提뗑예 가 向향ᄒᆞ야 念념念념이 住

뚱티 아니ᄒᆞ야 샹녜 淸쳥淨쪙에 이실쎄 이곤 ᄒᆞᆫ 淸쳥淨쪙 微밍塵띤이 ᄊᆞ이 일후미 微밍塵띤衆즁이라

世尊하 如來所說三千大千世界ㅣ 卽非世界라

是名世界니 ○世솅尊존하 如셩來링 니ᄅᆞ샨 三삼千쳔大땡千쳔世솅界갱 곧 世솅界갱 아니라 이 일후미 世솅界갱니

三千者ᄂᆞᆫ 約理而言컨댄 卽貪嗔癡妄念이 各具

一千ᄒᆞᆫ 數也ㅣ라 心이 爲善惡之本이라 能作凡作

聖ᄒᆞ야 其動靜이 不可測度이라 廣大無邊故로 名

大千世界라○三삼千쳔은理링를자바니ᄅᆞ건댄곧貪탐嗔친癡팅妄망念념이各각各각各각一힗千쳔이ᄀᆞᄌᆞᆫ數숭ㅣ라므스미善쎤惡학미티라能능히凡뻠을밍골며聖셩을밍ᄀᆞ라그뮈며ᄀᆞᄆᆞᆫ호미혜아리디몯홀띠라넙고쿠미ᄀᆞᇫ업슬씨일후미大땡千쳔世솅界갱라

何以故ㅣ뇨ㅣ어 若世界ㅣ實有者ㅣ면則是一合相이니 如來說一合相이 卽非一合相이라是名一合相이니이다○엇뎨어뇨ᄒᆞ다가世솅界갱眞진實씷이ᅀᆞᆯ띠면곧이ᄒᆞᆫ게어운相상이니如셩來링니ᄅᆞ샨一힗合합相샹이곧一힗合합相샹이아니라이일후미一힗合합相샹이니이ᅌᅵ다

心中明了ㅣ 莫過悲智二法ᄒᆞ니 由此二法ᄒᆞ야 而得菩提ᄒᆞ니 說一合相者ᄂᆞᆫ 心有所得ᄒᆞᆯᄉᆡ 故로 即非一合相이오 心無所得ᄒᆞ면 是名一合相이니 一合相者ᄂᆞᆫ 不壞假名ᄒᆞ야 而談實相ᄒᆞᆯ시라

○ ᄆᆞᅀᆞ매 블기 아로미 悲빙와 智딩와 두 法법에 너므니 업스니 이 두 法법을 브터 菩뽕提뗑ᄅᆞᆯ 得득ᄒᆞᄂᆞ니 니ᄅᆞ샨 一ᅙᅵᇙ合ᅘᅡᆸ相샹ᄋᆞᆫ ᄆᆞᅀᆞ매 得득호미 이실씨 곤 一ᅙᅵᇙ合ᅘᅡᆸ相샹이 아니오 ᄆᆞᅀᆞ매 得득호미 업스면 이 일후미 一ᅙᅵᇙ合ᅘᅡᆸ相샹이니 一ᅙᅵᇙ合ᅘᅡᆸ相샹ᄋᆞᆫ 거즛 일후믈 허디 아니ᄒᆞ야 實씷相샹ᄋᆞᆯ 니ᄅᆞᆯ씨라

須菩提야 一合相者ᄂᆞᆫ 即是不可說이어늘 但凡夫

之人이 貪著其事ᄒᆞᄂᆞ니라 ○須슝菩뽕提뗑여 一힗合합相샹ᄋᆞᆫ 곧 이 니ᄅᆞ디 몯ᄒᆞᇙ 꺼시어늘 오직 凡뻠夫붕ㅅ 사ᄅᆞ미 그 이ᄅᆞᆯ 貪탐著땩ᄒᆞᄂᆞ니라

由悲智二法ᄒᆞ야 成就佛果菩提ᄒᆞ야 說不可盡이며

妙不可言이어늘 凡夫之人은 貪著文字事業ᄒᆞ야

不行悲智二法ᄒᆞᄂᆞ니 若不行悲智二法ᄒᆞ고 而求

無上菩提ᄒᆞ면 何由可得이리오 ○悲빙智딩二ᅀᅵᆼ 法법을 브터 佛뿛果광 菩뽕提뗑ᄅᆞᆯ 일우니 닐어도 다 몯ᄒᆞ리며 微밍妙묳ᄅᆞᆯ 니ᄅᆞ디 몯ᄒᆞ리어늘 凡뻠夫붕ㅅ 사ᄅᆞᄆᆞᆫ

文문字ᄍᆞᆼ人ᅀᅵᆫ이ᄅᆞᆯ 貪탐着ᄯᅡᆨᄒᆞ야 悲빙智딩 二
ᅀᅵᆼ法법을 行ᅘᆡᇰ티 아니ᄒᆞᄂᆞ、니ᄒᆞ、다가 悲빙智
딩 二ᅀᅵᆼ法법을 行ᅘᆡᇰ티 아니코 無무上ᄊᆞᆼ菩뽕
提뗑ᄅᆞᆯ 求꿈ᄒᆞ면 어듭ᄃᆡ 어두 得득ᄒᆞ、리오

知見不生分第三十一

須菩提야 若人이 言호ᄃᆡ 佛說我見人見衆生見壽
者見이라ᄒᆞ、須菩提야 於意云何오 是人이 解我
所說義아니 不아 不也世尊하 是人이 不解如來所
說義니 何以故요ᅵ어 世尊說我見人見衆生見壽
者見이 卽非我見人見衆生見壽者見이라 是名我

見人見衆生見壽者見이시니이다 ○ 須슝菩뽕提뗑여ᄒᆞ다가 사ᄅᆞ미 닐오ᄃᆡ 부톄 我앙見견人신見견衆즁生ᄉᆡᇰ見견壽쓩者쟝見견을 니ᄅᆞ니라 ᄒᆞ나니 須슝菩뽕提뗑여 ᄠᅳ데 엇더뇨 이 사ᄅᆞ미 내 닐온 ᄠᅳ들 아ᄂᆞ녀 모ᄅᆞᄂᆞ녀 아니이다 世솅尊존하 이 사ᄅᆞ미 如ᅀᅧᇰ來ᄅᆡᆼ 니ᄅᆞ샨 ᄠᅳ들 아디 몯ᄒᆞᄂᆞ니 엇데어뇨 世솅尊존 니ᄅᆞ샨 我앙見견人신見견衆즁生ᄉᆡᇰ見견壽쓩者쟝見견이 곧 我앙見견人신見견衆즁生ᄉᆡᇰ見견壽쓩者쟝見견이 아니라 일후미 我앙見견人신見견衆즁生ᄉᆡᇰ見견壽쓩者쟝見견이시니이다

如來說此經者ᄂᆞᆫ 令一切衆生ᄋᆞ로 自悟般若智慧ᄒᆞ며 自修行菩提之果ㅣ어시늘 凡夫之人이 不解

佛意와ᄒᆞᅀᆞ、便謂호ᄃᆡ如來ㅣ說我人等見이라코不
知如來ㅣ說甚深無相無爲般若波羅蜜法ᄒᆞ논合
ᄂᆞ니、如來所說我人等見이不同凡夫의我人等
見ᄒᆞ니如來說一切衆生이皆有佛性이是眞我
見이시고說一切衆生이有無漏智性ᄒᆞ야本自具
足이是人見이시고說一切衆生이本無煩惱ㅣ
是衆生見이시고說一切衆生性이本不生不滅
이是壽者見이시니라○如ᅀᅧᆼ來ᄅᆡᆼㅣ이經겨ᇰ
니ᄅᆞ샤ᄆᆞᆫ一ᅙᅵᇙ切촁衆쥬ᇰ生ᄉᆡᇰᄋᆞᆫ

로濟졩般밣若샹智딩慧쀙ᄅᆞᆯ 알며 菩뽕提뗑
界갱ᄅᆞᆯ 修슝行ᅘᆡᆼᄒᆡ어시ᄂᆞᆫ 凡뻠夫붕ㅅ 사ᄅᆞ
미 부텃 ᄠᅳ들 아디 몯ᄒᆞᅀᆞ와 곧 너교ᄃᆡ 如셩來
ᄅᆡᆼㅣ 我ᅌᅡᆼ人ᅀᅵᆫ等등見견을 니ᄅᆞ시니라코 知
셩來ᄅᆡᆼㅣ 甚씸히 기픈 無무相샹 無무爲윙ᄒᆞᆫ
般밣若샹波방羅랑蜜밇法법 니ᄅᆞ시논ᄃᆞᆯ 아디
몯ᄒᆞᅀᆞᆸᄂᆞ니 如셩來ᄅᆡᆼ 니ᄅᆞ샨 我ᅌᅡᆼ人ᅀᅵᆫ等등
見견이 凡뻠夫붕의 我ᅌᅡᆼ人ᅀᅵᆫ等등見견에 곧
디 아니ᄒᆞ니 如셩來ᄅᆡᆼ 니ᄅᆞ샨 一힗切쳉衆즁
生ᄉᆼ 아니다 佛뿛性셩 잇다 ᄒᆞ샤ᄆᆞᄂᆞᆫ 眞진實
씷ㅅ 我ᅌᅡᆼ見견이시고 一힗切쳉衆즁生ᄉᆼ이
漏릏 업슨 智딩性셩이 이시 本본來ᄅᆡᆼ 졩ᄀᆞ즈
니라 니ᄅᆞ샤미 이ᄂᆞᆫ 人ᅀᅵᆫ見견이시고 一힗切
쳉衆즁生ᄉᆼᄋᆡ 本본來ᄅᆡᆼ 煩뻔惱놓 업스니라
니ᄅᆞ샤미 이ᄂᆞᆫ 衆즁生ᄉᆼ見견이시고 一힗切
쳉衆즁生ᄉᆼ이 性셩이 本본來ᄅᆡᆼ 不블生ᄉᆼ不

붏滅멿ᄒᆞ니ᄅᆞᆯ니ᄅᆞ샤미ᄂᆞᆫ壽쓯者쟝見견이시니라

須菩提야發阿耨多羅三藐三菩提心者ᄂᆞᆫ於一切法에應如是知ᄒᆞ며如是見ᄒᆞ며如是信解ᄒᆞ야不生法相이니須菩提야所言法相者ㅣ如來說이卽非法相이라是名法相이니라

○須슝菩뽕提똉여阿항耨녹多당羅랑三삼藐먁三삼菩뽕提똉心심을發벓ᄒᆞ닌一읧切쳉法법에반ᄃᆞ기이ᄀᆞ티알며이ᄀᆞ티보며이ᄀᆞ티信신解갱ᄒᆞ야法법相샹ᄋᆞᆯ내디아니홀띠니須슝菩뽕提똉여닐온法법相샹ᄋᆞᆫ如셩來링닐오미곤法법相샹이아니란이일후미法법相샹이니라

發菩提心者ᄂᆞᆫ 應見一切衆生이 皆有佛性ᄒᆞ며
應見一切衆生의 無漏種智ㅣ 本自具足ᄒᆞ며 應
信一切衆生의 自性이 本無生滅ᄒᆞ야 雖行一切
智慧方便ᄒᆞ야 接物利生ᄒᆞ야도 不作能所之心이니
口說無相法ᄒᆞ고 而心有能所ᄒᆞ면 即非法相이오 口
說無相法ᄒᆞ고 心行無相行ᄒᆞ고 而能所心이 滅ᄒᆞ면
是名法相也ㅣ니라 ○菩뽕提똉心심을 發벓ᄒᆞᆫ 一ᅙᅵᇙ切쳉衆즁生ᄉᆡᇰ이 다 佛
뿛性셩 잇ᄂᆞᆫ ᄃᆞᆯ 볼띠며 一ᅙᅵᇙ切쳉衆즁生ᄉᆡᇰ이 漏릏 업슨 種죵智딩ㅣ 本본來ᄅᆡᆼ 제 ᄀᆞᄌᆞᆫ ᄃᆞᆯ

며 一ᅙᅵᇙ切쳉衆즁生ᄉᆼ의 性셩이 本본來ᄅᆡᆼ

生ᄉᆼ滅멿업스ᄂᆞᆫ ᄃᆞᆯ 信신ᄒᆞ야 비록 一ᅙᅵᇙ切쳉智

뎡慧ᅘᆒ方방便뼌을 行ᅘᆡᆼᄒᆞ야 物믏接졉ᄒᆞ며

生ᄉᆼ利링ᄒᆞ야도 能능所송ㅅ ᄆᆞᅀᆞᄆᆞᆯ 브티디 아니ᄒᆞ며

롤 ᄢᅵ니 이 ᄇᆡ 無뭉相샹法법을 닐오ᄃᆡ ᄆᆞᅀᆞᄆᆡ

能능所송ㅣ 이시면 곧 法법相샹 아니오 이 ᄇᆡ

無뭉相샹法법을 니르고 ᄆᆞᅀᆞᄆᆡ 無뭉相샹行

ᅘᆡᆼ을 行ᅘᆡᆼᄒᆞ되 能능所송ㅅ ᄆᆞᅀᆞ미 업스면 이

일후미 法법

相샹이니라

應化非眞分第三十二

須菩提야 若有人이 以滿無量阿僧祇世界七寶로 持用布施라도 若有善男子善女人이 發菩提心

者ㅣ 持於此經호ᄃᆡ 乃至四句偈等이나 受持讀誦ᄒᆞ야 爲人演說ᄒᆞ면 其福이 勝彼ᄒᆞ리니 云何爲人演說오 不取於相ᄒᆞ야 如如不動이니○須슝菩뽕提똉여 ᄒᆞᆫ다가 사ᄅᆞ미 그지 업슨 阿항僧승祇낑世솅界갱예 ᄀᆞ독ᄒᆞᆫ 七칧寶볼로 가져 布봉施싱ᄒᆞ야도 ᄒᆞᆫ다가 善쎤男남子ᄌᆞᆼ善쎤女녕人신이 菩뽕提똉心심 發벓ᄒᆞ니 이 經경 디뉴ᄃᆡ 四ᄉᆞᆼ句궁偈꼥나 受쓯持띵讀똑誦쑝ᄒᆞ야 ᄂᆞᄆᆞᆯ 爲윙ᄒᆞ야 펴 닐오매 니ᄅᆞ면 그 福복이 뎌에셔 더으리니 엇뎨 ᄂᆞᄆᆞᆯ 爲윙ᄒᆞ야 펴 니ᄅᆞ료 相샹애 取츙티 아니ᄒᆞ야 如셩如셩ᄒᆞ야 뮈디 마ᄅᆞᆯ ᄯᅵ니

七寶之福이 雖多ᄒᆞ나 不如有人이 發菩提心ᄒᆞ야

受持此經四句ᄒᆞ야 為人演說ᄒᆞ니 其福이 勝彼ᄒᆞ야
百千萬億으로 不可譬喻ㅣ니라 說法善巧方便은
觀根應量ᄒᆞ야 種種隨宜니 是名為人演說이라 所
聽法人이 有種種相貌ㅣ 不等커든 不得作分別
之心ᄒᆞ고 但了空寂如如之心ᄒᆞ야 無所得心ᄒᆞ며 無
勝負心ᄒᆞ며 無希望心ᄒᆞ며 無生滅心ᄒᆞᆯ시 是名如如
不動也ㅣ라 ○ 七칧寶봉福복이 비록 하나 ᄂᆞ미 菩뽕提똉心심發벓ᄒᆞ야 이 經경
四ᄉᆞᆼ句궁受쓩持띵ᄒᆞ야 ᄂᆞᆷ為윙ᄒᆞ야 펴 닐오미 곧디 몯ᄒᆞ니 그 福복이 뎌셔 더어 百ᄇᆡᆨ千쳔

萬먼億흑으로 가ᄌᆞᆯ비디 몯ᄒᆞ리 法법 니ᄅᆞ
논 이ᄃᆞᆫ 工공巧쿌ᄒᆞᆫ 方방便뼌은 根근을 보아ᄃᆞ
量량ᄋᆞᆯ 맛골마 種종種종ᄋᆞ로 맛당ᄋᆞᆯ 졷ᄂᆞ니
이 일후미 為윙人신演연說쉃이니라 法법ᄃᆞᆯ
ᄂᆞᆫ 사ᄅᆞᆷ이 種종種종相샹貌뫃ㅣ 곧ᄃᆞᆫ 아니커
ᄃᆞᆫ 굴ᄒᆡᄂᆞᆫ ᄆᆞᅀᆞᄆᆞᆯ 짓디 말오 오직 空콩寂쩍 如
셩 如셩ᄒᆞᆫ ᄆᆞᅀᆞᄆᆞᆯ 아라 得득ᄒᆞᆫ ᄆᆞᅀᆞ미 업스며
이긔며 계우ᄂᆞᆫ ᄆᆞᅀᆞ미 업스며 부라ᄂᆞᆫ ᄆᆞᅀᆞ미
업스며 生싱滅멿ᄆᆞᅀᆞ미 업슬씨 이
일후미 如셩如셩不붏動똥이라

何以故오 一切有為法이 如夢幻泡影ᄒᆞ며 如露
亦如電ᄒᆞ니 應作如是觀이니라 ○엇뎨어뇨 一됭切
셰ᄒᆞ욤 이슌 法법이 ᄭᅮᆷ 곡도
믈ᄡᅥ 더품 그리메 곧ᄒᆞ며 이슬 곧ᄒᆞ며 ᄯᅩ 번게
곧ᄒᆞ니 반ᄃᆞ기 이 ᄀᆞ티 보ᇙ 디니라

夢者ᄂᆞᆫ 是妄身이오 幻者ᄂᆞᆫ 是妄念이오 泡者ᄂᆞᆫ 是煩惱ㅣ오 影者ᄂᆞᆫ 是業障이니 夢幻泡影業이 是名有爲法이니 眞實ᄋᆞᆫ 離名相ᄒᆞ니 悟者ᄂᆞᆫ 無諸業ᄒᆞ니라 ○夢몽ᄋᆞᆫ 이 거ᄌᆞᆺ 모미오 곡도ᄂᆞᆫ 이 거ᄌᆞᆺ 念념이오 믌 더푸믄 이 煩뻔惱놓ㅣ오 그르메ᄂᆞᆫ 이 業업障쟝이니 夢몽幻ᅘᅪᆫ泡퐁影ᅙᅧᆼ業업이 이 일후미 有ᅌᅮᇢ爲윙法법이니 眞진實씷ᄋᆞᆫ 名명相샹ᄋᆞᆯ 여희니 아ᄅᆞᆫ 사ᄅᆞᄆᆞᆫ 諸졍業업이 업스니라

佛說是經已어시ᄂᆞᆯ 長老須菩提와 及諸比丘比丘尼優婆塞優婆夷一切世間天人阿修羅ㅣ 聞佛

所說ᄒᆞᅀᆞᆸ고 皆大歡喜ᄒᆞᅀᆞ와 信受奉行ᄒᆞᅀᆞ오니라 ○부텨ㅣ 經
경 닐어시늘 長댱老롷須슝菩뽕提뗑와 한 比삥
丘쿻 比삥丘쿻尼닝와 優ᅙᅮᇢ婆빵塞ᄉᆡᆨ 優ᅙᅮᇢ婆빵
夷잉 一ᅙᅵᇙ切쳉 世솅間간 天텬人ᅀᅵᆫ 阿ᅙᅡᆼ修슝羅
랑ㅣ 부텨 니르샤ᄆᆞᆯ 듣ᄌᆞᆸ고 다 ᄀᆞ장 깃ᄉᆞ와 信신
受쓩ᄒᆞᅀᆞ와 바다 行
ᅘᆡᇰᄒᆞᅀᆞ오니라

金剛般若波羅蜜經

補闕眞言南謨喝囉怛那哆囉夜耶佉囉佉囉倶住倶住摩囉摩囉虎囉吽賀賀蘇怛拏吽潑抹拏娑婆訶○般若無盡藏眞言納謨薄伽伐帝鉢喇若波羅蜜多曳怛姪他唵紇喇地喇室喇戍嚕二合上曷出切下白鶻切知三蜜栗知佛方逸切社曳莎訶○金剛心眞言唵烏倫尼娑婆訶○普回向眞言唵娑摩囉娑摩囉弭摩曩薩縛訶摩訶斫迦囉嚩吽

六祖口訣後序

法性이 圓寂ᄒᆞ야 本無生滅이언마ᄅᆞᆫ 因有生念ᄒᆞ야 遂有生緣ᄒᆞᆯᄉᆡ 故로 天得命之以生ᄒᆞᄂᆞ니 是故로 謂之命이라 天命이 旣立ᄒᆞ면 眞空이 入有ᄒᆞ야 前日生念이 轉而爲意識ᄒᆞ야 意識之用이 散而爲六根ᄒᆞ야 六根이 各有分別이어든 中有所總持者ᄒᆞᆯᄉᆡ 是故로 謂之心이라 心者ᄂᆞᆫ 念慮之所在也ㅣ며 神識之所舍也ㅣ며 眞妄之所共處者也ㅣ라 當凡

夫聖賢幾會之地也ㅣ니一切衆生이自無始來로不能離生滅者는皆爲此心所累ㅣ라故로諸佛이惟教人了此心ᄒᆞ시니此心을了ᄒᆞ면即見自性ᄒᆞ리니見自性ᄒᆞ면則是菩提也ㅣ니此ㅣ在性時예皆自空寂ᄒᆞ야而湛然若無ᄒᆞ니緣有生念ᄒᆞ야而後有者也ㅣ니라有生ᄒᆞ면則有形ᄒᆞ니形者는地水火風之聚沫也ㅣ니以血氣로爲體ᄒᆞ야有生者之所託也ㅣ니血氣足則精足ᄒᆞ고精足則生神ᄒᆞ고神

足ᄒᆞ면 生妙用ᄒᆞᄂᆞ니 然則妙用者ᄂᆞᆫ 即在吾圓寂
時之眞我也니 因形之遇物故로 見之於作爲
而已니라 但凡夫ᄂᆞᆫ 迷而逐物ᄒᆞ고 聖賢은 明而應
物ᄒᆞᄂᆞ니 逐物者ᄂᆞᆫ 自彼ᄒᆞ고 應物者ᄂᆞᆫ 自我ᄒᆞᄂᆞ니
自彼者ᄂᆞᆫ 著於所見ᄒᆞᆯᄉᆡ 故受輪廻ᄒᆞ고 自我者ᄂᆞᆫ
當体常空ᄒᆞ야 萬劫에 如一니 이 合而觀之ᄒᆞ건댄
皆心之妙用也니라 是故로 當其未生之時ᄒᆞ야
所謂性者ㅣ 圓滿具足ᄒᆞ야 空然無物ᄒᆞ야 湛乎自

然ᄒᆞ야 其廣大ㅣ 與虛空等ᄒᆞ야 往來變化ㅣ 一切自由ㅣ니 天雖欲命我以生ᄒᆞᆯ들 其可得乎아 天猶不能命我以生이온 況於四大乎ㅣ며 況於五行乎ㅣ여 旣有生念ᄒᆞ면 又有生緣ᄒᆞᆯ시 故로 天得以生ᄋᆞ로 命我ᄒᆞ며 四大得以氣로 形我ᄒᆞ며 五行이 得以數로 約我ᄒᆞᄂᆞ니 此有生者之所以有滅也ㅣ니라 然乎生滅則一이로되 在凡夫聖賢之所以生滅則殊ᄒᆞ니 凡夫之人은 生緣念有ᄒᆞ며 識隨業變ᄒᆞ야 習氣

薰染이 因生念起ᄒᆞᆯ시 故로 旣生之後에 心著諸妄ᄒᆞ야 妄認四大ᄒᆞ야 以爲我身ᄒᆞ며 妄認六親ᄒᆞ야 以爲我有ᄒᆞ며 妄認聲色ᄒᆞ야 以爲快樂ᄒᆞ며 妄認塵勞ᄒᆞ야 以爲富貴ᄒᆞ야 心目知見이 無所不妄ᄒᆞ야 諸妄旣起ᄒᆞ야 煩惱萬差ᄒᆞ니 妄念이 奪眞ᄒᆞ야 眞性이 遂隱ᄒᆞ야 人我爲主ᄒᆞ고 眞識爲客ᄒᆞ야 三業이 前引ᄒᆞ고 百業이 後隨ᄒᆞ야 流浪生死ᄒᆞ야 無有涯際ᄒᆞ니 生[illegible]盡則滅ᄒᆞ고 滅盡復生ᄒᆞ야 生滅相尋ᄒᆞ야 至於[illegible]諸趣

ᄒᆞᄂᆞ니 在於諸趣ᄒᆞ야 轉轉不知ᄒᆞ야 愈愆無明ᄒᆞ야 造
諸業苦ᄒᆞ야 遂至塵沙劫盡ᄒᆞ야도 不復人身ᄒᆞᄂᆞ니만
聖賢則不然ᄒᆞ시니 聖賢은 生不因念ᄒᆞ샤 應迹而
生ᄒᆞ샤 欲生則生ᄒᆞ샤 不待彼命ᄒᆞ실시 故로 旣生之
後에 圓寂之性이 依舊湛然ᄒᆞ샤 無體相ᄒᆞ시며 無
罣礙ᄒᆞ샤 其照萬法이 如靑天白日ᄒᆞ샤 無毫髮
隱滯ᄒᆞ실시 故로 能建立一切善法ᄒᆞ샤 徧於沙界
ᄒᆞ샤ᄃᆡ 不見其少ᄒᆞ시며 攝受一切衆生ᄒᆞ샤 歸於寂滅

ᄒᆞ샤ᄃᆡ 不以爲多ᄒᆞ시며 驅之ᄒᆞ야도 不能來ᄒᆞ며 逐之ᄒᆞ야도 不能去ᄒᆞ야 雖託四大爲形ᄒᆞ시며 五行爲養ᄒᆞ시나 皆我所假ㅣ라 未嘗妄認ᄒᆞ샤 我緣苟盡ᄒᆞ면 我迹當滅이샤 委而去之ᄒᆞ샤미 如來去耳시니 於我何與哉리오 是故로 凡夫ᄂᆞᆫ 有生則有滅ᄒᆞ야 滅者ㅣ 不能不生ᄒᆞ거니와 聖賢은 有生ᄒᆞ시며 亦有滅ᄒᆞ샤ᄃᆡ 滅者ㅣ 歸於眞空ᄒᆞ시ᄂᆞ니 是故로 凡夫生滅은 如身中影ᄒᆞ야 出入相隨ᄒᆞ야 無有盡時ᄒᆞ고 聖賢

生滅은 如空中雷ᄒᆞ샤 自發自止ᄒᆞ야 不累於物ᄒᆞ시ᄂᆞ니 世人은 不知生滅之如此ᄒᆞ야 而以生滅로 爲煩惱大患ᄒᆞᄂᆞ니 蓋不自覺也ㅣ로다 覺則見生滅ᄒᆞ요ᄃᆡ 如身上塵ᄒᆞ야 當一振奮耳니 何能累我性哉리오 昔我如來ㅣ 以大慈悲心으로 閔一切衆生의 迷錯顚倒ᄒᆞ야 流浪生死之如此ᄒᆞ시며 又見一切衆生이 本有快樂自在性ᄒᆞ야 皆可修證成佛ᄒᆞ시고 欲一切衆生으로 盡爲聖賢生滅ᄒᆞ고 不爲凡夫

生滅ᄒᆞ샤ᄃᆡ 猶慮一切衆生이 無始以來예 流浪
日久ᄒᆞ야 其種性이 已差ᄒᆞ야 未能以一法ᄋᆞ로 速悟
시ᄂᆞᆫ 故로 爲說八萬四千法門ᄒᆞ시니 門門이 可入
이라 皆可到眞如之地니 爲說一法門ᄒᆞ샤매 莫羅
丁寧實語ㅣ샤 欲使一切衆生ᄋᆞ로 各隨所見法門
ᄒᆞ야 入自心地ᄒᆞ야 到自心地ᄒᆞ며 見自佛性ᄒᆞ야 證自
身佛ᄒᆞ면 即同如來게ᄒᆞ시니 是故로 如來ㅣ 於諸經
예 說有者ᄂᆞᆫ 欲使一切衆生ᄋᆞ로 觀相生善이시고

說無者ᄂᆞᆫ 欲使一切衆生ᄋᆞ로 離相見性이시니 所說

色空도 亦復如是ᄒᆞ니라 然而衆生ᄋᆞᆫ 執着ᄒᆞ야 見有

ㅣ 非眞有ㅣ며 見無ㅣ 非眞無ㅣ니 其見色見空이

皆如是執着ᄒᆞ야 復起斷常二見ᄒᆞ야 轉爲生死根

蔕ᄒᆞ니 不示以無二法門ᄒᆞ면 又將遂錯顚倒ᄒᆞ야 流

浪生死ㅣ 甚於前日일시 故로 如來ㅣ 又爲說大

般若法ᄒᆞ샤 破斷常二見ᄒᆞ샤 使一切衆生ᄋᆞ로 知眞

有眞無와 眞色眞空이 本來無二ᄒᆞ며 亦不遠人

ᄒᆞ야 湛然寂靜ᄒᆞ야 只在自己性中ᄒᆞ시니 但以自己性智慧로 照破諸妄ᄒᆞ면 則曉然自見ᄒᆞ리니 是故로 大般若經六百卷이 皆如來ㅣ 爲菩薩果人ᄒᆞ샤 說佛性ᄒᆞ시니 然而其間애 猶有爲頓漸者說이어시니와 惟金剛經은 爲發大乘者說ᄒᆞ시며 爲發最上乘者說ᄒᆞ시니 是故로 其經이 先說四生四相ᄒᆞ시고 次云凡所有相이 皆是虛妄이니 若見諸相非相ᄒᆞ면 即見如來시라ᄒᆞ시니 蓋現一切法ᄒᆞ야

至無所住ᄒᆞ야ᅀᅡ 是爲眞諦ㄹ시故로 如來ㅣ 於此
經에 凡說涉有ㅣ어든 卽破之以非ᄒᆞ샤 直取實相
ᄒᆞ샤 以示衆生ᄒᆞ시니 蓋恐衆生이 不解佛所說ᄒᆞ야
眞心이 反有所住故也ㅣ니라 如所謂佛法이 卽
非佛法之類ㅣ 是也ㅣ니라 是故로 六祖大師ㅣ 於
五祖애 傳衣付法之際예 聞說此經에 云應無
所住而生其心ᄒᆞ고 言下便悟ᄒᆞ니 是爲第六祖ㅣ니
如來ㅣ 云一切諸佛와 及諸佛阿耨多羅三藐三

菩提法이니 皆從此經出이시니라ᄒᆞ니 其信乎哉ㄴ뎌 迺

이 少觀檀經ᄒᆞ야 聞六祖ㅣ 由此經見性ᄒᆞ고 疑必

有所演說ᄒᆞ다요 未之見也ᄒᆞ다니엿 及知寶州濟陰

ᄒᆞ야 於邢君固處에 得六祖口訣一本ᄒᆞ야 觀其言

簡辭直ᄒᆞ야 明白剴斷ᄒᆞ야 使人易曉而不惑ᄒᆞ고 喜

不自勝ᄒᆞ며 又念京東河北陝西人이 資性質朴

信厚ᄒᆞ며 遇事決裂ᄒᆞᄂᆞ니 若使學佛性ᄒᆞ면 必能勇

猛精進ᄒᆞ야 超越過人ᄒᆞ리니 然其為講師者ㅣ 多

傳曰法論上生經而已라 其學者ㅣ 不知萬法

이 隨緣生시ᄂᆞᆯ 緣盡法亦應滅ᄒᆞᆫ인ᄃᆞᆯ고 反以法爲法

ᄒᆞ야 固守執著ᄒᆞ야 遂爲法所縛ᄒᆞ야 死不知解ㅣ 猶

如陷沙之人이 力與沙爭ᄒᆞ야 愈用力而愈陷ᄒᆞᄂᆞ니

不知勿與沙爭ᄒᆞ면 即能出陷ᄒᆞᄂᆞ니 良可惜也ㅣ로다

適이 遂欲以六祖金剛經口訣로 鏤板流傳ᄒᆞ야

以開發此數方學者佛性ᄒᆞ려 호ᄃᆡ 然以文多脫誤

ᄒᆞᆯ시 因廣求別本勘校ᄒᆞ야 十年間에 凡得八本ᄒᆞ니

일워ᄠᅳ들조차艱간難난ᄒᆞᆫ受쓩苦콩여희요
몯得득ᄒᆞᄂᆞ니四ᄉᆞᆼ大땡身신中듕에佛뿛性셩
도ᄯᅩ그러ᄒᆞ니身신은世솅界갱ᄅᆞᆯ가ᄌᆞᆯ비시고
人신我앙ᄂᆞᆫ山산ᄋᆞᆯ가ᄌᆞᆯ비시고煩뻔惱놓ᄂᆞᆫ鑛
광ᄋᆞᆯ가ᄌᆞᆯ비시고佛뿛性셩은金금을가ᄌᆞᆯ비시
고智딩慧휑ᄂᆞᆫ工공匠쨩ᄋᆞᆯ가ᄌᆞᆯ비시고精졍進
진勇용猛ᄆᆡᆼ은포몰가ᄌᆞᆯ비시니身신世솅界갱
中듕에人신我앙山산이잇고人신我앙山산中
듕에煩뻔惱놓鑛광이잇고煩뻔惱놓鑛광中듕
에佛뿛性셩寶봉ㅣ잇고佛뿛性셩寶봉中듕에
智딩慧휑工공匠쨩잇ᄂᆞ니智딩慧휑工공匠쨩
ᄋᆞᆯᄡᅥ人신我앙山산ᄋᆞᆯ파허러煩뻔惱놓鑛광ᄋᆞᆯ
보아覺각悟옹火황로노겨내金금剛강佛뿛性
셩이了룡然션히블기며죠ᄒᆞᆫ보ᄇᆡ예이ᄅᆞᆫᄃᆞ로
金금剛강ᄋᆞ로가ᄌᆞᆯ비시고因힌ᄒᆞ야일훔ᄒᆞ시
니ᄒᆞᆫ갓알오行ᅘᆡᇰ티아니ᄒᆞ면일훔이쇼디體톙

업고 義읭를 알오 行혱ᄋᆞᆯ 닷ᄀᆞ면 일ᄒᆞ하 體톙애
자ᄀᆞ조리 나닷ᄂᆞ 아니ᄒᆞ면 곧 凡뻠夫풍ㅣ 오닷
ᄀᆞ면 곧 聖셩智딩곧ᄒᆞ밀씨 일ᄒᆞ를 金금剛강이
라ᄒᆞᄊᆞ니 ᄅᆞᆫ엇뎌 알ᄒᆞ미 般밣若샹 오이ᄂᆞᆫ 鈍ᄲᅧᆼ
語셩ㅣ니 唐땅마랜 智딩慧휑라 智딩ᄂᆞᆫ 어리ᄆᆞ
슴니르완ᄃᆞᆫ 아니ᄒᆞ미오 慧휑ᄂᆞᆫ 方방便뼌이쏘
미니 慧휑ᄂᆞᆫ 이 智딩의 體톙오 智딩ᄂᆞᆫ 이 慧휑의
屬용이니 體톙ᄒᆞ다가 慧휑이시면 智딩ᄅᆞᆯ ᄡᅳ고
어리디 아니ᄒᆞ며 體톙ᄒᆞ다가 慧휑 업스며 어ᄃᆞ
ᄃᆞᆯ ᄡᅳ고 智딩 업ᄂᆞ니 오직 어ᄅᆞᆫ 여ᄋᆞ ᄃᆞᆫ 믄ᄒᆞᄂᆞᆯ 爲
ᅌᅵᆼᄒᆞ샤 이럴씨 智딩慧휑를 닷ᄀᆞ샤 ᄆᆞᄅᆞ시ᄂᆞᆫ라
엇뎌 일ᄒᆞ미 波방羅랑蜜밀오 唐땅 미래뎌니 ᅀᅢ
ᄀᆞ미니 뎌ᄀᆞ ᅀᅢ가ᄃᆞᆫ 生싱滅몷여 힌 ᄠᅳ디니 ᄀᆞ직
世솅人ᅀᅵᆫ이 性셩이 堅견固공엄수를 브터 一ᅙᅵᇙ
切쳉 法법上쌍애 生싱滅몷相샹이 이셔 諸졍趣
즁에 홀건 真진如셩 苑뽕에 가ᄃᆞᆫ 를 ᄒᆞᄂᆞ니라 이

이圓원寂쪅ᄒᆞ야本본來ᄅᆡᆼ生ᄉᆡᆼ滅멿업건마
ᄅᆞᆫ生ᄉᆡᆼ念념이슈믈因ᅙᅵᆫᄒᆞ야生ᄉᆡᆼ緣원이이
실ᄊᆡ하ᄂᆞᆯ히시러生ᄉᆡᆼ올命명ᄒᆞᄂᆞ이럴
ᄊᆡ닐오ᄃᆡ命명아라天텬命명이ᄒᆞ마셔면真
진空콩이有ᅌᅮᇢ에드러前쪈日ᅀᅵᇙ生ᄉᆡᆼ念념이
을마意ᅙᅴᆼ識식이ᄃᆞ외야意ᅙᅴᆼ識식用용이ᄒᆞ
러六륙根근이ᄃᆞ외야六륙根근이各각各각
分분別볋이잇거든中듕에모도자ᄇᆞ니이실
ᄊᆡ이럴ᄊᆡ닐오ᄃᆡ心심이라心심은念념慮
령의잇ᄂᆞᆫ고ᄃᆞ며神씬識식아잇ᄂᆞᆫ고ᄃᆞ면真
진妄망의어우러잇ᄂᆞᆫ고ᄃᆞ라凡뻠夫부와聖
셩賢현ㅅ조가개當당ᄒᆞᆫ故공ㅣ니一ᅙᅵᇙ切쳉衆
즁生ᄉᆡᆼ이無뭉始싱브터오ᄆᆞ로欲ᅌᅭᆨ히生ᄉᆡᆼ
滅멿여희디몯ᄒᆞᄆᆞᆫ과이ᄆᆞᅀᆞ미ᄃᆡ료비ᄃᆞ
일ᄊᆡ諸졍佛뿛이오직사ᄅᆞᄆᆞᆯᄀᆞᄅᆞ쳐이ᄆᆞᅀᆞ
ᄆᆞᆯ알에ᄒᆞ시니아ᄆᆞᅀᆞᄆᆞᆯ알면곧自ᄍᆞᆼ性셩을

보리니 自쫑性셩을 보면 이 菩뽕提똉ㅣ니 性셩에 아니 실㴱자 㴱空콩寂쪅ᄒᆞ야 몰가 업스니 三合ᄒᆞᆫ 니 生ᄉᆡᆼ念념이 슈믈 브튼 後ᅘᅮᇢ에 사 잇ᄂᆞᆫ 거시니라 生ᄉᆡᆼ이 이시면 얼구리 잇ᄂᆞ니 얼구른 地ᄯᅵᆼ水ᄉᆔᆼ火ᄒᆞᆼ風봉 모ᄃᆞᆫ ᄃᆡ 푸미니 血ᅘᅮᇶ氣킝ᄅᆞᆯ 體뎽ᄅᆞᆯ 사마 有ᅌᅮᇢ生ᄉᆡᆼ의 브트ᄂᆞᆫ 고디니 血ᅘᅮᇶ氣킝 足죡ᄒᆞ면 精졍이 足죡ᄒᆞ고 精졍이 足죡ᄒᆞ면 神씬이 나고 神씬이 足죡ᄒᆞ면 妙묳用용이 나ᄂᆞ니 그러ᄒᆞ면 妙묳用용은 그 내 圓원寂쪅時씽예 잇ᄂᆞᆫ 眞진我ᅌᅡᆼㅣ니 形ᅘᅧᆼ의 物믏 맛나ᄆᆞᆯ 因힌ᄒᆞᆫ 젼ᄎᆞ로 作작為윙예 나ᄐᆞᆯ ᄯᆞᄅᆞ미니라 오직 凡뻠夫봉ᄂᆞᆫ 어리여 物믏을 조차 聖셩賢ᅘᅧᆫ은 블가 物믏을 應ᅙᅳᆼᄒᆞᄂᆞ니 物믏 조ᄎᆞᄂᆞᆫ 뎌를 브ᄐᆞ고 物믏 應ᅙᅳᆼᄒᆞᄂᆞᆫ 나ᄅᆞᆯ 브ᄐᆞᄂᆞ니 뎌 브ᄐᆞᆫ ᄂᆞᆫ 所송見견에 著땩ᄒᆞᆯᄊᆡ 輪륜迴횡ᄅᆞᆯ 受쓔ᇢᄒᆞ고 날 브ᄐᆞᄂᆞᆫ 當당ᄒᆞᆫ 體톙ㅣ 샹녜 空콩ᄒᆞ야

萬먼劫겁에 ᄒᆞᆫ양곤ᄒᆞ니 미화 보건댄 다 ᄆᆞᅀᆞᆼ
미妙묘用용이니라 이 갈씨 生싱티 아니ᄒᆞ
제當당ᄒᆞ야 니ᄅᆞᄂᆞᆫ 性셩이 圓원滿만具공足
죡ᄒᆞ야 뷔여 物믈이 업서 ᄃᆞᆯ기 自ᄌᆞᆼ然션ᄒᆞ야
너ᄇᆞ며 쿠미 塵힝 空콩과 等등ᄒᆞ야 가며 오며
變변化황ᄒᆞ미 一힗切쳥ᄅᆞᆯ 졔ᄒᆞᄂᆞ니 하ᄂᆞᆯ히
비록 나ᄅᆞᆯ 生싱ᄋᆞᆯ 命명코져 ᄒᆞᄂᆞᆯ 得득ᄒᆞ려 하
ᄂᆞᆯ히 오히려 能능히 生싱으로 나ᄅᆞᆯ 命명티 몯
ᄒᆞ곤 ᄒᆞᄆᆞᆯ며 四ᄉᆞᆼ大땡며 ᄒᆞᄆᆞᆯ며 五옹行ᄒᆡᆼ이
ᄉᆡᆼ녀 ᄒᆞ마 生싱念념이 이시면 또 生싱緣원이
이실씨 하ᄂᆞᆯ히 시러 生싱으로 나ᄅᆞᆯ 命명ᄒᆞ며
四ᄉᆞᆼ大땡 시러 氣킝로 나ᄅᆞᆯ 形형ᄒᆞ며 五옹行
힝이 시러 數숭로 나ᄅᆞᆯ 잡ᄂᆞ니 이 生싱 잇ᄂᆞ니
滅멿이 쇼미니라 그러나 生싱滅멿은 ᄒᆞ나하
로ᄃᆡ 凡뻠夫붕와 聖셩賢현ㅅ 生싱滅멿에 이
션다ᄅᆞ니 凡뻠夫붕 ᄯᆞᄅᆞᄆᆞᆫ 生싱이 念념을 ᄃᆞ

터이시며識ᄉᆡᆨ이業업을조차變변ᄒᆞ야習씹
氣킝ㅣ薰훈ᄒᆞ야더러요미生ᄉᆡᆼᄋᆞᆯ因ᅙᅵᆫᄒᆞ야
더옥甚씸ᄒᆞᆯ씨ᄒᆞ마生ᄉᆡᆼᄒᆞᆫ後ᅘᅮᇢ에ᄆᆞᅀᆞ미諸
졍妄망애著땩ᄒᆞ야四ᄉᆞᆼ大땡ᄅᆞᆯᄀᆞᆫ대로아라
내모몸사ᄆᆞ며六륙親친ᄋᆞᆯᄀᆞᆫ대로아라내두
믈사ᄆᆞ며聲셩色ᄉᆡᆨᄋᆞᆯᄀᆞᆫ대로아라快쾡樂락
ᄋᆞᆯ사ᄆᆞ며塵띤勞롱ᄅᆞᆯᄀᆞᆫ대로아라富붕貴귕
ᄅᆞᆯ사마ᄆᆞᅀᆞᆷ과누니知딩見견이妄망아니니
업서諸졍妄망이ᄒᆞ마니러煩뻔惱ᄂᆞᇹㅣ萬먼
ᄋᆞ로差창ᄒᆞ니妄망念념이真진ᄋᆞᆯ아ᅀᅡ真진
性셩이수머人ᅀᅵᆫ我앙ㅣ主중ㅣᄃᆞ외오真진
識ᄉᆡᆨ아客ᄏᆡᆨ이ᄃᆞ외야三삼業업이알피혀고
百ᄇᆡᆨ業업이두헤조차生ᄉᆡᆼ死ᄉᆞᆼ애흘려ᄀᆞᅀᅵ
업ᄉᆞ니生ᄉᆡᆼ이盡찐ᄒᆞ면滅멿ᄒᆞ고滅멿이盡
찐ᄒᆞ면ᄯᅩ나生ᄉᆡᆼ滅멿이서르조차諸졍趣츙
에ᄢᅦ듀메니ᄅᆞᄂᆞ니諸졍趣츙에이셔올ᄆᆞ며

옮아가디 몯ᄒᆞ야 더욱 無뭉明명을 ᄀᆞ장ᄒᆞ야
여러 業업 고ᄆᆞ를 지석 塵띤沙상劫겁다오매
니르러도 人신身신을 다 시몬ᄒᆞᄂᆞ니라 聖셩
賢현은 그러티 아니ᄒᆞ샤 聖셩賢현은 生싱
이 念념을 因ᅙᅵᆫ티 아니ᄒᆞ샤 자최를 應ᅙᅳᆼᄒᆞ야
生싱ᄒᆞ샤 生싱코져 ᄒᆞ시면 生싱ᄒᆞ샤 더 命명
을 기들우디 아니ᄒᆞ실쌍ᄒᆞ마 生싱ᄒᆞ신 後흫
에 圓원寂쩍ᄒᆞᆫ 性셩이 변ᄀᆞ티 몯ᄀᆞ샤 얼굴 업
스시며 ᄀᆞ롬 업스샤 萬먼法법 照쥴ᄒᆞ샤미 靑
챵天텬白뻭日ᅀᅵᇙᄃᆞᆫ ᄒᆞ샤 毫흫髮볋도 그슥ᄒᆞ
며 쳔되 업스실ᄊᆡ 能능히 一힗切쳉善쎤法법
을 滿샤 沙상界갱예 ᄀᆞ득게 ᄒᆞ샤 ᄃᆞ져고몰 보
디 몯ᄒᆞ시며 一힗切쳉衆즁生싱올 자바 바ᄃᆞ
샤 寂쪅滅몷에 가샤ᄃᆡ 하다 아니ᄒᆞ시며 모라
도 能능히 오시게 몯ᄒᆞ며 ᄡᅳ차도 能능히 가시
게 몯ᄒᆞ야 비록 四숭大땡룰 브터 形형ᄒᆞ시며

五옹行ᅘᆡᇰ으로 養양ᄒᆞ시나 다 내의 비론 거시라 일ᄶᆞᆨ 간대로 아디 아니ᄒᆞ샤 내 緣원이 ᄒᆞ다
가 다ᄋᆞ면 내 자최 반ᄃᆞ기 滅몛ᄒᆞ샤 ᄇᆞ리고 가샤미 오마 감 ᄀᆞᆮᄒᆞ시니 내게 엇뎨 브트리오 이
럴ᄊᆡ 凡뻠夫붕ᄂᆞᆫ 生ᄉᆡᆼ이 이시면 滅몛이 이셔 滅몛ᄒᆞ니 能능히 生ᄉᆡᆼ타 아니ᄒᆞ디 몯ᄒᆞ거니
오 聖셩賢ᅘᅧᆫ은 生ᄉᆡᆼ이 겨시며 또 滅몛이 겨샤ᄃᆡ 滅몛이 真진空콩애 가시ᄂᆞ니 이럴ᄊᆡ 凡뻠
夫붕 生ᄉᆡᆼ滅몛은 身신中듕엣 그르메 ᄀᆞᆮᄒᆞ야 出츌入십에 서르 조차 다올 時씽節졇이 업고
聖셩賢ᅘᅧᆫ 生ᄉᆡᆼ滅몛은 空콩中듕엣 울에 ᄀᆞᆮᄒᆞ샤 내 내며 내 그처 物뭃에 뎌럽디 아니ᄒᆞ시ᄂᆞ
니 世솅人신은 生ᄉᆡᆼ滅몛의 이 ᄀᆞᆮᄒᆞᆫ 몸 몰라 生ᄉᆡᆼ滅몛로 煩뻔惱놓 큰 病뼝 삼ᄂᆞ니 졔 아디 몯
ᄒᆞ도다 알면 生ᄉᆡᆼ滅몛 보ᄃᆡ 몸 우흿 듣글 ᄀᆞ티 ᄒᆞ야 반ᄃᆞ기 ᄒᆞᆫ적 ᄡᅳ서 그미리니 엇뎨 能능ᄒᆞ

내性셩을더러이오녀우리如셩來링ㅣ
大땡慈쭝悲빙心심으로一힗切쳉衆즁生싱
의迷몡錯착顚뎐倒둫ᄒᆞ야生싱死ᄉᆞᆼ애흘루
미이곤ᄒᆞ몰어엿비너기시며또一힗切쳉衆
즁生싱이本본來링快쾡樂락ᄒᆞᆫ自ᄍᆞᆼ在ᄶᆡᆼ淨
생이이ᄲᅧ디어루修슐證징ᄒᆞ야成셩佛뿛ᄒᆞᆯ
뜯보시고一힗切쳉衆즁生싱으로다聖셩賢
혠ㅅ生싱滅몛아ᄃᆞ외오凡뻠夫붕生싱滅몛
ᄃᆞ외디아니케ᄒᆞ고려ᄒᆞ샤ᄃᆞ오히려一힗切쳉
衆즁生싱이無뭉始싱로오매흘루미나리오
라種죵性셩이ᄒᆞ마오야能능ᄒᆞ히ᄒᆞᆫ法법으로
샐리알에몯ᄒᆞᆯ까분별ᄒᆞ샤실씨爲윙ᄒᆞ야入씹ᄒᆞᆯ
萬먼四ᄉᆞᆼ千쳔法법門몬을니ᄅᆞ시니門몬마
다어루드롤ᄯᅵ라ᄃᆞ어루眞진如셩ㅅ따해가
리니미상ᄒᆞᆫ法법門몬니ᄅᆞ샤매丁뎡寧녕ᄒᆞ
신寶볼語엉아니니업스샤一힗切쳉衆즁生

싱ᄋᆞ로 各각各각 本본法법門문ᄋᆞᆯ 조차 제心심
地띵예 드러 제心심地띵예 가며 제佛뿛性셩
을 보아 自ᄍᆞᆼ身신佛뿛을 證징ᄒᆞ면 곧 如셩來
링곤 계고 淸ᄒᆞ시니 이 ᄀᆞᆯ씨 如셩來링ㅣ 諸졍經
경에 有옹 니ᄅᆞ샤ᄆᆞᆫ 一힗切쳉衆즁生싱ᄋᆞ로
相샹 보아 善쎤을 내어 고져ᄒᆞ시고 無뭉 니ᄅᆞ
샤ᄆᆞᆫ 一힗切쳉衆즁生싱ᄋᆞ로 相샹 여희여 性
셩 보게 코져ᄒᆞ시니 니ᄅᆞ샨 色식空콩도 ᄉᆞᆫ 이
곤ᄒᆞ니라 그러나 衆즁生싱ᄋᆞᆫ 執집著땩ᄒᆞ야
有응 보미 眞진實씷ᄉ 有응ㅣ 아니며 無뭉 보
미 眞진實씷ᄉ 無뭉ㅣ 아니 色식 보며 空콩
보미 다 이 ᄀᆞ티 執집著땩ᄒᆞ야 斷똰常썅 두
見견을 니ᄅᆞ와다을마 生싱死ᄉᆞᆼᄉ 블휘드외
ᄂᆞ니 ᄃᆞᆯ 업슨 法법門몬ᄋᆞ로 [illegible] ᄒᆞ면 ᄯᅩ
장ᄎᆞ 迷몡錯착顚뎐倒ᄃᆞᇢᄒᆞ야 生싱死ᄉᆞᆼ애 흘
루미 ᄋᆞ래 개 甚씸ᄒᆞ리 [illegible] ᄯᅩ 爲윙

ᄒᆞ샤 大땡般반若샹法범을 니ᄅᆞ샤 斷똰常썅 二ᅀᅵᆼ見견을 ᄒᆡᄅᆞ샤 一힗切쳉衆즁生ᄉᆡᆼᄋᆞ로 眞진有ᅌᅮᇢ 眞진無뭉와 眞진色ᄉᆡᆨ 眞진空콩이 本본來ᄅᆡᆼ 둘 업스며 ᄯᅩ 사ᄅᆞ미게 ᄠᅥ디 아니ᄒᆞ야 ᄆᆞᆯ기 寂쩍靜쪙ᄒᆞ야 오직 제 性셩 中듕에 잇ᄂᆞᆫ ᄃᆞᆯ 알에 ᄒᆞ시니 오직 제 性셩ㅅ 智딩慧휑로 諸졍妄망ᄋᆞᆯ 照졸ᄒᆞ야 헐면 번ᄃᆞ기 ᄢᅦ보리니 이 걸씨 大땡般반若샹經경 六륙百ᄇᆡᆨ巻권 아 다 如셩來ᄅᆡᆼㅣ 菩뽕薩삻果광ㅅ 사ᄅᆞᄆᆞᆯ 爲윙ᄒᆞ샤 佛뿛性셩을 니ᄅᆞ시니 그러나 그 ᄉᆞᅀᅵ ᄠᅢ 오히려 頓돈漸쪔을 爲윙ᄒᆞ야 니ᄅᆞ샤니 겨시거니와 오직 金금剛강經경은 大땡乘씽ᄋᆞᆯ 發벓ᄒᆞ닐 爲윙ᄒᆞ야 니ᄅᆞ시며 最즁上쌍乘씽ᄋᆞᆯ 發벓ᄒᆞ닐 爲윙ᄒᆞ야 니ᄅᆞ시니 그럴씨 그 經경이 몬져 四ᄉᆞᆼ生ᄉᆡᆼ 四ᄉᆞᆼ相샹 니ᄅᆞ시고 버거 니ᄅᆞ샤ᄃᆡ 믈읫 有ᅌᅮᇢ相샹이 다 이 虛헝妄망이니

諸졍相샹의相샹가[illegible]몰보면곧如셩來링[illegible]
보ᅀᆞ오리라ᄒᆞ시니一힗切쳉法법을現현ᄒᆞ
야住풍업수메가ᅀᅡ이眞진諦뎽ᄅᆞ씨如셩來
링ㅣ이經경에믈읫마리有옹에블가든현허
로ᄃᆡ非빙로ᄒᆞ샤바로寶씰相샹取즁ᄒᆞ샤衆
즁生싱올뵈사니衆즁生싱이부뎌나ᄅᆞ샤믈
아디몬ᄒᆞ야ᄆᆞᅀᆞ미도로법住뚱ᄒᆞ디이실개
처ᄒᆞ산젼차라닐온佛뿜法법이곰佛뿜法범
아니라ᄒᆞᆫ類룡ㅣ이라이럴씨六륙祖종大평
師숭ㅣ五옹祖종씨傳편衣훙ᄒᆞ아法법브틸
쩨이經경에닐은應룡無믕所송住둥而싱生
싱眞낑心심닐오믈든고言언下향이곤아니
이第평六륙祖종ㅣ니如셩來링ㅣ니ᄅᆞ샤디
一힐切쳥諸졍佛뿜와쏘諸졍佛뿜同항擧녹
多당羅랑三삼藐략三삼菩뽕提뗑法법이다
이經경브터나니라ᄒᆞ시니을ᄒᆞ시니適뎍이

젼ᄂᆞᆫ 재[illegible]大[illegible]ㅣ 에 六륙祖종ㅣ 이 經경브
터 見견性셩호ᄆᆞᆯ 듣고 반ᄃᆞ기 블닐오미 이
신가 疑힝心심호ᄃᆡ 보ᄆᆡ 몯ᄒᆞ앳다니 書셩 ᄡᅥ
죵濟졩陰흠負원ᄒᆞ마ᄆᆡ 次ᄎᆞ形ᅘᅧᇰ君군固공의
게 六륙祖종口쿻訣곓ᄒᆞᆫ 本본을 得득ᄒᆞ야 言
언이 져그며 辭쑹ㅣ 直띡ᄒᆞ야 明몡白ᄇᆡᆨᄒᆞ여
決궗斷똰ᄒᆞ야 사ᄅᆞᄆᆞ로 쉬이 아라 迷몡蔽뼹
디 아니케 호ᄆᆞᆯ 보고 깃구믈 내이고디 몯ᄒᆞ며
ᄯᅩ 너교ᄃᆡ 京경東동河향北븍陝셤西솅ᄉ 사
ᄅᆞ미 資ᄌᆞᆼ性셩이 質징朴팍ᄒᆞ고 信신厚흫ᄒᆞ
며 이ᄅᆞᆯ 맛나 決궗斷똰ᄒᆞᄂᆞ니 ᄒᆞ다가 佛뿛性
셩을 비호게 ᄒᆞ면 반ᄃᆞ기 能능히 勇용猛ᄆᆡᆼ精
졍進진ᄒᆞ야 견네ᄲᅧ여 사ᄅᆞᄆᆡ게 디나리니 그
러나 講강師ᄉᆞᆼᄃᆞ외나 해 百ᄇᆡᆨ法법論론과 와
쌍 生ᄉᆞᆼ經경을 傳뛴ᄒᆞᆯ ᄯᆞᄅᆞ미라 學ᅘᅡᆨ者쟝ㅣ
萬먼法법이 緣원을 조차 날ᄊᆡ 緣원이 盡찐ᄒᆞ

면法법이또반ᄃᆞ기源원을ᄂᆞ리와다ᄃᆞ몯ᄒᆞᄂᆞ니
도ᄅᆞ혀法법으로法법을사마執집着착ᄋᆞᆯ일우ᄂᆞ니
ᄃᆡ자바法법의ᄆᆡ요ᄆᆡᆫᄃᆞ외야주거도ᄀᆞᄅᆞᆷ이
ᄃᆡ몯ᄒᆞ미믈에ᄲᅡ딘사ᄅᆞ미힘ᄡᅳ몰애와사
화더욱힘ᄡᅳ디옷더욱ᄲᅡ듀믈ᄀᆞᆮᄒᆞ니몰애와사
ᄒᆞ디아니ᄒᆞ면곧能능히ᄲᅡ듀ᄆᆡ나니몰(?)
ᄒᆞᄂᆞ니眞진實씷로ᄉᆞᆯᄑᆞ도다適뎍ᄒᆞ이六륙祖조
ᄌᆞᆼ金금剛강經경口구訣결로ᄃᆞ적애사(?)流
룸傳뎐ᄒᆞ야이數숭方방學ᄒᆞᆨ者쟝의僻(?)
ᄉᆡᆼ을여러내오져ᄒᆞ되그러나文문장이ᄒᆡ야디더(?)
월씨因힌ᄒᆞ야너비다ᄅᆞᆫ本본ᄋᆞᆯ求끃ᄒᆞ야校(?)
공正졍ᄒᆞ야十씹年년ᄊᆞᅀᅵ예여ᄅᆞᆫ本본이본ᄋᆞᆫ(?)
득ᄒᆞ니抗항越웛建견陝셤ㅅ네本본ᄋᆞᆯ校교文믄
이헤ᄀᆞᆫ호ᄊᆞ因힌ᄒᆞ야究귷竟경ᄒᆞ요ᄆᆞᆯ校교正졍
ᄒᆞ니董동君군遵쥰이힘ᄡᅥ勸퀀ᄒᆞ야ᄂᆞᆯ우(?)
ᄯᅩ한朝(?)ᄅᆞ로匠쟝ᄉᆞ신(?)

하ᄂᆞᆯ士ᄊᆞᆼ大ᄄᆡᆼ夫부ᄃᆞᆫ 드르니 ᄀᆞ즐기도 오며 四
ᄉᆞᆼ明명樓룽君군常쌍願원이 그 이를 ᄆᆞᄌᆞᆼ일
우니라 嗚옹呼호ㅣ라 如ᅀᅧᆼ來ᄅᆡᆼㅣ 니ᄅᆞ샤ᄃᆡ
法법이 어루 닐옴 업수미 이 일후미 法법니오
미라 ᄒᆞ시니 어루 言언語ᅌᅥᆼ 文문字ᄍᆞᆼ애 볼 ᄭᅵ
시 엇뎨 佛뿛法법真진諦뎽리오 그러나 言언
語ᅌᅥᆼ 文문字ᄍᆞᆼ옷 아니면 真진諦뎽를 시러 傳
뗜티 몯ᄒᆞ리니 學ᅘᅡᆨ者쟝ㅣ 六륙祖종ㅅ ᄆᆞᄅᆞᆷ 說
ᄋᆞᆯ 因힌ᄒᆞ야 金금剛강經경 ᄀᆞ증ᄒᆞ고 金금
剛강經경 因힌ᄒᆞ야 諸졩佛뿛性셩을 表뵿ᄒᆞ야
諸졩佛뿛性셩을 본 後ᅘᅮᆼ에ᅀᅡ 佛뿛法법이 ᄆᆞᄅᆞᆷ
訣궗ㅅ 근 아닌 돌 알리라 이 곧ᄒᆞ면 六륙祖종
ㅣ 佛뿛法법에 그 功공은 思ᄉᆞᆼ議ᅌᅴᆼᄒᆞ얌 ᄒᆞ리
혹 이 六륙祖종ㅣ 글 모ᄅᆞ나다 ᄒᆞ야 ᄆᆞᄅᆞᆷ 說
이 六륙祖종지 ᄉᆞᆫ 거시 아니라 疑ᅌᅴᆼ心심ᄒᆞᄂᆞ니
가 ᄌᆞᆯ 비건댄 大ᄄᆡᆼ藏짱經경이 엇뎨 이 世솅尊

존이 자내 지스시리오 ᄯᅩ 法법 듣ᄌᆞᄫᆞ오리 傳뎐
혼 거시 내라 시혹 六륙祖종ㅣ 님이 시ᄂᆞᆯ 傳뎐
子ᄌᆞᆼㅣ 傳뗜혼ᄃᆡ 내ᄉ 갈아 正뎡ᄒᆞ고 ᄃᆞ 眞
진 寶봉ᄉᆞᆯ로 ᄆᆞ ᄅᆞ 訣결 권을 因인ᄒᆞ야 이 투 經경을
보면 엇뎨 글몰로 모ᄅᆞᆯ 疑읭心심ᄒᆞ료 元원豊풍 ᄯᅩ
七칧年년 六륙月월 십日일에 ᄉᆞ 텬 台ᄐᆡ 등 ᄉᆡᆼ
랑 適뎍 謹
ᄀᆞᆫ 序쎵

을 底本으로 한 影印本이 1977년에 大提閣에서 출판되어서 널리 알려져 있다.

重刊本으로는 原刊本을 複刻한 安心寺版이 있는데 이것은 1575년(宣祖 8년)에 간행된 것이다. 그 版木이 6.25 이전까지 보존되어 있었는데, 1932년에 韓龍雲이 이 冊版을 補修하여 많은 책을 印出하였다. 이 安心寺版에는 補版도 있는 것으로 알려져 있다.

여기에 影印하는 金剛經諺解는 서울대학교 일사문고로서 이번에 처음 공개되는 것이다. 그리고 上卷은 이미 大提閣에서 影印하였던 石版本을 다시 合本하여 影印하는 것이다.

金剛經諺解 解題

洪 允 杓

『金剛經諺解』는 漢文本인 『金剛經』의 本文과 六祖 慧能이 단 口訣에다가, 世祖가 직접 한글로 吐를 달고 韓繼禧가 飜譯하고, 또 孝寧大君과 判敎宗事인 海超 등을 비롯한 僧侶에게 교정 연구하게 하여 刊經都監에서 1464년(世祖 10년)에 不分卷 1冊(일반적으로 上 下 2卷 2冊이라 말하기도 한다)의 木版本으로 간행한 책이다. 『般若心經諺解』와 함께 간행되었다. 『金剛經』은 『金剛般若波羅蜜經』 또는 『金剛經六祖解』를 줄여서 일컫는 명칭이다.

이 『金剛經諺解』에는 卷頭에 刊經都監提調인 黃守身의 '進金剛心經箋'이 있다. 이 箋의 뒤에 이 책의 간행에 관여한 黃守身 등의 諸臣의 官職名과 諸臣의 이름이 나열되어 있다. 그리고 孝寧大君, 海超, 金守溫, 韓繼禧, 盧思愼의 跋文이 있고, 卷末에는 '飜譯廣轉事實'이 실려 있다. 이것으로써 이 책의 飜譯過程과 刊行經緯 그리고 이 책의 간행에 관여한 인물들을 자세히 알 수 있다.

이 책은 몇 가지의 異本이 있다. 현재 원간본은 전하지 않는 것으로 보인다. 단지 原刊本 系統으로 보이는 것으로는 1495년(燕山君 1년)에 印出된 책이 있다. 林熒澤 敎授 所藏本인 이 책에는 跋文과 '飜譯廣轉事實' 등이 없다. 이 책의 末尾에는 木活字로 된 學祖의 跋文이 있다. 이와 유사한 下卷 1冊이 서울대학교 도서관에 소장되어 있다. 이와 같은 계통으로 보이는 上卷 1책을 底本으로 한 石版本이 해방 직후에 간행되었다. 이 石版本